中国人民大学劳动法和社会保障法研究所主办

顾问　曾宪义　关　怀　贾俊玲

社会法评论

（第七卷）

主　编　林　嘉
副主编　黎建飞

中国人民大学出版社
·北京·

《社会法评论》编委会名单

（以姓氏笔画为序）

王文珍　王全兴　冯彦君　叶静漪　石美遐
刘　俊　刘翠霄　闫宝卿　张士诚　张鸣起
杨汉平　邵　芬　林　嘉　郑尚元　郑爱青
姜俊禄　郭　捷　常　凯　程延园　董保华
蒋　月　黎建飞

编辑部成员

杨　飞　范　围　陈靖远　曹克奇　于　汇

卷首语

正是橙黄橘绿时，新一卷的《社会法评论》即将付梓出版。2020 年注定是不平凡的一年，新冠肺炎疫情不仅是新中国成立以来发生的传播速度最快、感染范围最广、防控难度最大的重大突发公共卫生事件，也是近百年来人类遭遇的影响范围最广的全球大流行病。突发的新冠肺炎疫情给我国的经济社会发展和劳动就业也带来了极大的影响，给社会法的理论、制度与实践提出了新的问题。例如，如何妥善平衡因疫情停工停产期间劳动者生活保障与企业纾困减负之间的关系？如何解决疫情期间的工伤认定问题？如何充分发挥社会救助制度对疫情中特殊困难群体的保障兜底功能？如何应对复工复产期间对劳动者的地域歧视与健康歧视问题？疫情发生后，社会法各位同仁积极开展学术研究与交流，为国家防控疫情与统筹经济社会发展工作献智献策。在党中央的坚强领导下，通过各方的艰苦努力，我国在疫情防控中取得了巨大的成就，全国疫情防控进入常态化。"后疫情"时代，如何建立健全民生保障的长效机制，降低疫情反复对经济社会有序复苏、人民生命健康安全及基本生活保障的影响，仍是社会法需要解决的重要课题。

本卷《社会法评论》分为"法学论坛"、"工作时间法专题"、"域外法学"和"青年法苑"四个栏目，共计 14 篇文章。

"法学论坛"部分收入 4 篇文章。董保华教授的《劳动权利救济中的悖论及思考——深圳佳士"维权"事件的启示》揭示了目前我国群体劳动争议与集体劳动争议逆向发展的"二元"局面，论证了劳动争议领域公力救济、私力救济错位与社会救济缺位产生的悖论及其逻辑关系，并通过对各个概念的精细划分与组合，理顺了我国的劳动争议处理体制。王天玉副研究员的《对几个劳动法学理基本命题的反思》以增进劳动法学理的周延性为出发点，对"劳动法倾斜保护" "劳动者分层保护" "从属性是定性判断还是程度判断" "非典型劳动关系的界定" 等劳动法学领域影响广泛的基本命题进行审视、反思与提炼。曹艳春教授与周若涵同学合作的《美国灾难失业援助制度对我国的启示》以新冠肺炎疫情暴发为背景，通过对美国重大灾害停工期救济制度的比较研究，认为我国可在借鉴美国灾难失业援助制度的基础上建立适用于我国的重大灾难停工补助制度，解决保障和平衡好企业和劳动者双方权益的问题。闫冬副教授和陈子旻同学合作的《英国个别劳动法的动态平衡》聚焦英国普通法、制定法和实操指导中涉及的调整劳动基准规范，梳理了英国个别劳动法在劳动权利保护与救济方面的最新发展以及针对经济“新常态”的相应调整。

“工作时间法专题”部分收入3篇文章。邱骏彦教授的《台湾特别休假制度之前世、今生与未来》系统地梳理了我国台湾地区特别休假制度的目的、演进及最新的发展动态，指出基于特别休假（带薪年休假）制度的立法精神，相关法律与政策的重点应聚焦于如何鼓励和支持劳动者特别休假。仲琦博士的《中日副业兼职劳动时间规制探讨》以平台经济的快速发展为背景，详细介绍了日本近年来就从事副业兼职情况下劳动时间规制的相关探讨，建议我国今后可参考日本的解决方案，结合平台经济的特点，作出符合实际国情和中国特色的规制。惠大帅博士的《新时代劳动者休息权视野下的假日制度研究》在对我国假日制度的沿革、法理及存在的问题进行综合分析的基础上，揭示了随着我国经济的迅速发展，当前假日制度所暴露出的不足，并为建构更加科学、理性的假日制度进行了有益的探索。

“域外法学”部分收入4篇文章。李海明副教授翻译的乌拉·刘昆教授的《国际和欧洲背景下的罢工权限制》旨在于更广的产业行动上探究罢工权的国际管制，审视欧盟框架下的罢工权在欧盟和欧洲人权法院的不同路径，并从其特殊的历史、政治和社会经济背景角度进行解释。阎天助理教授翻译的艾伦·海德教授的《劳动法理念这回事：一则寓言》对美国集体劳动法实践衰落而理论蓬勃发展的现象进行反思，认为这种理论与实践的背反意味着理论脱离了实践，尖锐批评的初衷是呼吁集体劳动法理论能够回归实践、反映实践。陈靖远博士翻译的阿兰·苏彼欧教授的《工作转型与欧洲劳动法的未来》以传统福特主义生产模式向后福特主义生产模式的转型为背景，对参照这种模式发展起来的欧洲各国劳动法进行比较研究，从多个视角探讨劳动法是否以及在何种程度上发生了改变。马进博士与罗寰欣同学共同翻译的荒木尚志教授与西尔万·劳洛姆教授合作的《劳动的组织、生产率与福利》一文，同样以就业形态和工作方式的多样化为背景，探讨如何更好地平衡灵活性和安全性及促进工作福利。

“青年法苑”部分收入3篇文章。袁少杰博士的《从长期照护保险法到长期照顾服务法》以老龄化危机下高龄、失能老人的养老保障问题为研究对象，围绕长期照护保险法律关系的架构、核心与实质展开分析，并就长期照护保险制度的建构与完善提出了立法建议。王健博士的《拉德布鲁赫社会法差异理念的评述与启示》完整地梳理与评述了德国法哲学先驱拉德布鲁赫对“差异性理念”的阐述，并以此为基础分析了差异性理念对我国社会法建构的启示意义，进一步丰富了社会法学基础理论的研究成果。孙鸿亮同学的《劳动者责任的双重豁免》着眼于“劳动者侵权责任”这一民法与劳动法交叉的法律问题，采用法教义学的研究方法，对劳动者的外部损害赔偿责任豁免与内部追偿责任豁免的依据和实现，以及责任豁免的限度进行了深入分析，展现了其扎实的理论功底。

本卷征稿自2019年10月起至2020年6月共9个月的时间，经历了新冠肺炎疫情而仍得以顺利出版，尤难能可贵。这不仅得益于诸位学界先进与青年才俊惠赐的高质量稿件，也离不开同行专家的义务评审与编辑团队的辛勤工作。我们唯有再接再厉，始终秉持“学术至上、追求卓越”的创刊宗旨，将《社会法评论》构建为推动中国社会法学研究与司法实务的重要交流平台，方能不辜负各界的大力支持。

林嘉

于中国人民大学明德法学楼

2020年11月初

目 录

[法学论坛]

[工作时间法专题]

[域外法学]

[青年法苑]

法学论坛

劳动权利救济中的悖论及思考[①]

——深圳佳士"维权"事件的启示

董保华*

目次

［摘要］　法制框架外的群体劳动争议无规则但数量增加，法制框架内的集体劳动争议有规则但数量减少，这种逆向发展是我国劳动争议领域长期存在的现象。通过对深圳佳士"维权"事件的分析，探索劳动领域存在的四个悖论。我国的制度瓶颈是缺少团体劳动争议以及由此带来的社会救济手段。只有厘清群体争议、集体争议、团体争议，协调权利争议与利益争议的相互关系，形成私力救济、公力救济、社会救济之间的互动与平衡，才能使我国的劳动关系走向和谐。

［关键词］　群体争议　集体争议　团体争议　私力救济　公力救济　社会救济

---

* 董保华，华东师范大学法学院教授，中国社会法学研究会副会长。本文系国家社会科学基金重点项目"集体劳动争议处理和应对的法律机制研究"（14AZD048）的阶段性成果。本文中引用的数据、图表由李干协助整理与制作。

① 收稿时间：2020年1月。

按照《辞海》的解释，群体是“由许多有共同点的人或物组成的整体”。集体是“有组织的群体”[①]。Groups 在《牛津法律大辞典》中译本是使用“集团·群体”同一词条，“在考虑法律的社会功能时，必须考虑社会中的个人所组成的不同集团与群体”。“社会学法学家强调集团与群体在法律中的重要性，以及两者的相互影响。”[②] 20 世纪 80 年代，以《国营企业劳动争议处理暂行规定》为标志，我国开始建立起一套处理劳动争议的法律程序，集体劳动争议的概念由此产生。由于历史原因，在我国劳动领域中，“集体劳动争议”与“群体劳动争议”两个字面相近的词有着截然不同的含义。在群体争议、集体争议、团体争议的背后，有着私力救济、公力救济、社会救济等一系列概念，其相互交织，使劳动领域的争议问题极为复杂。

一、问题的提出：群体劳动争议、集体劳动争议逆向发展

2018 年 7 月，深圳市佳士科技股份有限公司（以下简称“佳士”）员工相互打架，被公司以违反厂规厂纪为名开除。这一事件成为导火索，一些员工以对劳动仲裁的处理结果不满并要求组建工会为名冲击工厂，酿成群体纠纷。这一事件经网络传播而引起社会广泛关注。事后，《南方都市报》发布了调查。[③] 新华网也进行了报道[④]，《光明日报》发布了评论并将这一事件定性为：“是一次背景不透明、诉求不纯粹、手段不合法的事件。”[⑤] 这一群体事件的发生，让我国劳动领域中一个久已存在的矛盾重新浮现。

私力救济和公力救济是权利救济的两种基本形态，我国群体劳动争议、集体劳动争议很大程度上对应了这样两个概念。集体劳动争议作为一种法律上的分类，是可纳入正规处理程序的争议类型，通过国家强制力予以保障，采用公力救济的手段。群体劳动争议也被称为“群体性事件”，是在正常的劳动争议处理程序之外发生的争议，除了具有群体性的特点，更具有非秩序的特点，主要采用私力救济手段。2015 年前，我国劳动争议一直呈现着群体劳动争议、集体劳动争议逆向发展的“二元”局面。

一方面，法制框架外群体劳动争议无规则但数量增加。这类纠纷涉及的

---

① 陈至立主编：《辞海》，846、1547 页，上海，上海辞书出版社，2010。

② [英] 沃克著，李双元等译：《牛津法律大辞典（中译本）》，389 页，北京，光明日报出版社，1989。

③ 参见《深圳佳士“维权”事件调查》，载《南方都市报》，2018 年 8 月 25 日。

④ 参见《深圳佳士公司工人“维权”事件的背后》，见新华网，http://www.xinhuanet.com/2018-08/24/c_1123326003.htm，访问日期：2018 年 12 月 15 日。

⑤ 《维权不能脱离法治轨道》，载《光明日报》，2018 年 8 月 25 日。

社会成员众多，而且成员往往属于社会中的弱势群体，矛盾错综复杂。相当长一个时期，我国群体劳动争议呈现增长之势。

另一方面，法制框架内集体劳动争议有规则但数量减少。因履行集体合同几乎没有发生争议，以《劳动争议调解仲裁法》第 7 条规定为依据的“有共同请求的，可以推举代表参加调解、仲裁或者诉讼”争议①，也呈下降趋势。《中国劳动统计年鉴》显示（见图一、图二），这类争议的数量与涉案人数在 2008 年达到 21 880 件、502 713 人的峰值后基本呈现回落的态势。至 2013 年，全国因共同请求而推举代表参加仲裁的争议案件数与涉案人数分别下降至 6 783 件与 218 521 人，两项数据较之于 2008 年均减少一半以上。劳动法制框架内的集体争议与劳动法制框架外群体争议两种形式出现逆向发展的情形。从下文图四中可以进一步看到，集体争议萎缩是在整个劳动争议大幅度上扬的背景下发生的。如果从集体劳动争议占整个劳动争议的比例来观察，逆向发展就显得更为明显。

历年劳动仲裁当期受理集体劳动争议案件数

图一

2015 年以来，随着经济下行，有关方面采取了一系列的治理措施，人们一度认为群体事件正在减少，但最近的一些调查数据似乎显示从 2016 年开始，在劳动领域已经下降的群体性的劳动争议开始重新上升。深圳佳士“维权”事件之所以会引起各方高度关注，其实体现出对这种反弹趋势的担忧，也有必要对前一个时期采取的治理手段及救济措施进行梳理。如果说集体劳动争议、群体劳动争议最初的壁垒来源于制度安排，即原来案件受理过于狭窄，随着我国劳动争议处理范围的日益扩人，原有的法律壁垒已经被打破，

① 《劳动争议调解仲裁法》第 7 条规定：“发生劳动争议的劳动者一方在十人以上，并有共同请求的，可以推举代表参加调解、仲裁或者诉讼活动。”

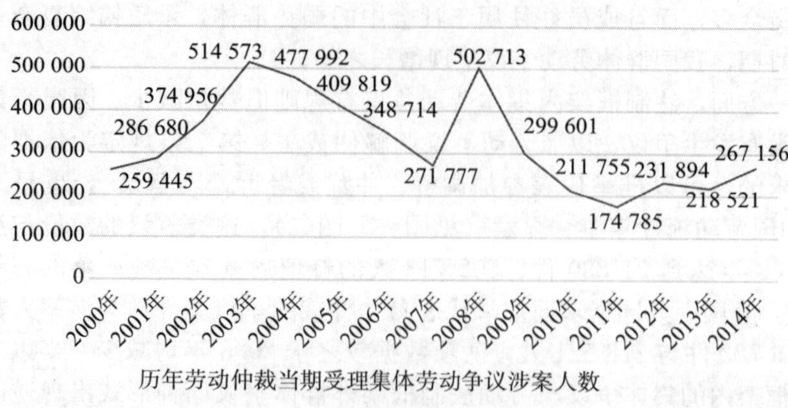

历年劳动仲裁当期受理集体劳动争议涉案人数

图二

然而，劳动者却逐渐习惯在公力救济、私力救济两个系统中进行选择。两个系统的价值体系与行为特点，尤其是维权成本，在很大程度上影响着劳动者的行为方式。研究群体劳动争议、集体劳动争议逆向发展背后的四个悖论，有助于我们认识这一现象折射出的现实需求与制度供给之间的矛盾。

二、公力救济与私力救济的错位

私力救济、公力救济作为我国权利救济的两种基本形态，群体劳动争议、集体劳动争议的逆向发展，呈现出两种救济形式的错位。

(一) 当前我国公力救济与私力救济的主要特点

作为国家公共权力机关对权利进行保护的一种方式，公权力是对被侵害权利实施的一种他力救济，包括司法救济和行政救济。集体劳动争议可纳入法定处理程序，我国设计了以人数、组织来处理这类争议的两套程序。目前发挥作用的是前者，即人数众多并通过推举代表进行仲裁。《国营企业劳动争议处理暂行规定》将“发生劳动争议的职工一方，人数在十人以上，并且具有共同理由的”确定为集体劳动争议[①]；1993 年 6 月国务院曾在《中华人民共和国企业劳动争议处理条例》去除了“集体劳动争议”的提法。然而，同年 10 月劳动部发布的《劳动争议仲裁委员会办案规则》却又将职工一方在 30 人以上的争议称为集体劳动争议，并作了“案件特别审理的规定”，这一提法沿用至今。由于劳动仲裁也是一种行政因素很强的准司法程序，故而可以说

① 1987 年 7 月国务院发布的《国营企业劳动争议处理暂行规定》第 4 条曾将“发生劳动争议的职工一方，人数在十人以上，并且具有共同理由的”确定为集体劳动争议。

我国总体上希望以公力救济的方式来解决相关争议。

“私力救济则是相对于公力救济和社会救济而言的，以救济主体和方式的民间性或私人性为标准。”① 以这样的定义来衡量，我国的群体劳动争议的解决可被称为私力救济。私力救济在当前理论界的表述中是一个比较混乱的概念，合法私力救济与违法私力救济往往不易区别。在我国社会转型过程中，“有共同点的人”发生的群体争议日益增加，形式也日益多样，如举报投诉，厂内外聚集，自发停工、怠工，堵路、堵厂等等，群体争议往往一开始便游走在法律的边缘地带，这种私力救济也很容易突破法律底线。深圳佳士“维权”事件中先是出现了厂内外聚集、自发停工等形式，以后发展到冲击工厂、妨碍司法等扰乱治安的地步。与集体劳动争议处理程序有法定代表者、正规解决程序相反，群体劳动争议往往以没有固定的形式为基本特点，很容易演变到失控的程度。

（二）公力救济与私力救济呈现的两个悖论

集体争议萎缩说明争议正从公力救济溢出、群体争议膨胀说明溢出部分有些正流入私力救济。一缩一胀，呈现在我们面前的是公力救济与私力救济中各存在着一个难以回避的悖论（见图三）。

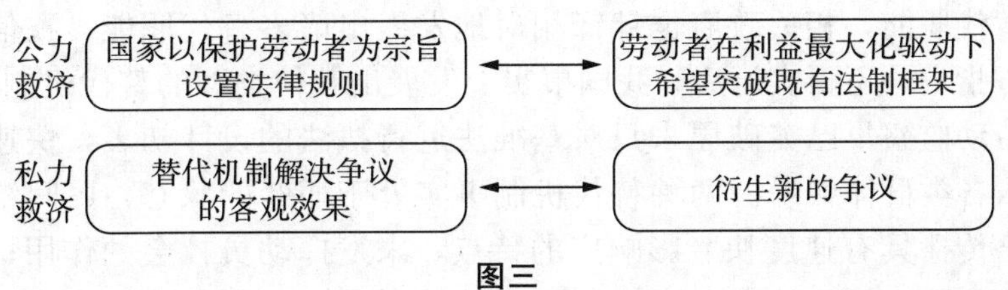

图三

公力救济存在的悖论是：为保护劳动者而设置的规则成了劳动者希望突破的桎梏。对劳动者实现倾斜保护，是《劳动法》《劳动合同法》确立的立法宗旨，劳动领域的规则本身是为了保护劳动者的利益而设定的，然而在群体矛盾中，这些规则受到来自劳动者方面的挑战。深圳佳士“维权”事件中，员工最初的诉求是“佳士公司调休不合理，不正常支付加班工资，高温补助费不正常发放”，这些针对企业的指责，如果情况属实，是有一定合理性的。在存在共同请求的情况下，劳动者在这类集体争议中，为什么不愿推举代表参加仲裁、诉讼，寻求公力救济，而愿意以群体争议这种私的力量，让争议陷入无序呢？相当长一个时期内我国是以仲裁、诉讼成本来解释，当仲裁免费、司法象征性收费时，这一解释已不成立。事实上，我国的公力救济程序

① 范愉：《私力救济考》，载《江苏社会科学》，2007年第6期。

是针对权利争议来设置的，由于权利争议属于“履约”争议，法律与契约（包括集体合同与个别合同）已经为劳动关系双方当事人之间的权利义务作出了安排，劳动者选择公力救济时，在实现利益的同时也受到法律、合同的约束；摆脱仲裁、司法机关的依法判断成了这类争议的特点。深圳佳士“维权”事件中员工也进行了劳动争议的仲裁，对仲裁裁决结果的不满是重要的导火索。以群体力量施压，突破法律、合同规则的约束，可实现利益的更大化甚至最大化。当规则范围内进行维权与突破规则实现利益发生博弈时，现实中常常会出现重心移向后者的趋势，说明劳动法制的权威正在受到挑战。

私力救济存在的悖论是：替代机制解决争议的客观效果与其衍生争议之间的悖论。私力救济的发展使一些民间维权机构快速发展，“记者在走访调查中了解到，佳士‘维权’事件从前期的酝酿到后期声援传播，有着 314 名成员的微信群‘打工者中心群’是一个主要渠道”[①]。民间机构介入案件，替代了工会职能。这种替代机制虽然在维护劳动者利益的争议解决中发挥了一定作用，但由于本身具有“非规范性”的特征，极容易在解决争议的过程中衍生出更尖锐的矛盾。佳士‘维权’事件便是如此，“打工者中心群”客观上让事件的解决变得更为复杂，甚至一些境外组织也介入其中。[②] 为了应对这种不规范的替代职能，相关政府也针锋相对地发展出诸多替代职能。在信访制度受到各方指责，不再实行后，我国事实上发展出其他类型的替代机制，例如，当前的劳动监察早已突破原来只对基准法进行执法的设计初衷，快速而全方位地介入各类群体纠纷。两种替代机制事实处于博弈的状态，民间维权机制利用网络传播具有速度快、影响广的特点，来发挥动员社会的作用；也使行政机关不得不以快速的方式来抑制冲突的扩大。法律正常的解决机制是需要付出时间成本的，这两种替代机制的发展，极大地挤压了集体争议处理以这种规范化的公力救济为手段的空间。

（三）两个悖论昭示公力救济、私力救济出现错位

规范化的公力救济本是法律完备、社会进步的产物。长期以来，我国有一个基本判断：只要扩大公力救济的范围，使集体劳动争议的范围逐步覆盖群体争议的范围，以规范化的公力救济代替私力救济，便可使劳动争议领域走向有序。然而，随着我国劳动争议处理范围的日益扩大，仲裁、诉讼成本日益降低，我国却出现这种逆向的溢出与流入。两个悖论昭示公力救济、私力救济出现错位，现行体制受到了挑战。

---

① 《维权不能脱离法治轨道》，载《光明日报》，2018 年 8 月 25 日。

② 参见《深圳佳士公司工人“维权”事件的背后》，见新华网，http://www.xinhuanet.com/2018-08/24/c_1123326003.htm，访问日期：2018 年 12 月 15 日。

从历史上看，私力救济的历史显然比公力救济更为久远。劳资之间的群体争议是社会矛盾较为激烈的表现形式，一定程度上反映社会阶层之间的冲突。恩格斯指出："国家是承认：这个社会陷入了不可解决的自我矛盾，分裂为不可调和的对立面而又无力摆脱这些对立面。而为了使这些对立面，这些经济利益互相冲突的阶级，不致在无谓的斗争中把自己和社会消灭，就需要一种表面上凌驾于社会之上的力量，这种力量应当缓和冲突，把冲突保持在'秩序'的范围以内；这种从社会中产生但又自居于社会之上并且日益同社会相异化的力量，就是国家。"[①] 由国家代表全社会，按照全社会认可的行为规则进行相关救济。"公力救济作为第一救济方式"[②] 是民众对这种凌驾于社会之上的力量的承认，民众对私力复仇的放弃，"不致在无谓的斗争中把自己和社会消灭"。规范化的公力救济萎缩反映出国家控制力的下降，无序化的私力救济膨胀反映出社会矛盾在一定程度上出现了失范的情形。对于群体矛盾而言，当这种第一救济方式被动摇时，救济形式的错位，有可能使社会陷入日益激烈的冲突。

三、社会救济与社团争议的缺位

图四说明集体劳动争议萎缩的同时，以个别劳动争议为主的整个劳动争议却是膨胀的。这一逆向发展现象说明，如果无法以共同理由集结成一个群体时，员工还是愿意遵守我国劳动法的制度安排；然而，一旦有条件因共同理由使劳动者团结起来，部分劳动者即溢出制度安排，以群体力量施压，寻求一个更为有利的结果。一个合理的共同理由更具凝聚力，佳士事件中，员工提出组建工会便属于这类合理理由。当这种社会现实日益广泛时，说明在违法形式背后，存在着某些合理因素。只有通过制度改进，对合理因素进行适当的承认，才可能真正抑制通过"搭便车"获益的违法行为。群体劳动争议膨胀、集体劳动争议萎缩，也折射出社团争议的缺乏以及由此带来的社会救济未能充分发挥作用的制度瓶颈。

（一）当前我国社会救济的运行状况

我国一些学者从诉讼法的角度将"社会型救济定位于公力救济与私力救济之间，包括调解、仲裁和部分 ADR（代替性纠纷解决机制）"[③]。仅从诉讼

① 中共中央马克思恩格斯列宁斯大林著作编译局主编：《马克思恩格斯选集》第 4 卷，86～187 页，北京，人民出版社，2012。

② 王耀海、盛丰：《私力救济的法治困境及其解决》，载《学术界》，2013 年第 4 期。

③ 徐昕：《私力救济的性质》，载《河北法学》，2007 年第 7 期。

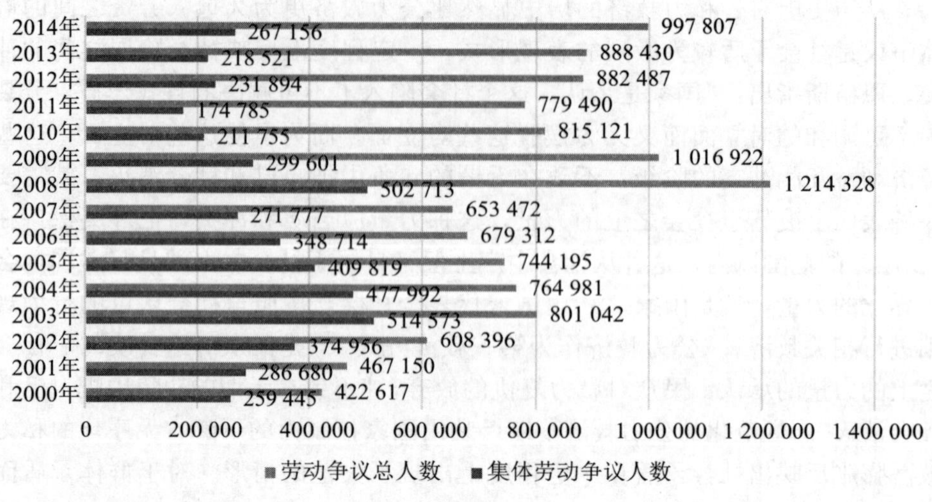

图四

理论来观察，调解在我国当前解决争议中也在发挥积极的作用。协商、调解、仲裁、诉讼四个环节是我国劳动争议处理的基本程序，作为先调后裁、先调后判的手段，调解只是一种依附于仲裁、诉讼这种公力救济的手段，调解缺乏应有的独立性。当某些公力救济手段被削弱时，作为依附手段的调解、仲裁也必然受其影响。更为重要的是，ADR 机制的生命力在于合理性考量，而非简单地以法律标准判断是非。我国那种依附性的调解、仲裁其实只是公力救济的一种前伸，双方接受的还是一种法律的裁判，并不完全是一种合理的结果。这就给以合理性为依据的共同理由，创造了潜在的机会。一旦有人将合理性作为一个号召呈现出来，就能起到迅速动员群众的作用。我国真正缺乏的是社团争议带来的那种较为独立的调解、协商。有学者认为，“社会救济，实际上是从公力救济中分割出来的部分权力和私力救济的制度化”。作为公、私两种救济制度的结合，也可以认为“社会性纠纷解决（救济）机制是私力救济的制度化和司法社会化相结合的产物”①。这只是从形式上来认识社会救济，对于社会救济追求合理性的独立本质认识不足。我们可从内容与主体两个方面来认识这类程序的机理。

从内容上看，社会救济重点解决利益争议。由于《国营企业劳动争议处理暂行规定》只将国有企业的两类争议纳入处理范围②，实行公力救济，因国有企业改革而引发的大量改制争议并未纳入这套处理程序，而这类争议又具

① 范愉：《私力救济考》，载《江苏社会科学》，2007 年第 6 期。

② 即“因履行劳动合同发生的争议”与“因开除、除名、辞退违纪职工发生的争议”。

备社会学上"由许多有共同点的人组成的整体"的特点，因而群体劳动争议的概念开始流行。现在改制争议虽然已减少，但以增加工资、缩短工时为代表的"确定或变更原有条件而发生的利益争议"大量增加，深圳佳士"维权"事件中，员工最初提出的"佳士公司调休不合理"的诉求就属于利益争议。我国的公力救济程序设计是以解决权利救济为依据的，利益争议是现有的公力救济体制无法解决的。在利益高度分化的时代，利益冲突、利益博弈是正常的社会现象，这类争议在经济生活中也大量存在，体现出社会救济作为一种独立程序的存在价值。

从主体上看，社会救济解决的应当是两个团体间发生的争议。世上没有绝对的合理，合理总是出现在相互博弈中，通过各种协调手段，为双方的合理诉求找到一个平衡点是社会救济的特点。追求合理性为目的的社会协调，以存在两个相互平等又相互制约的团体为前提条件。在劳动领域，一方主体是用人单位，另一方主体我国《工会法》《劳动合同法》均强调应当由工会来担任。佳士事件中，员工提出组建工会，事后该企业也依法组建了工会，于是媒体顺理成章将该事件的成因归结为企业缺失工会，这一认识过于笼统。即便存在工会，现有的工会是否真能承担起社会救济职责？从制度安排来看，我国 20 多年前制定《劳动法》便强调签订集体合同的争议应当纳入行政调解，以协调的方式通过社会救济形式来解决，《劳动法》的规定 20 多年来没有落到实处。当缺乏主体积极性时，哪怕精当的程序设计也只是一架没有动力的机器。理解以下两个社会悖论，就可知《劳动法》的制度设计难以落实的原因在于我国缺乏启动这一程序的相应主体。

（二）社团争议缺位呈现的两个悖论

其一，利益处理机制的现实需求与工会职能缺失之间存在悖论。群体劳动争议之所以存在溢出公力救济的效应，是由于劳动争议中也包含着一部分利益争议。个别劳动关系中的不平等，使劳动者要求以集体压力的方式调整现有的利益分配格局。利益争议属于"缔约"争议[①]，劳资之间尚不存在可以作为司法裁判依据的权利义务安排，在劳动基准法之上的利益争取是具有合理性的，是劳资双方对尚未形成权利义务的利益进行分配所产生的争议。在当前的一些集体争议中，相当一部分争议是劳动者希望以团结的方式，实现利益重新分配。利益争议处理机制存在现实需求。表面看来，法律似乎也为这类争议设置了程序，我国集体争议中包含签订集体合同发生的争议，劳动者应当以工会为其代表进行调解。按现行规定，集体合同达成后仍需职代会

① 将权利争议与利益争议概括为"履约"争议与"缔约"争议，参见黄越钦主编：《劳动法新论》，319 页，北京，中国政法大学出版社，2003。

通过。但在我国，工会组织既不愿也不能来承担相应职能，没有两个相对平等的主体，社会救济程序是难以发挥作用的。当前集体合同呈现出工会热、劳动者冷的局面，签订集体合同很少发生争议。缺乏构建压力驱动机制的制度基础，我国的工会无法承担组织劳动者采取集体行动，利益争议处理机制的现实需求受到工会职能、定位的影响而难以完善。

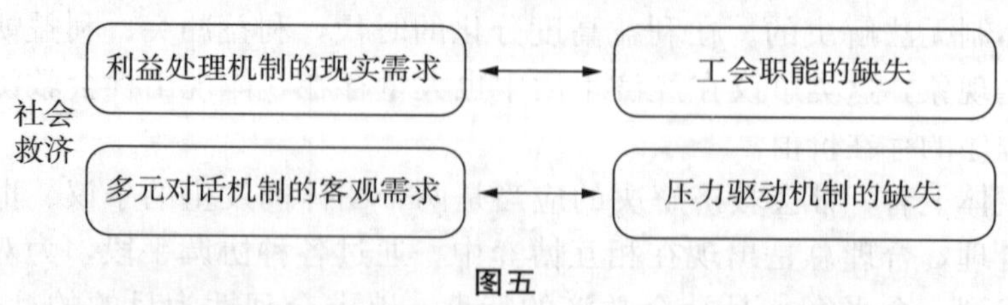

图五

其二，多元对话机制的客观需求与压力驱动机制缺失之间存在悖论。当利益争议处理机制因缺乏社会压力而存在扭曲时，客观上对争议预防机制提出了较高要求。在争议预防机制中，企业通过转变经营理念，改善企业治理结构，促使员工直接参与民主管理，以多种方式进行劳资沟通，这种以企业为主导的沟通可以有效降低群体冲突的发生概率。根据我国相关法律法规，劳动者与企业之间日常的沟通机制主要包括职工董事、职工监事与职代会制度。然而，在缺乏市场压力、社会压力的环境下，这些沟通往往流于形式。

（三）两个悖论折射出社会人格的缺失

社团争议是两个组织体之间的争议，工会与企业是我国劳动领域中最基本的组织体。上述两个悖论折射出我国两个组织体的社会人格缺失。组织体的社会人格也如自然人一样具有法律人格与道德人格。从某种意义上说，工会欠缺的是法律人格，而企业欠缺的是道德人格。

“利益处理机制的现实需求与工会职能缺失”的悖论折射出工会欠缺的是法律上的社会人格。从团结权的角度理解团体劳动争议，理论上应当界定一般结社权与劳工结社权的区别。一般结社权源于“自由的基本权”作为一种天赋之权亦为消极权利，从宪法规定上看，各国差异较小；劳工结社权源于“社会的基本权”，作为一种积极权利，是人民要求国家行为之权利，以国家制度为前提，各国的实现程度会因国家制度不同，呈现有较大的差异。有学者认为，可以从团结权之目的、团结权之存在价值、团结权之行使、团结权之效力这四个方面来认识其与自由结社权的区别。① 劳工结社权“将‘社会自治’制度与劳资双方团体相互结合，并赋予其以宪法上之基础”。“具有积极

① 参见黄越钦主编：《劳动法新论》，48～49页，北京，中国政法大学出版社，2003。

落实宪法明文所特别托付的劳动生活社会自治的任务。”[①] 劳工结社权中劳工有权在工会的组织下，通过一些集体行动，来行使其争议权。

“多元对话机制的客观需求与压力驱动机制缺失”悖论折射出企业欠缺道德上的社会人格。20 世纪 20 年代，出现了多种支持扩大企业社会责任的观点，如受托人观、利益平衡观、服务观。[②] 从某种意义上说，这些学说中引入了我们可以称之为“社会人”的观念。企业作为法律上的拟制人，“企业社会责任”观念的形成，使人们对企业的人格有了全新的认识。对“人”的认识也逐渐突破了“经济人”属性的认识。随着“社会人”属性的认识增强，企业人格更趋合理，企业不仅有经济、法律的人格，而且应当有道德的人格。“在我们的社会里，我们期待个人发挥道德的一般水准，己立而立人，将‘利他’的精神发挥至极致。同样，我们也应基于相同的道德标准，期待公司恪守其社会责任。”[③] 随着对外开放的展开，我国也开始了这种从“经济人”到“社会人”的观念转变。企业的目标应是二元的，除实现企业利润最大化外，还应尽可能地维护和增进社会利益。企业的利润目标和社会利益目标的冲突及其平衡问题，是企业社会责任理论之提出和建构的出发点和归宿。两者的平衡使企业具有经济和社会的双重人格，两者之间经常会出现相互冲突与相互制约的情况，在压力驱动机制欠缺的情况下，企业的社会人格很难形成。

四、权利救济形式背后的越位

公力救济中“为保护劳动者而设置的规则成了劳动者希望突破的桎梏”，私力救济中“替代机制解决争议的客观效果与其衍生争议”两个悖论之间，存在着“利益处理机制的现实需求与工会职能缺失”、“多元对话机制的客观需求与压力驱动机制缺失”这样两个悖论。当我们将社会救济缺位而产生的两个悖论（图五），嵌入前述的公力救济、私力救济错位产生的悖论中（图三），即形成图六，可以看到，公力救济、私力救济错位以及社会救济缺位产生的四个悖论之间存在着一定的逻辑联系。这种联系可以从自上而下和自下

① 黄程贯主编：《劳动法》，6 页，台北，空中大学出版社，1997。

② 受托人观认为管理者是受托人，公司赋予他们相应的权力和地位，他们的行为不仅要满足股东的权益，而且要满足顾客、雇员和社会的需要。利益平衡观认为管理者有义务来平衡那些与企业有关联的集团之间的利益。也就是说，企业管理者就是各种各样的互相冲突的利益团体之间的利益协调人。服务观认为企业有义务承担社会项目去造福或服务于公众。参见金乐琴：《企业社会责任与可持续发展：理论及对策》，载《绿色中国》，2002 年第 1 期。

③ 刘连煜主编：《公司与公司社会责任》，65～66 页，北京，中国政法大学出版社，2001。

而上两方面来认识。

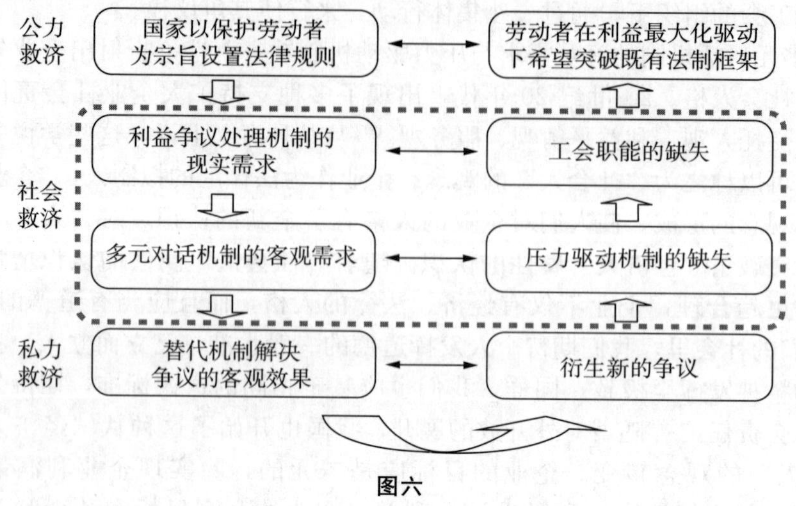

图六

(一)"自上而下"

集体争议处理中存在自上而下的模式。从图六左列自上而下的排列中可以看到，我国为保护劳动者而设置的法律规则并不能取代利益争议处理机制，利益争议处理机制存在现实需求，利益争议处理机制缺失时多元对话机制更显客观需求，当各种对话机制均不通畅时替代机制有了客观存在的理由，在这四个环节中，我们看到自上而下的法律调整模式。

上。我国为保护劳动者而设置大量强制性的法律规则。《劳动合同法》对劳动合同关系的运行设置了诸多强制性规定，以体现国家强制力。有学者曾作出统计，"在这部只有98条的法律中，竟然使用强制性用语'应当'达70次，使用强制性用语'不得'达28次，共涉及64个条款。也就是说，这部法律的大部分条款都是强制性的，没有为当事人留下多少自由选择的余地"①。其实，这只是以最简单的方式进行统计。如果将隐性的表达与显性的表达相加，"不得"达31处，"应当"达106处，这些强制性规定往往以劳动行政部门的执法手段作为保障。当我们对《劳动合同法》的用语进行更加精确的统计，会发现《劳动合同法》的强制程度比我们想象得更高。② 这种强制立法似乎注定应当实行公力救济。

中。利益争议处理机制、多元对话机制在我国有客观需求。无论我们如

① 王建勋：《法眼审视新〈劳动合同法〉》，载《南方都市报》，2008年3月16日。

② 参见董保华主编：《劳动合同立法的争鸣与思考》，783～786页，上海，上海人民出版社，2011。

何提高强制立法的比重，利益争议还是顽强地表现出其客观存在。由于我国并不具备社团争议的实际条件，全国总工会在集体协商中融入一系列自上而下的组织元素。随着时间推演，这些工会的维权举措开始由浅入深，我们可以概括为上帮下[①]、上促下[②]、上管下[③]、上代下[④]，这种维权的组织特点，笔者曾撰文专门研究。[⑤] 在2010年“彩虹计划”与2014年“攻坚计划”的作用下，人力资源和社会保障部门审核备案的当期有效集体合同数量从2010年的92.1万份增长至2014年的170万份。[⑥] 然而，履行集体合同的集体争议几乎为零，说明这种合同形式已经严重脱离了职工群众的实际需求。

下。解决争议的替代机制有了客观存在的理由。从公力救济溢出群体争议除一部分是由于执法不严而引发的外，大部分是不合法的，但其中一部分利益争议是合理的，这部分合理的争议，并未被社会团体争议过滤掉。当合法、合理与既不合法也不合理的争议混合在一起时，群体争议中私力救济呈现出一种复杂情形。这种复杂的情形使有关部门在面对群体争议中的非法现象时，很难以“一刀切”的方式给予否定，一些不规范的替代解决机制得以发展。

（二）“自下而上”

群体争议处理中存在自下而上的模式。从图六右列自下而上的排列中可

---

① 建立集体协商指导员队伍成为工会首先采取的措施，希望这一措施对于尚未组建工会的企业能发挥积极作用。中华全国总工会以总工发〔2008〕33号文件发布了《关于建立集体协商指导员队伍的意见》。全国总工会将集体协商指导员定义为：由工会组织领导、聘用和管理，负责指导、帮助和参与基层工会代表职工与企业方或企业代表组织进行集体协商、签订集体合同或工资等专项集体合同的人员。

② 为了形成“集中力量，上下联动，突破难点”的效果，全国总工会在2008年6月将其作为一项重要的统一行动，布置开展，并称为“集体协商要约行动”。2008年6月10日，中华全国总工会办公厅以总工发〔2008〕34号文印发了《关于开展集体协商要约行动的意见》（以下简称《意见》）。《意见》称“要把开展集体协商要约行动作为表达职工利益诉求的法律手段，依法主动向企业方提出协商要约，通过平等协商和集体合同制度，协调劳动关系，维护企业职工合法权益，有效激发企业劳动关系双方自主协商的内在动力，促进了企业集体协商机制的建立完善。”

③ 在经济困难的情况下，通过集体合同实现减薪来保护员工的岗位，又成为全总以及各地政府应对危机的新举措，全总要求各级工会围绕“稳员增效”推进“共同约定行动”，从而发展出一种可称为上管下的“共同约定行动”。到2009年3月，已有27个省级总工会采取多种方式开展了“共同约定行动”，其他4省区则筹划此项工作。

④ 随着全国总工会关于上代下的一系列文件的出炉，各地工会系统在贯彻实施中创造了一些更具实质意义的经验。值得关注的是北京、武汉上代下的做法。北京模式是由上级工会通过地方税务机关代尚未成立工会的企业收缴工会经费，并代已经成立工会的下级组织确定集体合同的内容。武汉模式则进一步由上级工会签订集体合同，形成产业效力，直接覆盖相关的人群。

⑤ 参见董保华：《规范劳动者维权行动的制度选择》，载《法治研究》，2012年第1期。

⑥ 参见2010年度与2014年度人力资源和社会保障事业发展统计公报。

以看到，现实生活中不规范的争议解决替代机制会衍生新的争议，缺失压力驱动机制使这类争议难以化解，工会职能缺失使压力机制难以形成，这类争议最终呈现为劳动者希望突破现有法律限制的无序行为，在这四个环节中，我们看到了现实生活中自下而上的社会冲突。

下。现实生活中不规范的争议解决替代机制会衍生新的争议。群体劳动争议在我国最原始的形态是信访，这一制度设计的初衷，是在当时法律运行系统之外，给群众提供的一种权益诉求和救济的制度性渠道，后来发展出来的集体停工、怠工，堵路、堵厂等各种形式使劳动争议在法制体外循环。私力救济所具有的暴力化、缺乏公信力、不稳定、容易过度发展等一系列问题也因此日益膨胀，成为群体争议发展的助推力量。当前发展出的一些快速反应行为只能达到治表的效果。

中。压力驱动机制、工会职能缺失使这类争议难以化解。由于我国集体停工和群体性事件往往与工会并无关联，闭厂作为企业的防御手段，在我国现有法律框架内更无从谈起。压力机制的缺失使依托压力展开的居间协调机制、限制劳资压力手段的保证机制等规范均无存在的余地，我们并无一种有效的处理方式来从根本上化解私力救济手段带来的混乱和冲击。

上。这类争议最终呈现为劳动者希望突破法律限制的无序行为。观察厂内外聚集，堵路、堵厂，以跳楼、跳桥相威胁等群体争议形式，可发现作秀的成分，这些行为本身具有引起政府重视或通过媒体引起社会同情的动机，从而实现法外施恩，客观上也挑战国家法律制度的权威性。以自下而上的方式推动政府解决矛盾，是劳动者选择群体劳动争议形式的重要原因。

如果我们基于集体劳动争议、群体劳动争议、社团劳动争议进行理论抽象，便会发觉公力救济、私力救济错位，社会救济缺位，与“政府越位”互为因果，从而形成我国过度管制的制度逻辑。

(三)“错位”、“缺位”与“越位”关系

公力救济、私力救济“错位”背后有着过度管制的“越位”逻辑。高管制的逻辑建立在国家与公民关系的政治立法格局上，作为一种政治立法，政府与政治是两个紧密相联的概念。政府是为政治存在的，而政府行为就是政治，政府活动领域就是政治领域。[①] 自上而下、自下而上，正是这种管制逻辑的体现。自上而下是管理者作用于被管理者而形成的基本秩序。劳动合同立法本应具有某些合同特征，如要赋予其强制特征，去除其合同自治特征，必然要融入某些管制逻辑。自下而上是被管理者对管理者必然发生的一种反作

① 参见康晓光主编:《权力的转移》，29页，杭州，浙江人民出版社，1999。

用。无论制度设计者是否意识到，在管制逻辑中，既要强调管理，也必然会产生管理失灵时的制约，这种“自上而下”与“自下而上”的逻辑只是一个硬币的两面，遵循的都是国家与个人的相同逻辑，只是作用的方向正好相反。

社会救济与社团争议的“缺位”与过度管制的“越位”存在着互为因果的关系。在管理者自上而下与被管理者自下而上的管制逻辑中，国家与原子化的个人是法律关注的两个主体。两个主体之间出现了社会中间层虚化。集体行动是一种缔结集体合同的压力手段，在大部分国家中，集体协议一经达成，工会就不会再施加压力。我国集体停工和群体性事件完全不受集体合同的制约。《人力资源与社会保障事业发展统计公报》的数据显示，截至2012年，我国集体劳动合同数量已从2009年的70.3万份增加至131.1万份，集体劳动合同覆盖人数也从2009年的9 400万人上升至1.45亿人。[①] 但与此数据形成鲜明对比的是，以集体停工和群体性事件为主要形式的群体行动争议却在逐年增加。这种虚化构成了缺位。如果保护劳动者的利益可以不受经济制约、不受协议制约，法律本身也可能被理解成有待突破的桎梏。我国群体劳动争议往往以这种逻辑来酝酿、演变。

在我国，两种社会人格的缺乏，也只有从这种管制逻辑中才能得到解释。在我国，一元化的工会形成了上强下弱的格局，即工会有庞大的组织系统，在中央层面有很高的运行效力，但基层工会却很脆弱，常常流于形式。这种格局正好与用人单位的下强上弱形成反差，即用人单位在基层显示了资本的强大控制力，但在中央缺乏有效的代表。工会这种上强下弱的格局使基层工会的团体意志常常不是来源于员工个体意志的整合，而是上级工会的布置。这种组织结构与行政结构也基本相似。在市场经济条件下，国家劳资纠纷中，一般由工会与雇主谈判，政府本是相对超脱的第三人，充当居中调解、斡旋的角色，我国的《劳动争议调解仲裁法》却将这一地位分配给根本无法承担这一职责的工会。在佳士事件中，这一职责其实是由政府来承担的，这是保一方平安的政府难以推卸的责任。

将群体劳动争议概括为自力救济，是我国学界目前较为流行的看法。[②] 但我国的群体争议并不具有自力救济的特点。“自力救济是相对于‘他力’而言

---

① 参见2010年度与2014年度《人力资源和社会保障事业发展统计公报》。

② 参见常凯：《劳动关系的集体化转型与政府劳工政策的完善》，载《中国社会科学》，2013年第6期；陈祥丽：《职工权益自救的逻辑与企业应对之道——基于南海本田罢工事件的思考》，载《人力资源开发》，2011年第5期；任小平：《职工权益自救与工会维权策略研究》，载《学海》，2008年第5期；高瑾：《集体劳动争议调整机制之路径选择——劳资矛盾引发的群体性事件带来的法律思考》，载《社会科学研究》，2011年第5期。

的，以有无第三方介入为标准。”[①] 群体争议中，劳动者会以各种方式争取媒体和社会的同情，由此形成某种道德强制力时，便会要求突破法律来兑现道德标准。政府的威望使其具有调解、施压的双重功能。在资强劳弱的社会现实面前，原子化的劳动者向政府施压，目的是希望通过政府来制约用人单位。这类争议意在使公权力以符合他们利益的方式来介入，显然并不符合相对“他力”而言的“自力”的特点。在佳士事件中，员工的倒地、同伴拍摄、高举“黑心企业”的牌子、围堵住公司大门，这些后来被媒体称为行为艺术的举动，其实是在动员社会舆论并最终影响政府的态度。一旦政府不为所动，或者采取了不符合劳动者预期的行为，就很容易将矛盾转化为政府与劳动者的冲突。“错位”“越位”“缺位”的综合结果是使政府的角色不得不越位。

五、错位、缺位、越位的治理

在错位、缺位、越位带来的四个悖论中，存在群体争议、集体争议、团体争议、私力救济、公力救济、社会救济六个概念。对各个概念进行更精细的划分与组合，才能理顺这些概念的相互关系，也才可能对我国劳动争议处理体制形成清晰的认识。

（一）争议类型：劳动争议、集体争议、群体争议

劳动关系本是用人单位与劳动者之间以合同形式确立的私法关系，从保护劳动者的弱势地位出发，劳动法引入了公法化、社会化的两种机制：一是私法的公法化，劳动基准法是有关劳动报酬和劳动条件最低标准的法律规范的总称，公法在劳动关系中的介入使劳动关系具有强制的特点；二是私法的社会化，依靠集体的力量争取自身的权益，工会在劳动关系中的介入使劳动关系具有团体的特点。引入两种机制后，劳动法由此建立起劳动基准、集体合同、劳动合同三个层次社会化的调整模式。劳动争议也可以以主体与内容进行分类。从主体上看，劳动争议可以分为劳动者与用人单位的个别争议、工会与用人单位的集体争议；从内容上看，劳动争议可以分为权利争议与利益争议。在争议划分上，首先考虑主体标准，可以分为个人争议、团体争议、群体争议。

就个人争议而言，我国所说的“集体劳动争议”其实是这种类型。无论以前所定的“发生劳动争议的职工一方，人数在十人以上，并且具有共同理由的”还是后来扩大到30人以上的争议，其实都只是个人劳动争议，“案件

① 范愉：《私力救济考》，载《江苏社会科学》，2007年第6期。

特别审理的规定”也只是基于共同理由所进行的合并审理。在这类案件中，依据劳动基准法、集体合同、劳动合同，每个当事人都是在独立处理自己的诉讼请求，并无团结权的概念。这种争议形式总体上是符合我国以个别劳动关系为主的立法格局，在相当长的一个时期内应当是我国处理劳动争议的主渠道。

就团体争议而言，我国《劳动法》所说的“签订集体合同争议”作为“有组织的群体”，劳动者一方主体应当是工会，产生的争议应当是两个社团之间的争议。我国工会职能的缺位使这类争议在现实生活尚付阙如。有学者在论证“集体谈判权，要给工人而不是工会”的观点时称：“任何有助于增强工人谈判能力、任何有助于工人组织起来抗衡资本的法律、政策，都是值得支持的。”[①] 这种轻率的观点实不可取，任何法律设计不仅要解决当前的问题，也会对今后的利益格局产生影响。工会作为一个社会团体是可以以党的政策、国家法律规范加以引导的，个人聚焦的集体谈判则很容易失控。随着工会职能的完善，逐步形成对内自律、对外代表的机制，团体间的争议行为也会随之增加。

就群体争议而言，2015 年 4 月，中共中央、国务院发布的《关于构建和谐劳动关系的意见》（下文简称《意见》）称其为“集体停工和群体性事件”，将其定位为“处于经济社会转型时期”的一种现象。群体争议作为游走在法律边缘的行为常常会突破法律的限制，我国应当对合法行为与违法行为做出更为明确的区分。依据《意见》的精神，应当将这类争议逐步引入正轨，导向前两类争议中去。

（二）救济方式：公力救济、私力救济、社会救济

救济权本身是一种“继起权”，是针对“原权”这种“先行权”而提出的。霍菲尔德认为，继起权与先行权的区别只体现在一点上，即继起权总是以潜在的形式存在，只有在有关的法律关系中存在先行权、且该先行权未被行使的条件下，继起权才是实际可要求的权利。[②] 作为一种权利救济，私力救济应当限缩在合法的范围内，对解决群体劳动争议而言，只有合法的部分能被称为私力救济。我国劳动法一般是从劳动者的视角来进行研究的，对于用人单位的救济权讳莫如深。“国家对危害社会公共利益的行为通过法律的强制进行救济”既适用于劳动者，也适用于用人单位。在对公力救济、社会救济、私力救济作出规范的情形下，群体劳动争议中的非法部分应当坚决予以制止。

① 秋风：《集体谈判权，要给工人而不是工会》，见网易网，http://news.163.com/09/0728/07/5F9RROMJ00012Q9L.html，访问日期：2009 年 11 月 15 日。

② 参见杨明：《请求权、私权救济与民事权利体系》，载《比较法研究》，2007 年第 4 期。

就私力救济而言，权利救济是在权利被侵害后对权利的恢复、修复、补偿、赔偿或对侵权的矫正，私力救济也不应当例外。劳动关系双方当事人受合意制约，这是私力救济存在的客观基础。按照权利价值的两种类型，对权利的限制主要来自内部限制、外部限制两个方面，劳动立法也不例外。内部限制主要是合同，这是一种权利对另一种权利的限制；外部限制，主要是劳动基准法、集体合同，这是国家或社会组织从外部输入的一套标准。用人单位虽然在劳动关系中具有主导性的地位，但要承受来自市场的压力，随着市场竞争日益表现为人才竞争，企业承担社会责任日益成为自利的行为。企业基于市场压力，也会在经济人格外发展出社会人格。国家不能也不必要对救济权进行垄断，劳动者保留着以“用脚投票”为核心的私力救济形式。劳动立法中不断有学者要求限制劳动者的辞职权，这是不恰当的。国家应当通过社会保险尤其是失业保险等方式，来保障劳动者的辞职权。

就社会救济而言，社团劳动争议的发展是社会救济形式被广泛采用的前提。在私法的社会化过程中，劳动关系被纳入社会团体的视野。无论我们是否承认，在一个高度开放的社会，压力是客观存在的，区别只在于社会压力以有序或无序的方式表现，通过合法行为或违法行为来进行。在劳动领域，一种良性的秩序是：劳动关系应当通过工会来体现社会的压力，随着工会“对内自律，对外代表”的社团化改造，集体劳动争议中分离出社团劳动争议。通过立法让集体停工和群体性事件得到规范。西方法律对于集体行动的规制正如日本学者所概括的那样，集中体现为对主体正当性、目的正当性、程序正当性与手段正当性的要求①，这四方面的限制被我国台湾地区学者称为行使的社会正当性要求②，也为我国制定相应规范提供了参考。我国对以签订集体合同为目的的工会组织应当赋予职责，在已经形成的权利基础上进行利益再分配。作为一种利益型的争议，劳动者采用“用手投票”的制约方式。这类社团劳动争议主要应当适用社会型救济，从社会稳定出发，国家也应当提供行政调解的服务。

就公力救济而言，国家应当正确把握利益、权利与权力的界限。劳动领域中主要是通过各种合同来形成双方的权利。“法院裁判是纠纷通过法律解决的标准答案，对诉讼结果的预测为私力救济目标提供了参考和方向。”③ 违反

---

① ［日］菅野和夫著「劳働法（2005年版）」（弘文堂/H17.4 発行）該当頁，550～556頁。

② 参见陈继盛主编：《劳资争议法制之基本认识》，《劳工法论文集》，388页，台北，陈林法学文教基金会。

③ 徐昕：《论私力救济与公力救济的交错——一个法理的阐释》，载《法制与社会发展》，2004年第4期。

劳动基准法而产生的纠纷，从保障劳动者生存权的角度进行公权介入。这种外部输入的基准，也会以反射的方式影响权利争议。公力救济这种性质决定了其适用于权利争议。在权利争议的范围内不应当鼓励劳动者以群体施压的方式，获得超出法律规定的利益。公力救济总体上不适用于利益争议，以这样的观点来观察，当强制性规范过于广泛，使劳动基准突破了底线设计时，也会客观上抑制劳动者通过利益争议方式来获取利益。

（三）争议类型与救济方式转化与互动

三对概念也并非机械对应，各种救济形式与救济原则在一定条件下也存在着相互转化，只有形成良性互动，整个社会才会和谐。以下结合争议内容的划分来进行分析。

就权利争议而言，应当采用个别劳动争议处理机制，私力救济、公力救济存在渗透和转化。我国法理学界在讨论两种救济形式时，主要是在权利争议范畴之内。他们认为，私力救济与公力救济的关系，英美与德法的观念以及制度设计有所不同，尽管如此，现代国家垄断合法强制力并构成救济的最后手段这一个大前提还是成立的①，这一结论在社会法中也不例外。作为私力救济手段，在用人单位长期拖欠工资或没有提供符合要求的劳动条件时，劳动者可以以“用脚投票”的方式，行使履行抗辩权。履行抗辩权是由双务合同的关联性所决定的。在双务合同中，一方的权利与另一方的义务之间存在着相互依存、互为因果的关系。“雇主一直未为一定之给付，则此时劳方即得行使同时履行抗辩权而拒绝提供劳务、拒绝工作，若雇主未为给付之对象并非一位个别劳工，而是多数劳工或全体劳工，则此时劳方自得集体共同行使同时履行抗辩权。”② 双方当事人也可能将这种私力救济转化为公力救济。这时，不论私力救济者是否意识到，一个强大的国家都站在他背后，其行动随时可能受国家评价。

就利益争议而言，应当采用集团劳动争议处理机制，社会法有着不同于传统市民法的制度设计。与履行抗辩权不同，国际劳工组织所说的罢工发生在用人单位处于合法、守约的状态上，是一种合理性的追求。但从结果上看，却是与用人单位违约相同，各国围绕着“用手投票”对集体行动进行严格的规制。人力资源管理制度的效果集中体现在劳动者“用脚投票”的机制上；工会发动的谈判、集体行动的效果则集中体现在“用手投票”的机制上。现实生活中，“用脚投票”与“用手投票”可以互动，也存在竞争与替代，在体

① 参见季卫东、徐昕：《“执行难”的理论争鸣：公力救济与私力救济之间的竞争与互补》，载《时代法学》，2007年第1期。

② 黄程贯主编：《劳动法》，264页，台北，空中大学出版社，1997。

现企业社会责任的人力资源管理较为发达的国家和地区，往往工会组建率较低。然而，企业存在着趋利本性，我们无法将利益的合理分配完全寄希望于企业的自觉行为，当企业趋利本性过于膨胀，不顾工人利益及社会责任时，劳动者保持着“用脚投票”的权利。任何一种自治形式都不是万能的，只有各种手段协同，才可能形成合力。两种最主要的自治运动之间的配合，是劳动关系自治机制中的重要内容。就我国来说，体现企业社会责任的人力资源管理制度的不发达与缺乏劳动者“用手投票”这种纠偏机制有着密切的关系。劳动者应该进一步完善自身利益维权的动力机制，通过工会力量的增强并赋予其集体行动的权利来与人力资源管理形成良性竞争。

和谐作为对良好法律秩序的价值追求，贯穿在我国劳动法制的建设历程中。在一个多元的社会中，和谐应当体现为政治、经济、社会的综合平衡。理顺劳动争议处理体制，应当建立起多元救济模式并形成相互间的良性互动。历史经验已告诉我们，恰当定位劳动者、用人单位、工会、国家的相互关系，才可能使集体劳动争议处理机制得以完善。建立社会化的弹性机制，在争议预防与处理阶段均充分发挥劳资之间的社会调节作用，国家更多地提供规则和居间调解，个人也更多地依赖社会化的互动机制化解争议。只有分清权利争议、利益争议，协调“用脚投票”与“用手投票”的相互关系，形成各种权利救济形式之间的平衡，才能使我国的劳动关系走向和谐。

对几个劳动法学理基本命题的反思①

王天玉*

目次

［摘要］　劳动法学理基本命题是学科知识体系和思维方式的基础。几个影响广泛的基本命题已成为学术讨论的常用话语，但其内在逻辑值得反思。第一，“劳动法倾斜保护”对劳动法的定位有误，劳动法不存在“倾斜”，就是劳动者保护法。第二，“劳动者分层保护”是对社会生产方式多样性的回应，但不能将社会学分层理论直接作为劳动者的分层依据。第三，“从属性”是针对定性的法律评价，应表述为“有无”，“从属”是针对程度的事实评价，应表述为“强弱”；第四，“非典型劳动关系”应以人格从属性为前提，在认定劳动关系的基础上，特指不具有正规就业的无固定期限、直接雇佣、全日制等特征的劳动关系。只有不断审视、反思、提炼已有的学理命题，才能提升劳动法学术品格，促进其本土发展。

［关键词］　倾斜保护　劳动者分层　从属性　非典型劳动关系

学理表征一个学科对客观世界的认识程度，是学科知识体系的凝练。学理中的基本命题是学术共同体内知识生产和交流的起点，构成基本命题的概念是研究者表达的语言要素，亦潜移默化地塑造着研究者和学术共同体的思维方式，进而呈现为学科与客观世界的互动关系。据此，一个学科的成熟和发展实质是学理体系的日益完善，而学理的完善则有赖于对基本命题的反思、

* 王天玉，法学博士，中国社会科学院法学研究所社会法室副主任，副研究员。

① 收稿时间：2020年5月。

推敲与革新。

劳动法学理中有若干基本命题，其中一些命题已长期存在，甚至成为学界多数人之共识；另有一些命题因应近年来之新问题而形成，对学理未来发展有重要影响。笔者自2004年硕士阶段开始研习劳动法，多年来浸润于各学理基本命题，汲取营养以构建自身知识体系，因此在已发表的论文中多次使用此类基本命题，或者可以说基本命题贯穿对问题的分析和语言的组织。但在晚近的研究中，笔者发现部分基本命题难以自洽，有必要予以反思，笔者此前有关基本命题的文章也在反思之列。在这个意义上，对学理基本命题的反思既是笔者对自己既往研究的剖析与检讨，亦是与师长同仁切磋交流，旨在增进学理之周延。当然，“命题”仅是笔者对所要论及的劳动法知识单元的概括，也可称为“观点”或者“学说”，不必纠结于措辞，能阐明问题即可。

一、“劳动法倾斜保护”之反思

“倾斜保护”是劳动法学理中出现频率最高的表述之一，也反映出这一表述已成为一种“共识”，成为研究者在讨论劳动法功能时不自觉使用的基本语言，例如笔者在拙作《劳动法分类调整的宪法依据》开篇就写道：“现代劳动法缘起于劳资关系不平等，即劳动者在雇主指挥监督下给付劳务，劳动者相对于雇主处于从属状态，导致双方实质上的不平等地位，须由国家公权力介入矫正，创建倾斜保护劳动者的制度结构。”[①] 这仅是一个例证，笔者的多篇文章都写到了“倾斜保护”。但是，在这种似乎习以为常的表述背后有一个逻辑问题，如果以“劳动者与雇主处于实质不平等的地位”为出发点，可引出“须由公权力介入”，那么公权力及其所创建制度的目的应当“保护劳动者”，针对的就是劳动者的弱者性，为何要加“倾斜”两个字，成为“倾斜保护”呢？

所谓“倾斜”，存在于至少是两个主体的相互关系，例如双方均有权主张获得某种利益，但基于公共利益或其他正当理由，其中一方获得更大的利益，形成了“倾斜”的利益分配结构。可见，“倾斜”作为一种法律调整的理念，乃是对主体平等的修正，当这种理念与劳动关系双方当事人之“形式平等、实质不平等”相结合时，很容易为劳动法学理所接受，自然得出“劳动法倾斜保护劳动者”的结论。若是以此作为劳动法的定位，“倾斜保护”会衍生出下一个值得探讨的观念，即“倾斜保护”的前提是双方当事人都应当予以保

① 王天玉：《劳动法分类调整的宪法依据》，载《当代法学》，2018年第2期。

护，只是对劳动者的保护更多。那么，当这一衍生观念遭遇《劳动合同法》起草时，在立法宗旨上就产生了劳动法是“保护劳动者的合法权益”还是“保护劳动者和用人单位的合法权益”的“单保护”与“双保护”之争。

王全兴教授针对这一争论指出，这是“在理论上和立法例中本来很清楚的常识性问题”，对此问题的回应是在“劳动法—民法”比较的框架下提出的，“劳动者基于劳动关系中劳动者是相对弱者的假设，在保护双方当事人合法权益的同时，偏重保护劳动者合法权益，故立法目的条款中作‘单保护’表述；民法基于平等主体的假设，对当事人双方的合法权益予以平等保护，故立法目的条款中作‘双保护’表述”①。可见，王全兴教授并不否认劳动法应保护用人单位，只是对于劳动者的保护力度更强，劳动立法在宗旨上的“单保护”实质上是“双保护”基础上的“倾斜保护”。

对此问题，常凯教授也是在“劳动法—民法”比较的框架下，将“单保护”与“双保护”之争视为《劳动合同法》是以《合同法》为依据还是以《劳动法》为依据之争。在此问题的论证中，常凯教授从未使用“倾斜保护”的表述，而是明确《劳动合同法》就是旨在保护劳动者权益的“单保护”法，“单保护”是与“双保护”相抵触的，在“单保护”的语境下不存在“倾斜保护”，雇主利益的保护不是劳动法的功能，“劳动法对于雇主而言更多的是限制而不是保护。对于企业或雇主的保护，主要是通过《企业法》和《公司法》等法律来实现的。《劳动合同法》对于雇主的限制主要表现为，作为民事合同中的一般权利的行使，在劳动合同法中则有许多法定的限制条件”②。

而后，董保华教授就“单保护”与“双保护”之争的各方观点进行了细致了点评，并阐释了他对二者及其与“倾斜保护”关系的观点。董保华教授指出，1994 年《劳动法》第 1 条以“显性的方式提出保护劳动者……以隐性的方式提出保护用人单位”，此项规定是“倾斜保护”的缘起，“应当将其概括为‘倾斜保护’”，并且董教授“早在 1992 年就率先将‘保护劳动者’原则概括为‘倾斜保护’”③。由此可以推知，既然倾斜保护包含“保护用人单位”的内容，哪怕是“隐性提出”的，也是承认劳动法应保护劳动关系双方，只是董教授强调应当从倾斜保护出发来认识《劳动合同法》的立法宗旨，“脱离了倾斜保护去谈‘单保护’或‘双保护’，只会使劳动法成为民法或行政管理法”④。

---

① 王全兴：《劳动合同立法争论中需要澄清的几个基本问题》，载《法学》，2006 年第 9 期。

② 常凯：《关于〈劳动合同法〉立法的几个基本问题》，载《当代法学》，2006 年第 6 期。

③④ 董保华：《论劳动合同法的立法宗旨》，载《现代法学》，2007 年第 6 期。

这一场争论似乎随着《劳动合同法》的施行而告一段落。《劳动合同法》最终将立法宗旨确定为“为了完善劳动合同制度，明确劳动合同双方当事人的权利和义务，保护劳动者的合法权益，构建和发展和谐稳定的劳动关系”，若以“倾斜保护”为出发点来解读，似乎可以理解为条文明示“单保护”与隐含“双保护”下对劳动者的“倾斜保护”，仍是在“双保护”基础上因劳动者的“弱者性”而对其“倾斜”。而自2008年《劳动合同法》施行起，倾斜保护作为“共识”融入劳动法的学理体系中，此后十几年来接受劳动法学教育的年轻一代几乎是不自觉地接受了“倾斜保护”的表述及其隐含的理念，笔者就是其中之一。

时至今日，笔者尚不能对“倾斜保护”提出系统的理论性革新，或者说笔者反思到底是否有可能、有必要对此表述予以理论性革新，原因在于“倾斜保护”自身的理论性是否充足。这些怀疑源自笔者尝试用“倾斜保护”来回答以下几个问题。

第一，劳动者的弱者性能推导出倾斜保护吗？随着高技能劳动者比例的不断增加，劳动者弱者性也受到一些挑战。但劳动者作为产业雇佣体系中提供劳务的一方，因处于雇主的指挥监督下而形成的弱者性仍是劳动法的基本假设，也符合社会中占绝大多数比例劳动关系的现实情况。那么，从劳动者弱者性这一基础假设出发，为了矫正劳动关系内部雇主与劳动者在形式上平等而实质不平等，公权力应对弱势一方的劳动者进行保护，或者说劳动法通过保护劳动者来实现劳动关系的平衡协调，这其中哪里有“倾斜”呢？试想若公权力对雇主和劳动者均提供保护，且对劳动者保护多一点，那么“均提供保护”无助于改变劳动关系双方实质不平等，并可能导致法律效果相互抵消，最后起作用的还是对劳动者“多一点”的保护，实质仍是只保护劳动者，何必多此“倾斜”一举呢？

第二，倾斜保护在劳动法规范中有根据吗？董保华教授提及，倾斜保护的法律依据是1994年《劳动法》第1条，乃至倾斜保护是对这一条的学理概括。这一条的规定是：为了保护劳动者的合法权益，调整劳动关系，建立和维护适应社会主义市场经济的劳动制度，促进经济发展和社会进步，根据宪法，制定本法。恕笔者愚钝，着实未能从中读出来“隐性保护用人单位”，亦不懂何处可概括出“倾斜保护”。基于劳动者弱者性的假设，这一条的规定正是阐明建立保护劳动者合法权益的制度，矫正劳资实质不平等，从而依次实现“调整劳动关系，建立和维护适应社会主义市场经济的劳动制度，促进经济发展和社会进步”等各级目标。既然法条写明了“为了保护劳动者的合法权益”，当然可以明确是“保护劳动者”，或者说“只有保护，没有倾斜”。到

2008年《劳动合同法》，作为其立法宗旨的第1条写明“为了完善劳动合同制度，明确劳动合同双方当事人的权利和义务，保护劳动者的合法权益，构建和发展和谐稳定的劳动关系，制定本法”。可解读为该法通过“完善劳动合同制度”，以便“明确劳资双方的合同权利义务”，从而“保护劳动者的合法权益”，实现“劳动关系和谐稳定”，这其中仍然没有“倾斜保护”，也未能读出“隐性保护用人单位”。

第三，倾斜保护契合劳动法的规范体系吗？梳理《劳动法》与《劳动合同法》的条文，贯穿的主线是保护劳动者的合法权益，从总则到劳动合同订立、履行、变更、终止及解除，以及就业促进、社会保险和福利，均是围绕着劳动者构建的保护机制，何处体现“倾斜”呢？以劳动合同终止和解除制度为例，王泽鉴先生认为：“为保护处于弱势的劳工，在雇佣之外发展出劳动契约，尤其是对劳动契约的终止设有特别规定，劳动法乃是以此为基础构建的。”[①] 劳动法对劳动合同的终止和解除设定了严格的条件，尤其用人单位解除合同的情形，采取了法律列举的方式，亦有程序性规定，用人单位不存在超越法律规定情形的合同解除权。因此，劳动法关于用人单位合同解除权的规定又称解雇保护制度，旨在保障劳动者的职业安定。通读《劳动法》与《劳动合同法》，主要内容是针对劳动者的权利性规定和针对用人单位的义务性规定，二者组合无疑是为了实现“保护劳动者合法权益”的立法宗旨，不知如何“隐性”保护用人单位抑或如何“倾斜”。

综上，笔者反思“倾斜保护”的表述对于劳动法学理有何意义？是否拿掉“倾斜”会更明确劳动法之定位，亦即劳动法就是劳动者的保护法；劳动法通过规定大量用人单位义务来保护劳动者；劳动者存在不同类型，那么劳动法给予差异化的调整并非“倾斜”的程度不同，而就是保护力度和方式不同。如果“直接”可以解释通顺，则何必“倾斜”呢？

二、“劳动者分层保护”之反思

“劳动者分层保护”的命题是针对劳动法“一刀切”保护模式提出的，也可以说是对“一刀切”式的“倾斜保护”作出的修正。随着大工业的退潮和信息技术的发展，劳动用工方式的面貌呈现出日新月异的变化，以往高度组织化的用工模式逐渐被弹性、灵活的工作机制所代替，产业工人已不是劳动法所保障的典型对象，用人单位也早已超越了工厂的范畴。在我国的特定语

① 王泽鉴主编：《民法概要》，2版，300页，北京，北京大学出版社，2011。

境下，既有数量众多的进城务工人员，也有大量的管理、技术人员；既存在国有、外资、民营的用工差别，也不能忽视大中小微企业的规模差异，以及由此导致的劳动法实施差异。

笔者曾研究劳动者分层问题，在2011年发表的拙作《求同存异：劳动者的身份认定与层级结构》中提出，“划分劳动者的层级以便给予不同程度的倾斜保护”①。而到了《劳动合同法》立法之时，反对“一刀切”式、主张差异化调整是一个重要观点，例如著名法学家梁慧星研究员指出，我国各种企业在经营形式、劳动管理形式上差别甚大……这就要求规范劳动关系的立法，不能照搬西方发达国家的标准，不能套用规模化、现代化工业生产企业的模式，不能搞一刀切。而《劳动合同法》未注意不同行业、规模、不同形式的企业之间的差别，搞一刀切。② 这一点也是劳动法学界反思的重要方面，“《劳动合同法》的问题与其说是刚性强，不如说是类型化比较差，针对性比较差……劳动关系协调机制的完善首先要考虑的是类型化处理，精细化立法”③。

讨论劳动法分层首推董保华教授提出的“劳动者分层保护说”，他认为：“随着农民进城务工、国有企业员工下岗，劳动者出现了分层……劳动者分层中处于较为低层的劳动者是那些技能较低、年龄较长、流动性较大、替代性较强、竞争力较弱的普通劳动者。”因此，劳动者人格应当从抽象到具体，只有“根据社会的经济地位以及职业的差异把握更加具体的人”，才能真正实现“对弱者加以保护”的目的。④“劳动者分层”的基本思路是以社会学的十阶层划分为基础，选取其中的四个阶层，包括经理、专业技术人员、产业工人以及无业、失业和半失业人员，由此呈现一个劳动者分层的金字塔结构。⑤ 从劳动法学理视角出发，此学说的问题有三。

第一，社会学意义上的十阶层划分方法难以作为劳动者分层的依据。十阶层的社会分层理论只是诸多社会分层理论之一，“利益、地位的差别和不均等是一种客观事实，不同的分层理论家有着不同的研究视角”，除十阶层划分法采用“职业分类”标准外，还有生产资料资源、财产或收入资源、人力资

---

① 王天玉：《求同存异：劳动者的身份认定与层级结构》，载《广东社会科学》，2011年第6期。

② 参见梁慧星：《劳动合同法：有什么错？为什么错?》，见 http://www.aisixiang.com/data/29948.html，访问日期：2020年4月19日。

③ 姜颖、沈建峰：《正确评估〈劳动合同法〉适时修改〈劳动法〉》，载《中国劳动关系学院学报》，2017年第3期。

④ 参见董保华：《锦上添花抑或雪中送炭——析〈中华人民共和国劳动合同法（草案）〉的基本定位》，载《法商研究》，2006年第3期；董保华主编：《劳动合同立法的争鸣与思考》，43～47页，上海，上海人民出版社，2011。

⑤ 参见董保华主编：《劳动合同立法的争鸣与思考》，43页，上海，上海人民出版社，2011。

源、社会关系资源等多项可与职业劳动相关联的社会分层标准。[①] 十阶层划分法是“以组织资源、经济资源和文化资源占有状况为根据”，目标是决定每个社会成员“属于哪个阶层、在社会阶层结构中的位置和个人的综合社会经济地位”[②]。可见，此项社会分层理论关注的是整个社会的阶层结构和流动机制，而劳动者分层要解决的问题是实现更为精准的倾斜保护，其基本考量因素应当是劳动者弱者性的强弱差异。因此，二者的目标、逻辑和方法均存在显著差异，不应直接作为论证依据。

第二，十阶层结构中的职业群体不能与劳动法的适用主体相等同。作为十阶层划分标准的“职业”并不是劳动法意义上的“职业劳动”，而更类似于一种社会身份，远超依靠工资作为生活来源的范畴，如国家和社会管理阶层、私营企业主阶层。此外，在十阶层的结构中，除了上述“经理”等四个阶层外，专业技术人员、办事人员和商业服务人员阶层中的大多数也应属于劳动法的适用主体[③]，但却未被纳入“劳动者分层保护说”的体系中。至于这几类人数巨大的群体应归入劳动者分层的哪个层次，似乎难以得出一个明确的论断。即便就“经理”而言，其在社会分层框架下所指的是“大中型企业中非业主身份的中高层管理人员”，范围极为有限，显然不可与劳动法意义上的经理同日而语。[④]

第三，劳动者分层所包含的主体类型无法与现有的劳动法主体分类理论衔接。劳动者分层构想直接从社会学意义上的十阶层中选取了四种类型，而非以劳动法学理为基础，使得该分层方法独立于劳动法上的主体分类理论。劳动法上已有对适用主体进行分类，以便予以特别保护的原则和制度，但是其主旨不是对全体劳动者进行分类，而是发现具有特别保护必要的群体，大致包括三类：第一类是绝对的弱势劳动者，包括妇女、儿童和残疾人，劳动立法的起点就是从此类绝对弱势的劳动群体健康权保障着手[⑤]，至今此项分类

---

① 参见李强：《试析社会分层的十种标准》，载《学海》，2006 年第 4 期。

② 陆学艺：《当代中国社会阶层的分化与流动》，载《江苏社会科学》，2003 年第 4 期。

③ 按照十阶层社会分层理论的划分，专业技术人员阶层是指在国家机关、事业单位和各种经济成分的企业中从事专业性工作和科学技术、人文社会科学工作的人员；办事人员阶层主要是党政机关中的中低层公务员，各种所有制企事业单位中的基层管理人员和非专业性办事人员；商业服务人员阶层是指在商业、服务行业中从事非专业性的体力和非体力劳动的工作人员。参见陆学艺：《当代中国社会阶层的分化与流动》，载《江苏社会科学》，2003 年第 4 期。

④ 经理在实践中是泛滥的概念，难以依凭经理头衔判断其与公司间的合同性质。从劳动法角度看，经理因从属性的不同可分为总经理、高级经理和低级经理，其中总经理与公司间是委任关系，不在劳动法调整范围内。参见王天玉：《经理雇佣合同与委任合同之分辨》，载《中国法学》，2016 年第 3 期。

⑤ 参见郑尚元主编：《劳动合同法的制度与理念》，16 页，北京，中国政法大学出版社，2008。

及特别保护已成为世界各国（地区）劳动法的必备内容；第二类是特殊工作形态的劳动者，例如德国法上做出特别区分的工商业劳动者、商人职员、船员、公共服务中的劳动者、教会和教会机构的劳动者[①]；我国台湾地区学者举出的类型包括商业外务员、家内劳动者、船员、公务员。[②] 第三类是大陆在特定历史发展中形成的劳动者分类，包括职工和工人、正式工和临时工、固定制工和合同制工、城镇合同制工和农民合同制工、正式工和派遣工、全日制工和非全日制工[③]，其中明显具有弱势性的群体已有专门制度予以调整，例如派遣工、非全日制工。将上述劳动法上的分类与劳动者分层构想相对照，既无法将经理、专业技术人员、产业工人等归入现有的劳动者类型，也不能将任一劳动者类型置于某一分层位阶。由此，劳动者分层构想缺乏劳动法的学理资源支撑，难以与劳动法制度相联通，以致在劳动法制度中植入分层设计的尝试几乎无法操作。

综上，虽然“劳动法分层保护说”强调保护对象和调整方式的具体化[④]，但意欲构建劳动者的分层体系不可避免地需要对劳动者的差异性进行抽象。虽然经理、专业技术人员等相对具体化的概念部分消解了高度抽象的“劳动者”概念，但仍必须借助分层抽象完成对劳动者的差异性排序。然而，如果加入国企与私企、收入差异、地域差异、岗位差异等维度，几乎无法辨识出一个具有高度共性的劳动者阶层。究其原因，当今的劳动用工状况实在过于复杂多变，已然无法通过抽象的方法建构一个封闭性的分层体系。对劳动者进行抽象的基础必然是社会生产方式的单一性，亦即只有在工业社会中，泰勒式的“科学管理”模式在很大程度上促成了劳动者的同一化，基于工业化的大规模生产模式形成特征清晰、边界分明的管理、技术、生产人员。[⑤] 但随着后工业化及信息化时代的到来，社会生产方式的多样性早已无法简单概括，劳动者的工作方式及阶层也同样难以抽象认识。早期以此抽象方法论为基础

---

① 参见［德］雷蒙德·瓦尔特曼著，沈建峰译：《德国劳动法》，60～61页，北京，法律出版社，2014。

② 参见黄越钦主编：《劳动法新论》，100～114页，北京，中国政法大学出版社，2003。

③ 参见王全兴主编：《劳动法》，3版，79页，北京，法律出版社，2008。

④ 董保华教授指出，劳动法作为社会法，保护对象是具体而非抽象的主体，这种调整对象的特点决定了劳动法的调整方式应当是具体的、经验的，而非抽象的。参见董保华主编：《劳动合同立法的争鸣与思考》，47页，上海，上海人民出版社，2011。

⑤ Robert Castel，Les métamorphoses de la question sociale：une chronique du salariat，Paris，France：Gallimard，1999，p. 535.

的理论和实践因此转型。[①]

三、"从属性强弱"之反思

学界对从属性的讨论是随着平台用工的兴起而渐趋热烈的。在讨论中我们似乎突然发现，各方对于从属性的理解原来差异如此之大，对于从属性的构成、各构成要件的内涵、从属性的判断方法均没有明确的共识。从属性犹如"一张普罗透斯似的脸"，如博登海默所说"变化无常，随时可呈现不同形状，并且具有极不相同的面貌"。

笔者在此并非想重述从属性理论云云，而是想反思一点，即从属性是"强弱"还是"有无"，换言之，从属性是程度还是定性？在很多劳动法文献中，从属性是与"强弱"联系在一起的，笔者亦经常使用"从属性强"这样的表述，例如在拙作《劳动法规制灵活化的法律技术》中写道："从属性是一个'射程'的概念……从属性最强的典型劳动者形象是在工作时间、地点、内容等方面毫无自主权，完全在用人单位指挥监督下劳动。以其典型形态作为原点向外发射，随着劳动者自主性的增强和用人单位拘束程度的降低，从属性逐步减弱"，并且"在从属性的射程之内，不同类型劳动者的从属性强弱差异日趋明显"[②]。可见，笔者此前是以"强弱"来表述"从属性"，也就是作为"程度"来看待之。在灵活用工的讨论中，鉴于劳务提供者相对于常规用工有相当大的自主性，就其从属性的阐释自然采用了"程度"的表述，例如田思路教授指出："即使从业者没有人的从属性，但被认为存在经济的从属性时，可以较为广泛的对符合劳动契约目的的法律规定加以适用，并提供与该从属性程度相对应的一定的法律保护。"[③]

笔者就此进行的反思是，如果"从属性"是以"强弱"表述的"程度"，那么"从属"是什么含义？如何区别"从属性"与"从属"。再者，我们说成立劳动关系须符合从属性标准，那么标准是定性还是程度？也可以说，劳动关系是定性还是程度？显然，劳动关系是法律定性，作为其定性依据的"从

---

① 法国在20世纪50年代通行一种标准，以收入、学历、社会地位等为依据把劳动者分为四类：高等高级员工、中等高级员工、雇员与工人，用以衡量社会阶层的构成及其流动性。但随着时间推移，上述要素的相关性（比如学历和收入的关系）逐渐发生了变化，分类也渐趋困难。Alain Desrosieres，Alain GOY et Laurent THEVENOT，L'identité sociale dans le travail statistique：la nouvelle nomenclature des professions et catégories socioprofessionnelles，Economie et statistique，vol. 152，no 1，1983，pp. 55 - 56.

② 王天玉：《劳动法规制灵活化的法律技术》，载《法学》，2017年第10期。

③ 田思路：《工业4.0时代的从属劳动论》，载《法学评论》，2019年第1期。

属性”亦应当是“定性”，“从属性”所包含的“从属”才是“程度”。

那么，从属是一种事实评价，在劳务给付关系中，接受劳务的一方对提供劳务的一方有指示权的情况下，都可以说存在某种从属。而作为劳动关系认定标准的从属性是从属程度的总结，是一种法律评价。因此，我们可以说从属程度强，抑或控制程度强，但对于从属性只能说有或无，这是定性判断，而不是程度判断。当给付劳务一方对接受劳务一方的从属程度足够强，我们可以得出存在从属性的结论。

何种程度的从属才能达到从属性的定性呢？这是从属性构成与证明的问题。在从属性的构成要件中，笔者始终认为人格从属性是主要要件，把握雇佣劳动的本质；经济从属性是次要要件，描述劳动过程。组织从属性是对人格从属性和经济从属性缺乏领悟所致，没有必要单列。[①] 退一步说，无论将从属性分解为几个要件，核心都是人格从属性。笔者对“人格从属性”的理解深受日本法学家我妻荣先生影响。按照我妻荣先生的观点，使用人（雇主）的指挥命令权能只是便利其自身的利益，而不当地拘束劳务人（劳动者）的人格……从而使劳雇双方“形成了一定程度上的人格性结合关系”，使此劳务共同体（Arbeitsgemeinschaft）带有大量的人格法色彩（persönenrechtliche Farbe）。而在其他劳务供给契约中，例如委任，劳务与人格之间的不可分离也不会构成对债务人人格的不当拘束。[②] 据此，从属性的本质是给付劳务一方在提供劳务的过程中对接受劳务一方的“从属”程度足够强，以致形成了人格性结合关系，或者说带有人格法色彩的劳务共同体。

综上，笔者仍认为“从属性是一个‘射程’的概念”，在射程之内是“从属”，射程之幅度是从属的强弱，从属性是对从属强度的定性。可以说，从属性应论“有无”，而非“强弱”。

四、“非典型劳动关系”之反思

非典型劳动关系作为典型劳动关系的相对概念早已存在，表述上亦有“标准劳动关系”与“非标准劳动关系”之称。董保华教授指出：“非标准劳动关系是与标准劳动关系相区别而存在的。标准劳动关系，以用人单位与劳动者之间的一重劳动关系、八小时全日制劳动、遵守一个雇主的指挥等为特征，法律在调整时也建立了相应的最低工资和基本的社会保险等一系列制度。

---

① 参见王天玉：《经理雇佣合同与委任合同之分辨》，载《中国法学》，2016年第3期。

② 参见［日］我妻荣著，周江洪译：《民法讲义·债法各论》（中卷二），4、13页，北京，中国法制出版社，2008。

这种标准劳动关系也被称为安定劳动关系。"[①] 作为其相对概念的非典型劳动关系，自然是不具备上述一项或几项典型特征的劳动关系，因此难以给出精准的定义。这一状况在以往并未有较大问题，直到平台用工兴起。

依然是在平台用工的讨论中，还是基于劳务提供者在从属程度上不同于常规用工的事实，一些观点运用"非典型劳动关系"的概念界定平台与劳务提供者之间的关系，例如张素凤副教授在网约车的研究中提出："专车软件运营商和专车司机之间形成了一种从属性弱化、用工关系性质模糊的非典型劳动关系。"[②] 王全兴教授认为，"依据劳动关系是从属性、继续性之用工关系的原理，以部分组织从属性、外部经济从属性、继续性等要素探索据以认定非典型劳动关系的指标系列……将从属性达到一定程度且有继续性的'网约工'认定为非典型劳动关系"，并有选择地适用劳动法保护手段。[③]

笔者所反思的是"非典型劳动关系"是作为与"典型劳动关系"的配套概念，可以"非典型"到什么程度？如果非典型劳动关系不要求人格从属性，而以经济从属性、用工继续性为依据，那么，"劳动法"将涵盖"非典型劳动关系"，并以"部分保护"来扩大劳动法的调整范围，即对"非典型劳动关系"适用一部分劳动法制度，改变劳动法适用"全有全无"的状况。笔者有三点疑问。

第一，欠缺人格从属性的劳务给付关系是否可以称为"非典型劳动关系"？如果可以，现有以人格从属性为核心的劳动关系就应称为"典型劳动关系"，那么作为二者上位概念的"劳动关系"应如何界定？若该上位概念"劳动关系"须体现"典型劳动关系"与"非典型劳动关系"的共性，该共性只能是"经济从属性"，则"劳动关系"的基本特征应是"经济从属性"，那么仅具备"经济从属性"的"劳动关系"才应是"典型"的，而在"经济从属性"之外增加了"人格从属性"的"劳动关系"是"非典型"的。

第二，"部分保护"的前提应是"劳动关系获得劳动法全部保护，但因非典型劳动关系的特殊性而给予部分保护"，那么由谁、经什么程序确定非典型劳动关系下的劳动者获得什么样的部分保护？有文献以"好厨师案"和"闪送案"说明"部分保护"已有的司法探索[④]，笔者认为，现行法下法院无权进

① 董保华：《非标准劳动关系》，载《学术研究》，2008年第7期。

② 张素凤：《"专车"运营中的非典型用工问题及其规范》，载《华东政法大学学报》，2016年第6期。

③ 参见王全兴、王茜：《我国"网约工"的劳动关系认定及权益保护》，载《法学》，2018年第4期。

④ 参见王全兴、刘琦：《我国新经济下灵活用工的特点、挑战和法律规制》，载《法学评论》，2019年第4期。

行“部分保护”的探索，如果认定劳动关系，劳动者就有权主张全方位的劳动保护，法院不能决定给予什么和不给予什么，法院能掌握的是根据当事人的诉讼请求和证据进行判断。如果当事人仅主张部分劳动权益，那么法院判决不涉及其他劳动权益，如“闪送案”[①]；或者当事人提出诉讼请求，但证据不足以支持，法院则不予支持，如“好厨师案”[②]。

第三，若“劳动法部分保护”以立法的形式作出，实质上通过“非典型劳动关系”对“无人格从属性、有经济从属性”的群体进行了单独立法，那么“劳动法”应分为基于“典型劳动关系”的现行劳动法和基于“非典型劳动关系”的扩大劳动法，或许可根据调整对象将二者称为“典型劳动法与非典型劳动法”。这一结构的实质是将“从属性劳动—独立性劳动”之“劳动二分法”下的制度空白转移到了“劳动法”内部，形成了现行劳动法之“典型劳动法”与填补空白之“非典型劳动法”的新“二分法”，且二者的调整对象在从属性上有根本性差异，即便名称上仍是劳动法，但与当前劳动法的内涵已经不同。“劳动法”内部也会冲突不断，典型劳动法与非典型劳动法的边界难以划清，实务操作将更为复杂，须先认定劳动关系，再认定是典型劳动关系还是非典型劳动关系，进而决定适用哪些制度。虽然劳动法在形式上扩大了调整范围，但对于解决现实问题是弊大于利。

综上，就“非典型劳动关系”这一概念而言，既然其包含了“劳动关系”，那么首先应确认其符合劳动关系的基本要件，即“人格从属性”，若无人格从属性则不是劳动关系，不能用“非典型”一笔带过。笔者理解的“非典型劳动关系”，不是在“人格从属性”上与“典型劳动关系”存在差异，而是不具有正规就业的无固定期限、直接雇佣、全日制等特征，常见情形是固定期限劳动合同、劳务派遣、非全日制用工。[③] 亦应有意识区分法学概念与非法学概念，经济学和管理学中的非正规就业不能等同于劳动法学中的非典型劳动关系，任何一种劳务给付形式进入法律视野均应依据劳务给付事实进行法律关系的判断和定性，第一关就是从属性标准，判断是否成立劳动关系，据以决定应适用的法律规范。此前笔者曾写道：“在互联网发展的时代，劳动

---

① 北京市海淀区人民法院（2017）京0108民初53634号民事判决书。

② 法院在“好厨师案”中认为双方当事人签订的《合作协议》是履行劳动关系的协议，因而未支持双倍工资；加班费请求因缺乏证据未予以支持；补缴社会保险费因不属于法院受理范围，未予以审处。参见北京市第三中级人民法院（2017）京03民终11768号民事判决书；北京市第三中级人民法院（2017）京03民终11769号民事判决书。

③ 参见［日］荒木尚志：《劳动法》，409～410页，东京，有斐阁，2016。

关系不应被泛化。”[①] 此刻，笔者认为：“在互联网发展的时代，非典型劳动关系更不应被泛化。”

五、结 语

当笔者翻看《劳动合同法》立法过程中的文献，如何认识劳动合同以及如何认识劳动法与民法的关系是一个重要主题，乃至关于《劳动合同法》立法宗旨也要借助民法来进行讨论。而事实是，本土的劳动法制演进自 1986 年劳动合同制改革起，从未与民法血脉相连，也很难说是在民法的滋养下成长。从《劳动法》到《劳动合同法》和《劳动争议调解仲裁法》，劳动法在实体和程序两方面都形成独立、独特、独行的制度体系，这是规范文本和制度实践给予的明确事实，为何在劳动法发展的重要时刻要诉诸民法呢？这涉及另一个不容否认的事实，那就是在学理体系上，本土劳动法与民法有着显著的差距，这也是很自然的。民法承接千年的学理积累，概念体系和法律思维均引领着社会法治的前进。劳动法从民法获取学术资源当然无可厚非，并且是十分必要的，但劳动法因与就业政策、产业秩序密切相关，必然要继续走本土之路，那么劳动法学理也终究要形成自己的一套话语体系，这就需要不断审视、反思、提炼已有的学理命题，尤其是基本命题。学术发展少不了不断纠错，笔者在文中列举了若干自己以往研究的问题，并进行反思和检讨，希望以自己的点滴心得助力劳动法学理的发展。

① 王天玉：《基于互联网平台提供劳务的劳动关系认定——以“e代驾”在京、沪、穗三地法院的判决为切入点》，载《法学》，2016 年第 6 期。

美国灾难失业援助制度及对我国的启示①

曹艳春、周若涵*

目次

［摘要］　重大灾难发生后，当企业因灾情的影响而停产停业或应政府防控灾难的要求而停工，或者工作场所、交通受到严重破坏时，劳动者不得不面临工作中断的状况，甚至有劳动者因重大灾难导致的企业经营困难而失业。为了保障劳动者的基本生活条件，同时减轻企业的经济负担，我国可借鉴美国灾难失业援助制度，建立适用于我国的灾难停工补助制度，即符合一定条件的因重大灾难而停工或失业的人员，可以按照法定程序申领灾难停工补助金，依法保障其在停工或失业期间的收入来源，以有序应对突发灾情带来的损失，维护社会的和谐稳定。

［关键词］　重大灾难　停工期救济　失业保险

一、问题的缘起

2019年年末及2020年年初新型冠状病毒性肺炎爆发后，受其影响，许多企业长时间停工停产，对于该期间无法远程办公的劳动者的工资支付问题，《人力资源社会保障部办公厅关于妥善处理新型冠状病毒感染的肺炎疫情防控

* 曹艳春，法学博士，上海海事大学法学院教授、博士生导师；周若涵，上海海事大学法学院硕士研究生。本文为国家社科基金项目《海洋强国背景下船员劳动权益保护问题实证研究》（18BFX196）的阶段性成果。

① 收稿时间：2020年5月。

期间劳动关系问题的通知》（人社厅明电〔2020〕5号）中指出："企业停工停产在一个工资支付周期内的，企业应按劳动合同规定的标准支付职工工资。超过一个工资支付周期的，若职工提供了正常劳动，企业支付给职工的工资不得低于当地最低工资标准。职工没有提供正常劳动的，企业应当发放生活费，生活费标准按各省、自治区、直辖市规定的办法执行。"① 该规定虽然是从保护劳动者权益的角度出发，但目前来看至少存在两个不得不引起重视的问题：其一，要求企业在受疫情影响的停产停工的一个工资支付周期内，向职工支付标准工资显然大大增加了企业的成本负担，尤其在灾情期间，将使中小企业的生存更加艰难；其二，一些中小企业由于灾情造成资金困难，在停产停工期间也难以向劳动者支付任何工资或生活费，这也使得劳动者在未复工期间没有生活来源，劳动者的合法权益得不到充分保障。

在如何解决平衡和保障好企业和劳动者双方的权益这一问题上，如果尝试将由企业负担的该笔支出转变为由国家财政资金及失业保险金承担的向劳动者支付的补助金，那么既可以减轻企业的经济压力，同时也可以更全面地保障劳动者在停工期间有稳定的收入，保障劳动者的基本生活条件。如此一来，对于经营规模较小并且经营状况较差的中小企业，可以完全以补助金替代本应由其向员工支付的工资或生活费，对于经营规模较大、经济承受力较好的企业，鼓励其按照《工资支付暂行规定》第12条支付员工工资，如果不能则劳动者也享有失业补助。

此次的新冠肺炎在美国大规模爆发后，为应对疫情给国民生活带来的冲击，美国已多次出台针对新冠肺炎的援助计划，如3月18日经特朗普签署生效的《家庭首次冠状病毒应对法》（the Families First Coronavirus Response Act），其中包括美国首次广泛实施的联邦法定带薪休假，它涵盖了那些通常得不到此类福利的人，如兼职员工和零工经济工作者。② 除了美国在此次新冠肺炎爆发期间出台的临时适用的紧急援助计划外，美国还有通过《斯塔福德法案》与《联邦法规》建立起来的灾难失业援助（Disaster Unemployment Assistance，简称DUA）制度，3月27日美国总统特朗普签署的《冠状病毒援助，救济和经济安全法案》（the Coronavirus Aid，Relief，and Economic Security Act，简称CARES法案）中所确立的广泛流行性疾病失业援助（Pan-

① 中华人民共和国人力资源和社会保障部《人力资源社会保障部办公厅关于妥善处理新型冠状病毒感染的肺炎疫情防控期间劳动关系问题的通知》，www.mohrss.gov.cn/SYrlzyhshbzb/dongtaixinwen/buneiyaowen/202001/t20200127_357746.html，访问日期：2020年4月10日。

② Claire Cain Miller，"Who Qualifies for Paid Leave Under the New Coronavirus Law"，https://www.yahoo.com/news/qualifies-paid-leave-under-coronavirus-185743624.html，accessed 29/03/2020.

demic Unemployment Assistance，简称 PUA）计划就是仿照灾难失业援助制度建立的[①]，PUA 每周支付的金额就是在 DUA 每周提供福利的基础上加上 600 美元。[②] 本文主要通过对美国灾难失业援助制度的研究与借鉴，从中探讨可能对我国有益的经验，以便于我们探索建立适用于我国的灾难停工期劳动者常态化的补助制度。

二、美国灾难失业援助制度的比较研究

（一）美国灾难失业援助制度的设立背景

美国早已建有灾难失业援助制度，为因总统宣布的重大灾难而直接导致工作或自谋职业丢失或中断，并且根据州或联邦法律没有资格获得常规失业保险（unemployment insurance，简称 UI）福利的人提供失业救济。《罗伯特·斯塔福德灾难救助和紧急援助法》（简称《斯塔福德法案》）（The Robert T. Stafford Disaster Relief and Emergency Assistance Act）第 410 节阐明了灾难失业援助计划的框架，该规定授权总统可以向任何因他根据《斯塔福德法案》宣布的重大灾难而失业的人提供援助[③]，具体内容为“总统有权向任何因重大灾难而失业且在失业周内无权获得任何其他失业补偿或可预期信贷的人提供他认为适当的福利援助。只要个人因重大灾难继续失业或直到该人被重新安置到合适的职位为止，总统就应向其提供这种援助，但不得超过宣布重大灾难后的 26 周”[④]。

DUA 由联邦紧急事务管理局（Federal Emergency Management Agency，简称 FEMA）资助[⑤]，此外，美国劳工部（United States Department of Labor，简称 DOL）根据 FEMA 局长向劳工部长的授权来操作 DUA 计划，并且该计划由各州根据其与劳工部长签署的协议来执行。[⑥] 为了实施《斯塔福德法案》第 410 和 423 节的规定[⑦]，劳工部长颁布了《联邦法规》（Code of Federal Regulations）第 20 卷第 625 部分中的 DUA 计划的法规[⑧]，以对 DUA

① Relief for gig workers, independent contractors and other self-employed individuals expected by mid-April，2020 WLNR 9532226.

② See Expansion Of Unemployment Insurance Under The CARES Act，2020 WLNR 11179832.

③ Disaster Unemployment Assistance Program，68 FR 10932 - 01.

④ 42 U. S. C. A. § 5177.

⑤ Jennifer E. Lake：“Disaster Unemployment Assistance（DUA）”，https://digital.library.unt.edu/ark:/67531/metacrs3234/m1/1/high_res_d/RS21023_2002Mar25.pdf，accessed 06/03/2020.

⑥ Disaster Unemployment Assistance Program，68 FR 10932 - 01.

⑦ 20 C. F. R. § 625. 1.

⑧ Disaster Unemployment Assistance Program，68 FR 10932 - 01.

计划进行详细的阐释。

（二）灾难失业援助制度的适用情形

根据《联邦法规》第20卷第625.5节的规定可知，当出现以下由重大灾难导致的雇员失业的情况，失业的雇员可能将有资格获得DUA：（1）个人在第625.2（e）所定义的"重大灾难发生日"（联邦紧急事务管理局与重大灾难发生地的州长一致认定的首次发生重大灾难的日期）之后有第625.2（w）（2）所定义的"失业周"（完全、部分完全或部分失业的任何一周），并且该失业是重大灾难的直接结果；（3）重大灾难直接导致个人无法到达工作地点；（4）个人本将开始工作，但重大灾难直接导致其没有工作或者无法找到工作；（5）重大灾难直接导致户主死亡，使得个人已成为家庭的养家糊口者或主要支撑；（6）重大灾难直接导致个人因受伤而无法工作。对于失业的自雇人士来说，当出现以下由重大灾难导致其失业的情况，其可能将获得DUA：（1）自雇人士在"重大灾难发生日"之后有"失业周"，并且该失业是重大灾难的直接结果；（2）重大灾难直接导致自雇人士无法到达提供服务的地点；（3）自雇人士本将开始提供常规服务，但由于重大灾难的直接后果，其没有或无法到达本将提供服务的地方；（4）重大灾难直接导致自雇人士因受伤无法提供服务。①

在美国，通常在重大灾难发生后，因重大灾难而失业的雇员应首先向所在州的失业保险制度寻求福利救济，因为他们一般都有资格获得援助。对于直接因美国总统宣布的重大灾难而失去或中断工作或者自营职业的个人，如果他们没有资格获得常规的州失业保险福利，DUA将向他们提供财政援助。②因此，那些不符合申请UI条件的人，比如自雇人士和收入很低或者收入不规律的人有资格申请DUA。③ 在对美国灾难失业援助制度进行研究时，我们应注意借鉴这一制度同样适用于因重大灾难导致停工状态的这一特点，如此可以很好地弥补我国目前仅有失业保险制度，而缺乏对此种因灾难造成停工情形的个人补助机制。至于这一制度的适用对象，我们应结合我国的实际，在借鉴美国灾难失业援助制度的基础上，对其进行合理适当的扩大。

（三）"失业是重大灾难的直接结果"

"9.11"事件之后，美国劳工部于2001年11月发布了新的解释性规则，

---

① 20 C.F.R. § 625.5.

② Michael L. Ludwig et. al., UNDERSTANDING THE LEGAL ISSUES FOR EMPLOYERS, EMPLOYEES, AND OTHERS IMPACTED BY HURRICANE SANDY, 2013 Aspatore Special Rep. 5.

③ See Pamela Winston et. al., Federalism After Hurricane Katrina: How Can Social Programs Respond to A Major Disaster?, 81 Tul. L. Rev. 1219 (2007).

其对《联邦法规》第 20 卷第 625.5 节进行了修改，添加了新的（c）部分，以阐明“失业是重大灾难的直接结果”的定义[①]，2003 年 3 月劳工部又对（c）进行了修改，最终规定为：雇员或自雇人士的失业如果是由以下原因造成的，则其失业是重大灾难的直接结果：（1）工作地点的物理损坏或摧毁；（2）失业者在重大灾区内的工作场所因被联邦、州或地方政府或应联邦、州或地方政府要求为立即应对灾难而关闭，导致其无法进入；（3）缺少工作或收入损失，前提是在灾难发生之前，至少其雇主或业务（如果是自雇人士）的大部分收入来自重大灾区中因灾难受到损坏或破坏的实体，或者联邦、州或地方政府为立即应对灾难而关闭的重大灾区中的实体。[②]

尽管 DOL 是在 2001 年 9 月 11 日恐怖袭击事件之后发布的新的解释性规则，但该规则将适用于之后宣布的任何重大灾难。（c）部分的补充规定旨在明确灾难本身直接造成个人失业，以及可能是由灾难引发的一连串事件导致的个人失业这两种情况的区别。[③] 劳工部认识到，9 月 11 日的恐怖袭击在整个经济中产生了“连锁反应”，而且由于这些灾难对商业的影响，全国许多企业遭受重创。然而，因应对这些重大灾难导致的商业普遍衰退而失业的个人，并不是由于重大灾难的“直接后果”而失业，因此不应被视为符合 DUA 资格，如果认定其属于因重大灾难直接导致失业的情况，将不适当地扩大适用 DUA 规则的范围，从而将间接受灾难影响的个人包括在内。对此，（c）部分也指出：“就本节第（a）（1）款和第（b）（1）款而言，雇员或自雇人士的失业是重大灾难本身的直接后果，而不是由灾难引起或加剧的一系列事件的结果。”此外，第（c）（3）条表明在个人能够确定其大部分收入或营业收入来自在灾难中受损或被毁或者被联邦政府关闭以应对灾难的重大灾区中的实体时，允许 DUA 覆盖重大灾区以外的个人。比如，一位华盛顿特区的独立承包商由于五角大楼的被袭击或里根国家机场的关闭而损失了大部分收入，也可能有资格获得 DUA。并且，适用第（c）（3）的前提是至少雇主或自雇人士的大部分收入来自重大灾区中的这一实体，如果不是占多数的收入来自该实体，则重大灾难与失业的联系被视为过于薄弱，因而不能被视为有直接的关系。[④]

---

① Jennifer E. Lake，“Disaster Unemployment Assistance（DUA）”，https://digital.library.unt.edu/ark:/67531/metacrs3234/m1/1/high_res_d/RS21023_2002Mar25.pdf，accessed 17/03/2020.

② 20 C. F. R. § 625. 5.

③ Jennifer E. Lake，“Disaster Unemployment Assistance（DUA）”，https://digital.library.unt.edu/ark:/67531/metacrs3234/m1/1/high_res_d/RS21023_2002Mar25.pdf，accessed 17/03/2020.

④ Disaster Unemployment Assistance Program，68 FR 10932 - 01.

（四）“失业”的含义

1994年美国劳工部提出，如果因为重大灾难直接导致客户的减少，雇员或自雇人士提供的服务少于灾难前惯常服务的50%以上，则该雇员或自雇人士被视为失业。[①] 并且，《联邦法规》第20卷第625.2节提到，失业周对失业雇员来说，是指个人完全、部分完全或部分失业的任何一周。完全失业的一周是指个人不工作，不赚工资，或从事的工作少于全职工作并且工资不超过适用的州法律规定的最低收入津贴的一周。部分完全失业的一周是指个人从事零工或辅助工作，并且工资不超过适用的州法律规定的最高收入津贴的一周。部分失业的一周是指个人因重大灾难直接导致为其正式雇主工作的时间少于正常的全职工作时间，并且工资不超过适用的州法律规定的最高收入津贴的一周。对于失业的自雇人士来说，失业周是指个人完全、部分完全或部分失业的任何一周。完全失业的一周是指个人在自营职业或雇佣关系中不提供服务的一周，或者提供的服务少于全职工作并且报酬不超过适用的州法律规定的最低收入津贴的一周。部分完全失业的一周是指个人从事零工或辅助工作，并且报酬不超过适用的州法律规定的最高收入津贴的一周。部分失业的一周是指由于重大灾难的直接后果，个人在自营职业中提供的服务少于通常的全职服务，并且报酬不超过适用的州法律规定的最高收入津贴，或者从事的唯一的活动或服务仅是为了使个人能够恢复自营职业的一周。[②]

结合前述分析，我们认为，美国灾难失业援助制度中的“失业”一词并非仅指因重大灾难导致雇员被解雇，或者自雇人士不再经营自营职业之后的状态，而是也包括因重大灾难的发生使得个人无法前往工作地点、工作地点受到损坏、工作场所应政府要求关闭，而导致个人停工，或者因重大灾难导致个人缺少工作或收入减损，或个人本将开始工作但没有工作等状态，其含义更为广泛，这种失业的含义与一般情况下的失业具有不同的含义。

总之，当重大灾难发生后，美国可通过失业保险制度等常规保障机制与灾难失业援助这种紧急救助手段为因灾难而失业或停工的劳动者提供基本保障，此外还可以通过类似于此次疫情期间美国国会通过的《家庭首次冠状病毒应对法》以及2万亿美元的经济刺激法案等临时救济手段为劳动者提供带薪假以及一定的经济援助，以帮助劳动者应对灾难带来的经济挑战。而我国目前尚没有建立一个在重大灾难发生后，能够及时为因灾难而停工的劳动者提供经济帮助的社会保障常规机制，至于在灾难发生后国务院及各省政府发布的要求稳定劳动关系、保障劳动者合法权益的政策文件往往具有一定的滞

---

① Disaster Unemployment Assistance Program, 68 FR 10932-01.

② 20 C.F.R. § 625.2.

后性，并且其稳定性、明确性、系统性、强制性均低于法律法规，因此若我国能够事先通过立法的形式建立为劳动者提供基本保障的突发灾难停工补助制度，为今后可能出现的因重大灾难导致的停工而有所准备，既能够缓解企业的压力，亦会使国家及时提供给劳动者的补助有法可依、有章可循。

三、我国设立灾难停工补助制度的必要性

(一) 各种灾害在我国并不少见

我国是灾难频发的国家之一，地震、泥石流、洪涝、台风等自然灾难，以及非典、甲型 H1N1 流感，和近期全国及世界范围内大规模爆发的新型冠状病毒性肺炎等突发性传染病事件，都给企业的正常生产运营以及人民的正常生活与工作带来了或大或小的影响。灾难发生时，及时进行防控和应急工作必不可少，然而目前我国对于因灾难而停工的劳动者权益常态保障制度仍然缺乏。及时建立适合于我国的灾难停工补助制度可以防患于未然，更好地应对灾难带来的影响。

(二) 为劳动者提供基本生活保障

1. 对于企业职工，就本次新冠肺炎疫情而言，虽然人社部发布的文件要求企业因受疫情影响而停产停工的，在一个工资支付周期内，应按劳动合同规定的标准支付工资，超过一个工资支付周期且没有安排职工工作的，按照有关规定发放生活费。表面上看这样的规定能够最大程度地保障职工的基本收入，使其在受疫情影响无法正常提供劳动时也至少有企业发放的生活费，不至于影响生活质量。然而实际上，并不是所有的企业都会按照政府的规定向职工发放停工期间的工资，尤其是对于小微企业，不按照规定进行操作的情况已经开始有争议显现，如有的用人单位不向职工发放停工期间的工资①，甚至有用人单位为逃避相应的法律责任，要求职工与其签订疫情期间不发工资的协议②，因此，这些企业的职工在停工期间很难保证有收入来源。此外，根据我国现有的失业保险制度的条件来看，他们也不能获得失业保险金。根据我国《失业保险条例》第 14 条的规定可知，同时满足以下三项条件的失业人员可享受失业保险待遇：按照规定参加失业保险并已履行缴费义务满一年的、非因本人意愿中断就业的、已办理失业登记并有求职要求的。《失业保险金申领

① 参见刘正金、陈宇：《疫情防控期间工资支付生变惹争议》，载《宝安日报》，2020 年 4 月 2 日。

② 参见中国江苏网：《公司欲疫情期间不发工资 仲裁部门调解帮员工讨回》，https://baijiahao.baidu.com/s? id=1662645871415964557&wfr=spider&for=pc，访问日期：2020 年 4 月 9 日。

发放办法》第4条规定，非因本人意愿中断就业的是指下列人员：（1）终止劳动合同的；（2）被用人单位解除劳动合同的；（3）被用人单位开除、除名和辞退的；（4）根据《中华人民共和国劳动法》第32条第2、3项与用人单位解除劳动合同的；（5）法律、行政法规另有规定的。也就是说，因受疫情影响而停产停工企业的职工不属于《失业保险条例》意义上的"失业"，也就不能依法获得失业保险待遇。推而广之，在其他各种灾难发生期间，企业因受灾情影响无法正常生产运营的，职工亦会面临同样的不利处境，所以现行规定与制度对灾难停工期间职工的权益保护相当不利。而如果我国能够借鉴美国的灾难失业援助制度，对符合条件的受灾情影响而停工的企业职工给予停工补助，将使那些没有工资或生活费的停工职工大大受益，使他们获得基本的生活保障。

2. 有雇工的个体经济组织也是我国《劳动法》及《劳动合同法》上的用人单位，与其他企业一样承担劳动法上用人单位的责任，因此此次疫情期间有雇工的个体经济组织也应按照规定向其职工支付停工期间的工资或生活费。但实际上大多个体经济组织在停业期间往往入不敷出，维持自身的生存尚且比较艰难，更何况向其职工发放工资，因而有雇工的个体经济组织及其雇工在停工期间都会面临较大的经济压力，为他们提供补助也是必不可少的。除了企业职工、有雇工的个体经济组织及其雇工，灵活就业人员（不包括与用人单位签订了劳动合同的灵活就业人员，已将其归入企业或有雇工的个体经济组织的职工范畴，下文亦然），如无雇工的个体经济组织、自由职业者、非全日制工、季节工、劳务承包工、家庭小时工等也因疫情的发生无法正常开展工作，在疫情得到稳定控制前很难有生活来源，如从事小本经营的夫妻店或小商小贩因受疫情影响无法营业，自由职业者因受疫情影响面临项目搁置或没有业务等难题①，因此政府也应为其发放停工失业补助，以维持其正常生活。

3. 此外，对于在疫情发生时正在积极寻找工作的人，如果没有此次疫情的发生，他们可能已经就职并能够获得稳定的收入，然而疫情的爆发使得他们的求职计划不得不中断，在疫情得到稳定控制并能够开始求职前，按照我国《失业保险条例》的规定，对于未参加失业保险和虽参加失业保险但履行缴费义务不足一年，以及出于自愿辞去原有工作的人，均不符合领取失业保险金的条件，因此正在求职并且不符合领取失业金条件的人员也需被纳入灾难停工补助的范畴，以保障其基本生活需要。

① 参见新浪科技：《项目按下暂停键，疫情下的自由职业广告人更害怕失业》，见新浪网，https://tech.sina.com.cn/roll/2020-03-20/doc-iimxyqwa2053850.shtml，访问日期：2020年4月9日。

4. 除了上述因灾难而中断工作或求职的情况，未参加失业保险及不符合领取失业金条件的因灾难而失业的人也需要被纳入灾难停工补助制度的保障范围。此次疫情的发生使得一些企业及个体经济组织因订单流失、资金周转压力大等原因陷入生产经营困难的局面，许多企业职工、有雇工的个体经济组织的雇工以及灵活就业人员面临被裁员、被解雇而失业的状况，而疫情又成为阻断他们进一步求职的障碍。为了帮助失业人员应对疫情冲击，人社部在3月19日举行的新闻发布会上表示对不符合领取失业保险金条件的参保失业人员发放失业补助金，截至3月19日，江西、辽宁、陕西、安徽、新疆出台了失业补助金政策，其中江西、辽宁已经有1 339人领到失业补助金135万元，受益人数将随政策深入落实不断增加。[①] 但是，除了部分地方政府将有雇工的个体经济组织及其雇工或者乡镇企业的职工纳入失业保险参保范围，以及部分地区（如云南、南京等）允许灵活就业人员参加失业保险之外，这些人员往往不能参加失业保险，而且上述可以参保的人员中亦有不少人出于节省成本的考量选择不参保，于是也就不能够获得失业保险金及此次出台的政策给予的失业补助金。而这些未参保人员在疫情得到稳定控制之前又缺乏生活来源，因此灾难停工补助制度也应给予其保障。并且，由于政策的发布难免具有滞后性，对于已参保但不符合领取失业金条件的人员，若也将其纳入适用该制度的范畴，就能够保障在今后重大灾难发生后，这部分人员可以及时有效地获得补助。

（三）减轻用人单位的经济负担

仍以本次疫情为例，对于按照规定为停工劳动者发放工资或生活费的企业而言，它们严格履行了保障劳动者权益的责任，然而这却加重了企业所需承担的经济成本，尤其在灾情期间，企业本身就要面临运营成本增加、销售渠道受阻、库存堆积、资金周转压力大等种种问题[②]，这也使得企业难上加难。此外，个体经济组织在此次疫情期间更是损失惨重，尤其是对于经营餐饮类、住宿类等行业的个体经济组织，为配合疫情防控需要停业较长，对于无法开展线上服务的，疫情期间停业等同于切断了他们的收入来源，这种情况下要求有雇工的个体经济组织承担为其雇工支付停工期间的工资或生活费的义务更会使其不堪重负，因此设立灾难停工补助制度不仅对劳动者有益，

① 参见新浪财经：《失业保险稳岗返还达186亿元 人社部称将扩大受益范围》，见新浪网，https://baijiahao.baidu.com/s?id=1661574993992042729&wfr=spider&for=pc，访问日期：2020年3月22日。

② 参见21世纪经济报道：《疫情对企业一季度有何影响？这份报告干货满满》，见新浪网，finance.sina.com.cn/china/gncj/2020-03-06/doc-iimxyqvz8412273.shtml，访问日期：2020年3月8日。

也可以减轻企业尤其是中小企业以及有雇工的个体经济组织的人力成本压力，对双方都大有裨益。

四、我国设立重大灾难停工补助制度之思考

随着社会越来越多的不确定风险的增加，我国也应该建立应对重大意外灾难停工期的社会补助制度，未雨绸缪，也可为将来特别适用于灾难期的有关劳动与社会保障补充立法政策提供法律依据。通过梳理此次疫情以及国家历次发生的大规模灾难或者紧急状态下有关劳动与社会保障中的问题，国家或者各级政府立法部门应组织力量研究历次的经验及做法并尽快制定立法计划，适时出台《紧急状态下劳动与社会保障法》，为未来国家或者部分地区进入紧急状态时做好劳动法律应对工作，为依法调整灾难期劳动与社会保障关系提供常态法制保障，也为设立灾难停工补助制度提供相应的法律支撑。

（一）立法上的具体制度设计

我国立法部门可适时出台规定灾难停工补助的法律法规，对灾难停工补助制度的设立目的、适用该制度的重大灾难种类、适用对象、适用条件、补助金申请方式和时间、补助金额和补助期限、救济程序等事项作出具体规定。

1. 就制度设立目的而言，设立重大灾难停工补助制度，是由于重大灾难的发生往往导致受灾地区的经济生活遭受严重破坏，为了使因灾难而停产停工的《劳动合同法》上的用人单位的职工和各种灵活就业人员在无法工作期间有基本的收入保障，灾难停工补助制度对这些人员提供临时经济补助，以帮助其顺利渡过受灾期，从而也减轻企业的负担。

2. 对于适用该制度的重大灾难的种类，美国的情况是这样的，根据《斯塔福德法案》第 102 条的规定，"重大灾难"是指根据总统的决定，需要根据本章提供重大灾难援助，以补充各州、地方政府和救灾组织在减轻损害、损失、困难或痛苦方面所做的努力和现有资源，造成足够严重损害的在美国任何地区发生的任何自然灾难（包括任何飓风、龙卷风、风暴、高水位、风浪、潮汐、海啸、地震、火山爆发、滑坡、泥石流、暴风雪或干旱），或不论何种原因发生的任何火灾、洪水或爆炸。[①] 除了上述自然灾难，此次突发公共卫生事件也可以根据《斯塔福德法案》被宣布为重大灾难。如美国总统于 4 月 17 日宣布美属萨摩亚为重大灾难区，至此美国所有 50 个州和所有领土在美国历

① 42 U.S.C.A. § 5122.

史上第一次被宣布为重大灾难区域。[①] 在对该制度进行立法规定之时，我国的立法部门应在分析比较我国近几十年来对人民生产生活造成较为严重破坏影响并且持续时间较长的各类灾难的基础上，总结出我国应适用灾难停工补助制度的重大灾难的种类。

3. 对于该制度的适用对象，具体可借鉴美国《联邦法规》第 20 卷第 625.2 节（s）及（t）的规定，即“失业工人是指重大灾难开始时在重大灾难地区就业或即将开始就业的个人，其主要收入和生计来源取决于个人的工资，并且如第 625.5（a）条所述，其失业是由重大灾难造成的；失业的自雇人士，是指重大灾难发生时，在重大灾难地区从事自营职业或者即将在重大灾难地区从事自营职业的个人，其主要收入和生活来源取决于个人从事自营职业中的服务绩效，并且如第 625.5（b）条所述，其失业是由重大灾难造成的”[②]。此外，第 20 卷第 625.4 节规定：“根据该法和本部分的规定，如果有下列情况，个人有资格领取一周的 DUA：……（g）在适用的州法律所指的范围内，个人能够工作并可以工作：如果重大灾难造成的伤害是无法工作或无法从事自营职业的原因，则该个人应被视为符合该要求……（h）如果在灾难援助期的那一周或之前的任何一周可以进行就业或自营职业，则该个人没有拒绝在适当职位上提供真诚的工作，或没有在无正当理由的情况下拒绝恢复或开始适当的自营职业……”[③]

对于“能够工作并可以工作”的含义，《威斯康星州行政法规》中提到，能够工作意味着申请人对劳动力市场保持着联系，并具有在适当的工作中从事一些实质性有酬工作的身心能力。可以工作是指申请人与劳动力市场保持联系的同时，准备在其劳动力市场区域从事合适的全职工作。[④] Maleche v. Solis 一案中提到，得克萨斯州法律意义上的“能够工作并可以工作”，是指申请人必须真正地投身于劳动力市场，必须合理勤勉地寻找工作，并且不得对工作的可获得性施加限制，从而有效地使自己远离劳动力市场。[⑤] 简而言之，根据《联邦法规》并参照州法律的规定，DUA 应由在重大灾难发生之时正在从事本职工作，或有从事适当工作的能力、愿意重新就业并积极寻找工作的个人享有。同时结合本文第三部分第二节中的分析，我们认为将我国灾难停工补助的对象界定为重大灾难发生时，正在从事劳动或个体经营服务，

① President Trump and White House Coronavirus Task Force Give Press Briefing on Process of Reopening U. S. Economy; Governors Consider Trump Recomme, 2020 WLNR 11058322.

② 20 C. F. R. § 625. 2.

③ 20 C. F. R. § 625. 4.

④ Wis. Adm. Code § DWD 128. 01.

⑤ Maleche v. Solis, 692 F. Supp. 2d 679, 687 (S. D. Tex. 2010).

以该项工作为主要收入来源并因重大灾难而导致停工或失业的用人单位的职工以及灵活就业人员，或者正在积极寻找工作但因重大灾难的发生而中断求职的人比较合理，此外，在灾难发生时正处于积极寻找工作的个人可以自己与求职公司的信息往来、投递简历或参加求职面试、注册个体工商户的材料等文件来证明自己符合正在积极寻找工作的条件。

4. 对于该制度的适用条件，通过借鉴美国的灾难失业援助制度，并结合我国的实际，我们认为重大灾难发生期间，当满足以下条件时，申请人具备领取补助金的资格。

(a) 申请人为重大灾难发生时正在从事劳动或提供自营服务的用人单位职工（不包括公务员及事业编制员工）、灵活就业人员，或者正在积极寻找工作的个人；

(b) 申请人正在从事的工作为其主要的收入来源；

(c) 申请者有以下因重大灾难直接导致工作或求职中断或者失业的情形：(1) 重大灾难直接导致个人因用人单位停产停业而工作中断，或重大灾难直接导致灵活就业人员从事的业务或提供的劳务无法继续；(2) 重大灾难直接导致个人因工作场所或工作设施受到严重损害或破坏而无法继续工作；(3) 重大灾难直接导致个人因工作场所或工作设施被政府为应对灾难而强制征用，或者政府为应对灾难强制要求用人单位停工而无法继续工作；(4) 重大灾难直接导致个人因交通受阻或政府实行交通管制而难以前往工作场所；(5) 重大灾难直接导致正在积极寻找工作的个人无法继续求职或者找不到工作；(6) 重大灾难直接导致个人因用人单位经营困难而失业的；

(d) 个人依照规定的时间和方式向主管部门提出了申请；

(e) 申请人不符合领取养老金、伤残津贴等社会保险待遇的条件，因重大灾难导致求职中断或失业的申请人不符合领取失业保险金的条件或者未参加失业保险，并且申请人也没有其他的高于补助金收益的兼职或者其他补助或收入来源的。

5. 关于灾难停工补助金额和补助期限，根据美国《联邦法规》第20卷第625.6节对DUA补助金额的规定可知，除有特别规定之外，美国所有州的失业雇员或失业自雇人士在完全失业一周的DUA支付金额，应该是个人本应获得的根据适用州法律规定计算的完全失业一周的常规失业补偿金额。在任何情况下，DUA金额不得超过适用的州法律准许的一周常规失业补偿的最高金额，并且DUA每周最低福利金额等于该州常规失业补偿每周平均金额的

50%。[①] 至于灾难援助期限，《联邦法规》第20卷第625.2节规定，灾难援助期是指从重大灾难发生后的第一周开始，到宣布重大灾难发生后的第26周为止的期间。[②]

对我国来说，由于灾难停工补助金与失业保险金的作用相似，前者主要是为灾难期就业或求职中断的个人提供基本生活来源，后者是为因失业而中断生活来源的人员提供基本生活保障。我们认为，补助金的发放标准可以参考《失业保险条例》第18条对失业保险金发放标准的规定，即按照低于当地最低工资标准、高于城市居民最低生活保障标准的水平，由省、自治区、直辖市人民政府确定。此外，申请人在办理申请时有兼职收入来源，或者符合领取养老金、伤残津贴等社会保险待遇的条件，或者有其他补助或收入来源的，其应及时向主管机关说明或报告相关情况，主管机关在进行审核后酌定减少其补助金额。若主管机关发现申请人有隐瞒不报的情况，可对其依法进行行政处罚。

申请人获得灾难停工补助金的期限，应为自其停工、求职中断或失业之日起，至其复工、就业或再就业之日止，至于最长补助期间，政府有关部门可以视灾情影响时间决定期间长短。

6. 对于灾难停工补助金的申请方式和申请时间，在美国灾难失业援助制度下，个人对DUA的申请包括初始申请和每周申请两种。初始申请是个人提交的首次DUA申请，在此基础上确定个人的DUA资格。[③] 初始申请提交之后，因重大灾难而失业的雇员及自雇人士需每周提交DUA申请，以便州政府机构审查申请者在该周是否还具备获得DUA的资格，或是否因其获得其他收入或工资的变化而需要减少其DUA金额。[④] 根据《联邦法规》第20卷第625.8节的规定可知，个人因重大灾难而失业的，应在重大灾难宣布后的30日内按照规定向相应的州政府机构提出初始申请。在重大灾难公告30日后提出的初始申请，如果申请人有充分理由逾期提出，州政府机构应及时予以受理；但在任何情况下，如果初始申请是在灾难援助期满后提出的，州政府机构都不得受理。至于每周申请，DUA申请人应按照适用的州法律规定的申请常规失业补偿的时间和方式，向相应的州政府机构提出申请。[⑤]

对于我国而言，由于我国人口基数大，当某地区发生灾情导致经济生活受到严重影响时，因灾情导致就业中断及失业的人员往往数量众多，若采用

---

① See 20 C. F. R. § 625. 6.

②③ 20 C. F. R. § 625. 2.

④ See Jennifer E. Lake, "Disaster Unemployment Assistance (DUA) ", https://digital.library.unt.edu/ark:/67531/metacrs3234/m1/1/high_res_d/RS21023_2002Mar25.pdf, accessed 17/03/2020.

⑤ 20 C. F. R. § 625. 8.

每周或每月申请的方式不仅会导致相关部门的工作量过大、浪费人力物力成本、补助金申请不能得到及时处理，而且难以充分保障因灾情导致就业中断及失业的个人的权益。对此，我们建议，对于因灾情直接导致员工就业中断的，自重大灾难发生之日起的合理期限内，用人单位相关负责人应代其雇员集中办理补助金申请（此种情况下雇员仍作为申请人，用人单位为代办人），并且复产复工后应及时向主管机关提交复工申请表等证明文件，自证明文件上复工日期开始不再发放补助金。对于因灾情直接导致工作中断的灵活就业人员、求职中断的人员及失业人员，其应自重大灾难发生之日起的合理期限内向主管机关办理补助金申请并提交相关的证明文件，申请人复工、就业或再就业后应及时向主管机关说明或报告，主管机关经审核后停止为其发放补助金。申请人逾期提出申请的，除非有正当理由，否则主管机关不予受理。并且，申请人在领取补助金期间另谋职业，或者符合领取养老金、伤残津贴等社会保险待遇的条件，或者有其他补助或收入来源的，用人单位或申请人应及时向主管机关说明或报告相关情况，主管机关在进行审核后酌定减少申请人的补助金额或取消为其发放补助金。若主管机关发现用人单位或个人有隐瞒不报的情况，可对相关人员依法进行行政处罚。如此一来可以避免繁杂的申请补助金的程序，提高申请和发放补助金的效率。

7. 对于申请补助金的救济程序，美国《联邦法规》第 20 卷第 625.10 节规定，申请人可自州政府机构作出的决定或重新决定发布或邮寄之日起 60 日内，根据适用的州法律向第一级行政上诉机构提出上诉，该上诉决定必须在上诉机构收到上诉后 30 日内作出并发布。申请人在收到上诉决定通知书后有权在 15 天内向相应的州机构或直接向相应的地区行政官员提出对该决定的复审要求，地区行政官员应迅速作出复审决定，该复审决定是最终决定，除非助理部长对该决定进行进一步审查。[①] 与美国的灾难失业援助制度的救济程序不同，对于我国而言，当申请人对主管机关对其是否符合领取补助金的资格认定结论不服，或者对主管机关发放的补助金数额、发放时间有异议的，其可以依法向该主管部门的同级人民政府或上一级主管机关申请行政复议，或者直接向人民法院提起行政诉讼。

（二）对骗取灾难停工补助金行为的法律规制

灾难停工补助制度设立之后，难免会发生为获取补助金而采用编造不具备的申请条件、隐瞒事实等欺诈性的手段骗取补助金的行为，如 United States v. Miller 一案，美国在 2005 年 8 月飓风袭击路易斯安那州后，FEMA

① 20 C. F. R. § 625. 10.

为路易斯安那州及其居民提供了各种灾难援助计划的资金。2005年10月17日，弗雷德·丹尼尔·米勒通过州际有线通信提交了欺诈性的DUA申请。米勒在申请书中虚假表示自己由于卡特里娜飓风而失业，而实际上他是一名囚犯，并且在飓风袭来时已失业，其因欺诈行为获得了3 822美元的DUA救济金。之后，根据《美国法典》第18卷第1343节的规定，米勒因提出上述虚假索赔而被指控犯有电信欺诈罪。在该刑事案件经过审判之后，政府根据《美国法典》第31卷第3729节的规定向米勒提起了民事诉讼，其中规定：(1) 任何人以虚假或欺诈的方式以获得美国政府官员、雇员或美国武装部队成员的批准而获得利益；(2) 任何人故意造假或使用虚假记录或陈述，以从政府部门获得非法利益……向美国政府承担不少于5 000美元但不超过10 000美元的民事赔款，加上政府因该人的行为而承受的损害赔偿额的3倍。最终，法院判决被告米勒应承担11 466美元的损害赔偿金和5 500美元的法定罚款，以及法律允许的利息。①

由上可知，为防止不具备获取灾难停工补助金条件的个人通过欺骗、隐瞒等不正当手段获得补助金，避免补助金不能发挥应有的救济作用，立法部门应在法律法规中明确个人不得伪造申请灾难停工补助金的资格证明文件、不得隐瞒个人真实就业情况等禁止性规定，并且明确违反该规定所应承担的法律后果，如由主管机关责令其归还所得补助金，并处以一定数额的罚款，将其列入禁止在一定时期内获得灾难停工补助金的黑名单，并记入诚信记录中，情节严重构成犯罪的，依法追究刑事责任等，以威慑此类违法行为。

五、结 语

重大灾难发生后，当企业因灾情的影响而停产停业或应政府防控灾难的要求而停工，或者工作场所、交通受到严重破坏时，劳动者不得不面临工作暂时中断的状况，甚至有劳动者因重大灾难导致的企业经营困难而失业。为了保障劳动者的基本生活条件，同时减轻企业的经济负担，我国可在借鉴美国灾难失业援助制度的基础上建立适用于我国的重大灾难停工补助制度，即规定符合一定条件的因重大灾难而停工或失业的人员，可以按照法定程序申领灾难停工补助金，以保障其在停工或失业期间仍有收入来源，从而也减轻灾难期间企业的负担，充分体现国家在重大灾难期的责任与担当，体现重大灾难中个人、企业及政府共担风险、共渡难关的精神。

---

① United States v. Miller, No. CIVA 08-743-JJB-SCR, 2009 WL 943514, at * 2 (M. D. La. Apr. 7, 2009).

英国个别劳动法的动态平衡[①]

闫　冬、陈子旻*

目次

［摘要］　英国个别劳动法一直与集体劳动法相生相伴，逐渐形成了一套广泛且基本的劳动权利。英国个别劳动法的外部和内部边界的厘定和收放都带有非常强烈的时代性：它与集体劳动法之间此消彼长的关系代表了劳动治理理念的变化；它内部权利体系的动态平衡代表了劳动力市场的变化。英国个别劳动法的最新发展也是对社会现实的回应，有很高的研究价值。本文将通过梳理英国个别劳动法的框架和最新发展，为深入研究英国劳动法的变化提供素材和文献准备。

［关键词］　英国劳动法　劳动基准　劳动保护

回望英国劳动法的发展历程，它的历史与传统背景不仅决定着它的定位与范畴，甚至影响着其将来的发展方向。近代以来，英国集体劳动法整体上呈现出加强管制趋势，对产业行动的程序性要求逐渐增多、限制性门槛水涨船高，劳资冲突虽然在数量上并没有明显减少，但破坏力却呈现下降之势。

* 闫冬，法学博士，北京外国语大学法学院副教授；陈子旻，北京外国语大学法学院硕士研究生。

① 收稿时间：2020年3月。

劳动者基准权利的范围不断扩大，英国在原来的工资、工时和健康与安全保护的基础上增加了消除不当解雇与就业歧视等保障。[①] 同时，英国针对劳动权利的保护与救济手段也日臻成熟，有效地保护了这些劳动基本权利。为应对近年来出现的经济“新常态”以及突如其来的新冠疫情，英国政府也对劳动法做出了相应的调整：一方面，对某些常态的劳动规制做了一些松绑，从而激活经济活动；另一方面，对于新出现的用工模式，立法者和司法者则采取严格限制的态度，从而维护了一种动态层面上的平衡。当下英国劳动法的最新变化也充分体现了上述发展趋势，且主要集中在个别劳动关系的调整方面。

一、英国劳动法的渊源

英国调整个别劳动关系的规范渊源，包括普通法、制定法和实操指导(code of practice)、集体劳动合同四个大类。英国在劳动关系领域有着悠久的集体自治传统，集体劳动法有丰富内容，集体劳动合同在调整个别劳动关系方面也一直发挥着重要的作用。但囿于篇幅所限，本文在此不再对集体劳动法进行深入讨论，而是聚焦普通法、制定法和实操指导中涉及劳动基准的规范。

首先，普通法是规范雇佣合同的主要法律工具。普通法中有关合同的规则和传统对于个别劳动关系的调整仍然发挥着重要作用。举例而言，在解雇保护问题上，解除无固定期限劳动合同和无特殊约定的固定期限劳动合同，先需要遵循合同解除的“提前通知义务”，这是普通法关于合同解除典型的义务性规则。另外，对于雇佣合同的解释，英国法院所依据的也是默示合同和普通法惯例中的原则。

其次，自19世纪以来，英国经历了从放任主义到逐步介入劳动关系调整的转变过程，这一点在劳动安全与卫生的保障、反歧视、工资和解雇保护等方面得到了淋漓尽致的体现。国家对劳动关系进行调整的重要手段，就是进行成文法的制定，如《最低工资法》《雇佣法》《工作时间法》等。英国普通法与制定法在劳动领域之间的关系非常复杂，对此史蒂芬·哈迪教授（2012）作出了相对详细的总结。[②]

1. 一些制定法上的权利完全在雇佣合同之外运作。例如，依据1974年的《工作健康与安全法》，雇主对法定安全责任的违反可能使其成为刑事控告或

---

① 参见田思路主编：《外国劳动法学》，312页，北京，北京大学出版社，2019。

② 参见［英］史蒂芬·哈迪著，陈融译：《英国劳动法与劳资关系》，75～76页，北京，商务印书馆，2012。

行政强制的对象，或者，在有些案件中，劳动者的受伤则可能导致民事侵权案件。

2. 在有些案件中，则是法定权利和合同权利并存。例如，关于被解雇劳动者的收入保障、孕产期的工资，假期的报酬等事项的法定权利。在这些案件中，成文法往往有明确规定来避免合同约定与法律规定的重叠，这些规定或根据法定条款来核算支付总额，或者反过来适用合同中的条款而排除对法定条款的适用，或者通过创设一个“混合权利”（composite rights）使劳动者从法定条款和合同条款中选择对其最有利的条款。

3. 有些立法明确规定法定义务须作为合同条款而生效。1970 年的《平等工资法》就是一例。该法规定“平等条款”理应被包含在受雇于大不列颠内机构每一名男性及女性劳动者的合同之中。

最后，实操指导是由英国官方实务部门所制定的用以指导实践的工作规则，其与我国的实施细则相类似，但不同之处在于实操指导并不具有正式的法律约束力。在劳动领域，实操指导主要由英国劳动咨询调解仲裁服务局（ACAS）制定和发布，例如《纪律惩戒程序和申诉程序实操指导》（ACAS Code of Practice on Discipline and Grievance Procedures）就得到了广泛的适用。除此之外，英国机会平等委员会也会发布消除种族和性别歧视的实操指导，健康与安全委员会制作了关于安全代表和安全委员会等方面的实操指导。虽然这些实操不具有法律约束力，但在司法审判过程中，如果雇主遵守了相应的实操指导，劳动法庭会据此认定雇主是否尽到了相应的注意义务，从而决定是否减轻雇主的证明责任。因此，英国的实操指导在实践当中得到了广泛的适用。

二、工作时间法

在欧盟有关工作时间的指令要求下，英国也开始通过立法对工作时间上限进行干预，从而保障劳动者有关健康与卫生方面的权利。1993 年欧盟出台了《工作时间指令》（以下简称“指令”），要求欧盟成员国通过设定自己的最高工时来保障欧盟劳动者的休息权和健康权。随后，英国于 1998 年制定和颁布了《工作时间法》，并将其适用于所有行业与企业中，结束了此前依靠企业或行业内的集体谈判规制工作时间的状态。虽然目前英国已不是欧盟成员国，但《工作时间法》作为英国的国内法将继续实施。

（一）工时制度

英国的《工作时间法》对工作时间作出了明确且具体的规定。雇主有责任确保劳动者工作时间每周不超过 48 小时。且在正常情况下，每 24 小时的工作周期内，劳动者的夜间工作时间一般不得超过 8 小时；在有特殊危害的环境或搬运重物的工作中，劳动者在每 24 小时时间段内工作应不得超过 8 小时。不过，英国工时标准可以通过集体协商的方式加以调整改变，也就是说集体合同可以不受最高工时制度的限制。另外，每 24 小时的工作周期内，劳动者的最低休息时间不得少于连续不断的 11 个小时[①]；每工作 6 个小时需休息至少 20 分钟[②]；而且，雇主应当保证每 14 天劳动者能够不受干扰地享受两个 24 小时的休息期间或一个 48 小时的休息期间，雇主还应保证劳动者在一年当中可以享受 4 周的带薪休假。

2019 年，上诉法院在 Harpur Trust 案中对于非定期兼职工作的无固定期限劳动者（permanent employee）的假期计算作出规定[③]，以判例的形式明确其可与全职工作的无固定期限劳动者一样，每年可拥有 5.6 周的假期。雇主不能依据劳动者实际工作时间按比例调整该假期。对于一些特殊情形，若劳动者工作时间极短（例如板球教练或专职监考员等），上诉法院认为这些劳动者一般为自由职业者，几乎没有签订无固定期限劳动合同的情形。因此，此项规定并不会涉及上述劳动者。

除上述规定外，集体协议还可以修改或排除适用法令中关于夜间工作、休息时间以及班中休息时间的规定。例如，在客观条件受限的情况，集体协议可以将工时考察期从 17 周延长至 52 周。虽然集体协议在调整工时方面享有优先权，但雇主仍有义务“尽可能”地确保劳动者可以享受等量的补偿休息时间。[④] 而且，涉及工时的集体协议期限最长不得超过 5 年，且需全体劳动者代表或特定团体代表以书面形式表示同意。在生效后，上述集体协议将适用于同一工作场所的所有劳动者。在落实工时标准方面，《工作时间法》规定了刑事和民事两方面的救济途径。对于每周工作超过 48 小时的情况，健康与安全监察部门将进行监督与处罚。

（二）休息休假

英国休息休假的种类比较多，制度安排比较庞杂，部分法定休假安排近年来的变化也比较频繁。为了便于介绍，本文选取了近年来变化比较多的产假、陪产假为例加以说明。

---

① Directive 2003/88, Art 3; WTR 1998, reg 10.

② Directive 2003/88, Art 4; WTR 1998, reg 12.

③ Harpur Trust v. Brazel [2019] IRLR 1012 CA.

④ 参见田思路主编：《外国劳动法学》，328 页，北京，北京大学出版社，2019。

1. 产假（Maternity Leave）

在英国，适格劳动者（eligible employees）依法享有最多52周的产假。其中，前26周被称为“一般产假”（Ordinary Maternity Leave），后26周被称为“附加产假”（Additional Maternity Leave）。产假最早可在预产期前的第11周开始，除非发生早产的情况。在分娩后，母亲应至少休息2周后才能重返工作岗位，一线工人则至少应休息4周。

劳动报酬方面，产假的前39周均为带薪休假，其中1～6周可享受该劳动者税前周平均工资的90％，6周之后则会有两种可能：若劳动者税前周平均工资的90％低于148.68镑[①]，则劳动者继续享受该工资水平；反之雇主则按照148.68镑/周支付其劳动报酬。以上所有的劳动报酬均为税前工资并包含了应交而未缴的国家（社会）保险。

2. 陪产假（Paternity Leave）

2002年《雇佣法》引入了有关陪产假的规定——劳动者的伴侣在劳动者分娩后享有一周或连续两周的陪产假。这里的陪产假与育儿假（Parental Leave）可同时存在，这取决于劳动者自身是否休满52周之产假。若劳动者与雇主约定休足52周产假，其伴侣就只能享有陪产假；若劳动者与雇主约定的产假不满52周且自身放弃育儿假，则其伴侣在享有育儿假的基础上还享有陪产假。当下，英国政府提议将孕期解雇保护的对象由产假、育儿假和陪产假扩展到以下几类人群：（1）告知雇主其已怀孕的劳动者；（2）结束产假或育儿假返回工作岗位少于6个月的劳动者；（3）结束陪产假返回工作岗位的劳动者（此项中的时限规定还未出台）。[②] 此外，在有关劳动报酬方面，上诉法院还针对陪产假期间劳动者的报酬作出了规定。上诉法院注意到女性劳动者在产假期间获得的报酬较高，而男性劳动者在陪产假期间往往只能获得法定最低休假报酬。上诉法院认为这是一种“不合法的歧视行为”（unlawfully discrimination），提高陪产假劳动报酬势在必行。

三、劳动报酬法

英国在劳动报酬方面的保护是比较全面的，它包括最低工资和劳动报酬支付两个方面的保障。虽然英国个别劳动法当中较早出现了最低工资方面的规定，但适用于全国和全行业范围内的《国家最低工资法》却直到20世纪末

① 该金额为2019年标准，下同。

② Government Response，Extending Redundancy Protection for Women and New Parents，pp. 7 - 8.

才姗姗而至。[①] 主要原因是英国集体劳动法较为成熟，多数行业的最低工资标准已经被集体合同所涵盖了。但值得注意的是1998年出台的《国家最低工资法》进一步扩大了传统集体合同所保护和适用的范围，运用“工人”这一定义将订立劳动合同的劳动者之外的人纳入其中，如那些为他人提供服务的、但不存在类似于经营者与顾客关系的人。[②] 也就是说劳务派遣工和家政工也可以适用此法。此外，英国还别出心裁地在最低工资适格劳动者当中进行了分类，按照年龄分为18岁以下、18岁至20岁、21岁至24岁和25周岁以上，分别适用4.55英镑、6.45英镑、8.20英镑、8.72英镑四档最低工资标准（2020年4月开始执行）。另外，学徒（Apprentice）单独适用4.15英镑的标准。英国按照年龄划分最低工资标准的做法在其他国家并不常见，其主要是为了鼓励雇主雇佣刚刚走出校门的低龄劳动者（尤其是学徒），提高其就业技能和便于其积累工作经验。对于低龄劳动者在最低工资标准方面让步的做法体现了个别劳动法在就业与保障方面所追求的动态平衡。

为了落实《国家最低工资法》的规定，英国从政策层面和执行层面分别确立责任主体。在标准设定方面，英国设立了一个三方机构——低收入委员会（Low Pay Commission）为国务大臣制定和执行最低工资标准提供建议。但最低工资标准的决定权仍在负责贸易的国务大臣手中，且不受任何调整周期和幅度的限制。负责最低工资标准执行的机构是英国的HMRC（英国收入关税委员会）。[③] 同时，劳动者也有自力救济的通道，当雇主没有遵行最低工资标准，实际工资支付与最低工资标准之间存在差额时，被侵犯最低工资利益的劳动者可向法院主张合同权利获得救济。

此外，劳动者的劳动报酬受1996年《雇佣权利法》中有关“未经授权的工资扣减”的保护。根据《雇佣权利法》第13条的规定，雇主只能在法定或约定条件下方能扣减劳动者的劳动报酬。而且，如若是根据约定扣减，雇主必须在约定生效之后方能进行，不得先扣减再约定，甚至不得在双方签署约定条件之前实施（即便是劳动者已经签署），而且雇主不得通过盖然性授权约定来扣减劳动者的劳动报酬。同理，雇主不得收受劳动者的付款，除非满足法定条件或约定条件。

在新冠疫情期间，为保障劳动者获得劳动报酬权利。英国推出了岗位保

---

① 虽然英国工资委员会早在1909年就开始推行最低工资保护制度，但一直以来只是在有限的行业里执行。直到1998年，第一部覆盖全国劳动者的最低工资法才正式出台，即《国家最低工资法》。

② NMWA 1998，s 54 (3).

③ HMRC负责最低工资标准的执行，有权进行必要的调查、检查活动，且有权采取复制雇主的记录以及从自然人处获取证据等措施。

留计划（Job Retention Scheme），如果雇主因为新冠疫情无法继续向劳动者提供工作岗位，劳动者可以与雇主协商保留其工作。经双方协商一致后，雇主可向政府提交申请，由政府向劳动者提供其正常工资的 80%（最高不超过 2 500 英镑/月）作为“强制休假”（furlough）期间的报酬。如果劳动者在强制休假期内仍然完成了部分工作，雇主应当提供相应的劳动保护，并保留劳动者工时的资料。对于在疫情期间受到影响的劳动者，如果出现已经无法继续享受病假工资的情况且已缴纳满两年的社保，劳动者有权向政府申请新模式就业和支持补贴（New Style Employment and Support Allowance）来渡过难关。

四、公平就业法

在就业歧视方面，英国的法律是以成文法的形式存在的。其针对的对象是基于性别、种族、残疾、宗教和信仰、年龄实施的歧视。英国涉及就业歧视的成文法主要包括：1970 年《平等工资法》、1975 年《性别歧视法》（Sex Discrimination Act）、1976 年《种族关系法》（Race Relations Act）和 1995 年《残疾歧视法》（Disability Discrimination Act）。除了上述法案，英国还通过条例的形式不断修改法律或者扩大反歧视保护的范围，例如 2003 年《就业平等（宗教或信仰）条例》、2003 年《就业平等（性取向）条例》以及 2006 年《就业平等（年龄）条例》。上述条例对宗教信仰、性取向和年龄引起的歧视提供了保护。①

英国对于就业歧视和骚扰的救济途径也有一套完备的制度。对于各种就业歧视和骚扰现象，2019 年英国最高法院和上诉法院在判决中进一步细化了认定标准，对劳动者的平等权的保护出现了新的发展。近期，劳动法庭作出判决，认定解雇未到法定退休年龄的大学教授的行为构成年龄歧视。在“剑桥大学案”中，被告大学认为其行为是合理的，目的在于为更加年轻且多元的教师群体创造机会。然而，尽管被告方提供了大量的证据，证明在此前的判例中该项政策均被认定为合理，但是法庭还是裁定被告败诉。法庭认为，基于原告所提供的证据，被告的这一政策只能创造出极少数量的职位空缺，因此，被告方的政策无法为其所称的合法目的作出贡献，因而无法证明该政策不存在歧视效果。②

在 Williams 案中，最高法院支持了雇主设定残疾劳动者的早退津贴

① 参见田思路主编：《外国劳动法学》，339 页，北京，北京大学出版社，2019。

② Ewart v The Chancellor, Master and Scholars of the University of Oxford, 3324911/2017.

（early retirement pension）标准的行为不属于歧视。在该案中，被告方以原告退休前所获得的兼职工作报酬为标准向原告支付早退津贴，法院认为这一行为在本质上（intrinsically）并未构成对残疾人的歧视对待行为。[①] 被告方基于原告的残疾将其工作由全职调整为兼职的行为是完全合理的，若劳动者仍能胜任全职工作，其便没有权利获得早退津贴。因此，在本案中，劳动者从事兼职工作并依照法律规定提前退休是获得早退津贴的必然前提，基于劳动者退休前报酬发放早退津贴也并未与法律规定相悖。

另外，英国上诉法院也确认了雇主在劳动者受到来自第三人的骚扰（third-party harassment）时无须负责，除非该雇主证明其作为或不作为构成了第三方骚扰的一部分。但是，法院在本思颂（Bessong）案中也认为，雇主方应当建立一种正式的报告种族歧视行为的制度，使得其能在相关情形发生时收到劳动者的及时反馈。[②] 在此基础上，英国政府计划在 2010 年《平等法》（Equality Act 2010）中加入三方骚扰条款，重新划定责任范围，以期对受到第三方骚扰的劳动者提供更好的保护。

英国政府开始禁止运用保密协议（non-disclosure agreements）来阻挠披露歧视和性骚扰事件的做法：第一，政府在审查歧视案件时须要求雇主提供所有的事实依据，而无论这些信息是否被保密协议禁止披露；第二，即便是已经达成和解的案件且签有保密协议，政府仍有权力获取相关信息并开展调查；第三，政府应确保保密协议不得用来阻挠当事人向警察、医疗部门和法律人士披露。[③]

五、劳务派遣法

劳务派遣相对而言属于新兴模式，相关规定出台也比较晚。英国的劳动派遣工通常被称为中介工（Agency Worker），主要由 2010 年的《中介工条例》（The Agency Workers Regulations）进行调整。根据《中介工条例》第 2 条的规定，中介工是指通过工作中介临时给用工单位提供劳动并接受指挥和监督的劳动者。

在劳动报酬方面，《中介工条例》要求雇主对于长期劳务派遣工和无固定期限合同工做到同工同酬，即提供相同的基本工资和工作环境，但其中有一项被称作“瑞典背离”（Swedish Derogation）的例外情形。该项例外适用于

① Williams v Trustees of Swansea University Pension and Assurance Scheme，[2018] UKSC 65.

② Bessong v Pennine Care NHS Foundation Trust，UKEAT/0247/18/JOJ.

③ See Government Response to the Women and Equalities Committee.

工作周期较短的劳务派遣劳动者，允许企业向其支付低于同岗位无固定期限劳动者的报酬，但不得低于国家最低工资标准数额。不过，在劳务派遣劳动者结束工作后，派遣单位应支付其至多四周报酬，直至其被派遣至下一个企业。若在四周后，劳动者仍没有新的工作，其可终止与派遣机构的劳动合同。“瑞典背离”在 2020 年 4 月 6 日被废除，原因是为了鼓励雇主雇佣无固定期限劳动者。此后，短期劳务派遣劳动者将与长期劳务派遣劳动者一样，受到《中介工条例》同工同酬规定的保护。

劳动中介机构和雇主都需要对中介工承担相应的责任。劳动中介机构须尽可能地为劳动者获取更多的信息，并实时评估用工单位为劳动者提供的工作条件和保护标准是否符合法律的规定，相关合同条款是否合理合法。用工单位不仅要保障中介工的工作条件，而且要确保其能够享受与其正式工享受一样的待遇，包括免受不当解雇（unfair dismissal）的保护。当用工单位出现长期职位空缺时，应及时通知中介工，并给予其同等应聘机会。否则，劳动者有权向劳动法庭寻求救济。

六、零时工合同与平台用工的法律规制

与欧洲很多国家一样，英国近年来也出现了零时工合同（Zero-hours contract）的现象，同时也带来法律监管方面的问题。在零时工合同当中，雇主虽然在名义上与劳动者建立了劳动关系，但在合同当中并不保证提供持续性的工作。劳动者需要随时回应雇主的召唤返回工作岗位、完成工作任务，劳动报酬也是按照工作量支付，不提供持续稳定的工资。因此，大部分“零时工合同”都不提供带薪病假或休假和其他福利，劳动者也不享受裁员津贴或养老金。[①] 零时工合同过高的灵活性和过低的保障性，冲击了传统的劳动法保护框架，也触发了监管机构的担忧。2015 年，英国出台了《零时工合同排他性条款条例》（The Exlusivity Trms in Zero Hours Contracts Regulations），该条例明确限制了排他性条款的适用范围，那些禁止已经签署零时工合同的劳动者为其他雇主提供服务的条款将不再具备执行力。换言之，法律规定零时工合同不能限定劳动着只为一名雇主工作，从而让劳动者能够获得实质意义上的自由。

全球范围内鹊起的共享经济问题也在冲击着英国的司法体系。2016 年 10 月 28 日，英国劳动法庭就 Uber 司机与 Uber 公司之间的劳动纠纷作出裁判，

① 参见田思路主编：《外国劳动法学》，344 页，北京，北京大学出版社，2019。

认定他们之间存在劳动关系。法院认为，Uber 司机在工作模式、工作归属等方面符合“工人”这一概念，因此，作为雇主的 Uber 公司需要承担对 Uber 司机的劳动保护义务。这预示着，英国的个别劳动法已经开始逐步介入并调整共享经济。

根据英国法院的相关判决，大多是基于网约平台与参与网约工作的个人之间工作合同的具体分析，倾向于将平台工作者认定为英国劳动法界定的工人（worker)。工人是一种不同于劳动者（employee）和自雇者（self-employed/independent contract）的英国特有概念。根据 1998 年《国家最低工资法》和《工作时间条例》之规定，工人在最低工资、带薪年假、病假、连续休息等方面与其他类型劳动者享有同等权利。在如何界定网约工为工人这一问题上，英国法院主要从以下两个方面进行分析。

第一，网约工是否与网约平台构成平等的委托关系。在伦敦 Uber 案中，Uber 公司主张其与司机之间是基于委托合同的平等合作关系。然而，法院认为确定双方关系不能依据合同的字面文义，而应当依据工作内容的实质。其认为 Uber 是一家交通服务公司而非技术公司，其与司机之间的关系是不平等的。基于此，法院支持了 Uber 司机要求带薪休假和最低工资保护的请求。

第二，网约工的工作是否由个人亲自履行。在英国独立工人工会诉 Deliveroo（某送餐平台）案中，独立工会认为外卖骑手作为工人，依法享有集体谈判的权利。然而，法院认为，骑手与平台签订的合同中设有完全没有限制的替代条款，即骑手无须事先征求平台允许，便可找他人代替其完成服务，这一点与工人定义项下个人亲自履行要件相悖，因此，法院不认为骑手是工人。此外，在 Uber 案中，正是由于 Uber 公司在与司机订立合同时强调：“使用 Uber 应用的权利是不可转让的。司机不能与他人共享账户，也不能与他人共享用来登录 Uber 应用的信息”，使得该案中对亲自履行要求未产生争议。

七、劳动者的个人信息保护

(一)“吹哨人”保护

对于雇主的不当和违法行为，劳动者有权控告和揭发，并受到相应的法律保护。1998 年出台的《公共利益信息公开法》，劳动者对雇主的揭露行为如果符合法律的规定，将被按照吹哨人（whistle-blower）进行保护，包括其劳动权利免受打击报复。如果劳动者因此被辞退的话，根据《雇佣权利法》第

10 部分的规定，可以自动认定雇主行为属于不当解雇。[①]

此外，最高法院在 2019 年还就涉及上述权利的解雇保护作出了补充，强调基于综合原因考察报复性解雇的动因。在劳动合同解除的过程中，最高法院要求劳动法庭在考虑雇主的主观决策过程的基础上，进一步考虑隐藏原因。例如，劳动者是否因吹哨遭到解雇；或者是劳动者因病请假，雇主任命不知情人员对该劳动者的工作表现进行评价，然后基于较差表现解雇该劳动者。在上述情况下，劳动者很难在企业内部纪律听证（disciplinary hearing）中对雇主方所提供的有关工作表现的证据进行反驳。基于此，最高法院指出："如果处于劳动者级别之上的某个人确定该劳动者应当基于某种原因被解雇，当将其隐藏在决策者采用的虚假原因之后，那么解雇原因应当是隐藏原因，而不是虚假原因。"[②]这一决定使法庭在程序上可对解雇的正当性给予更为充分的考量。

（二）个人信息保护

基于此，英国于 2018 年出台了新的《信息保护法》(Date Protection Law)，将 GDPR 有关规定转化为国内法规加以实施，其中就包含了雇主对员工个人信息的保密义务。依据该法规定，雇主作为劳动者个人信息的"数据控制人"，有责任保护其所掌握的劳动者的个人信息，不得随意泄露和滥用员工的个人隐私。对于某些"敏感的"个人信息，譬如有关种族、宗教信仰、政治倾向、是否是工会会员、身体和精神状况的信息，雇主不得随意收集。劳动者有权利知道雇主收集这些信息的目的与用途，而且对于规模型企业，此类信息需要在平等权利委员会或专员的授权和监督下收集方可实行。不仅如此，2018 年欧盟通过的《通用数据保护条例》（General Data Protection Regulation，以下简称 GDPR）对雇主提出了更多保护劳动者个人信息的要求，具体包括：（1）如果雇主基于一定需求对其所雇佣的劳动者进行监控(monitor)，必须将监控的缘由告知劳动者，这里的监控对象包括对劳动者的邮件、手机以及其他通讯方式；（2）劳动者可以要求雇主提供一切雇主所掌握的与其有关的信息，包括负面评价、纪律听证以及一切雇主通过监控所获取的信息。[③] 尽管目前英国已经正式退出欧盟，但新的《信息保护法》将会确保 GDPR 的有关规定继续在英国实施。

---

① ERA 1996，s 43J.

② See judgment of Royal Mail Group Limited v Jhuti，UKSC 2017/0207，p. 18.

③ See archive.acas.org.uk/index.aspx?articleid=3717，访问日期：2020 年 2 月 12 日。

八、结 语

经过长期的发展，英国劳动法基于其自身的传统和现实形成了相对鲜明的特点，其中不乏可供借鉴的经验，也有值得注意的教训。英国个别劳动法在制度设计过程中始终贯彻着衡平法思想传统，注重对权利的均衡保护。英国立法者将个别劳动法视为与集体劳动法并重的制度，理念上也贯彻了集体劳动合同的一些原则，在充分保障劳动者权益的基础上，也认可和尊重雇主的合理要求。近年来，劳动关系不断发生变化，英国采取两手准备加以应对。一方面，英国政府逐步减轻了雇主在传统劳动关系中的责任。另一方面，立法和司法机关又将零时工和共享经济下的劳动者纳入了劳动法的保护范围之中，从而加强对上述两类劳动者的保护。尤其是在新冠疫情席卷英国之际，英国个别劳动法的动态调整、均衡保护的进路更为凸显，也为学界和实务界带来了更多值得思考的实践做法。

工作时间法专题

台湾特别休假制度之前世、今生与未来[①]

邱骏彦*

目次

一、法定特别休假之立法目的——代前言

台湾"劳动基准法"（以下简称"劳基法"）中有关劳工假期之规定，除了第 36 条例假日、休息日及第 37 条法定休假日[②]以外，为何对于在同一雇主或事业单位继续工作满一定期间之劳工，雇主每年必须给予法定日数之带薪特别休假呢？其立法目的在于劳工整年辛勤工作中所累积之生理疲惫或心理疲倦，除了固定星期例假休息外，再赋予一段较长期间之特别休假，让劳工于最感到需要时得有假日可休息，非但有助于消除身心疲劳，亦可维护蓄积劳动力，更可使劳工利用此一长期休假营精神文化之生活。此种赋予劳工特别休假之客观上必要性，乃台湾特别休假制度之立法趣旨所在。

特别休假之给予，不只对劳工本人有利，而且是雇主维持、培养劳动力之有效方法。因此法律虽然一方面课雇主有给予劳工特别休假之义务，实则他方面对雇主也有利益存在，此乃劳工于特别休假日中虽未为雇主提供劳务，雇主仍须给予工资之法制度设计缘由。不唯台湾地区如此，域外立法也共通此理，因此特别休假在英文被称为"vocations with pay"，在日文被称为"年

* 邱骏彦，日本国立神户大学法学博士，台湾文化大学法律系教授。

① 收稿时间：2019 年 11 月。

② 法定休假日包括应放假之纪念日、劳动节日以及台湾地区其他行政主管机关规定应放假之日。

次有给休暇”，显示出特别休假是有工资之假期。

劳工在漫长职涯里，日复一日、年复一年的劳务给付过程中，能拥有别于星期例假、法定休假日之特别休假，让劳工在最感需要时能有一段较长时间休养生息回复蓄积优质劳动力，对劳资双方有利而无弊，且对整体国家社会带来减少职业灾害发生几率，维护国家战力亦有帮助，因此谓特别休假为现代劳资关系中不可或缺之重要劳动条件之一，亦不为过。此由世界各国之劳工，或经由法律规定或经由团体协商，几乎都会拥有一定日数之特别休假可见一斑。

特别休假如上所述对劳工劳动生命之延续有其重要性，因此如何确保劳工之特别休假权，应为吾人首必予以重视之问题。不过权利重在行使，如何使劳工在其工作之余感到疲劳时，能适时地取得特别休假，当为特别休假法制度中不可忽略之课题。

二、台湾特别休假制度之前世

早在1928年制定的“工厂法”时代，即有特别休假制度的规定。目前已遭废止适用之“工厂法”第17条中，明定“凡工人在厂继续工作满一定期间者，应有特别休假，其休息假期如左：一、在厂工作一年以上，未满三年者，每年七日。二、在厂工作三年以上，未满五年者，每年十日。三、在厂工作五年以上，未满十年者，每年十四日。四、在厂工作十年以上者，其特别休假假期，每年加给一日，其总数不得超过三十日”。

比较“工厂法”时代与现行“劳基法”中之特别休假制度内容①，可发现1984年制定“劳基法”时第38条之特别休假制度，乃沿袭“工厂法”之规定而稍加修改而已，基本骨干精神并未改变。劳工所享有之特别休假日数，一样都是采取依年资递增方式，最高日数也同样是30日。至于劳工在特别休假期间，两者皆有明定雇主必须照给工资。② 年度内未休完之特别休假日数应如

① 台湾“劳基法”1984年制定后，第38条所定特别休假制度一直未作修正，直至2016年12月随着一例一休法制化后，才有了大幅度修正，于2017年元旦开始施行新特别休假制度。因此本文中讨论到2017年1月以前之特别休假制度时，简称为“旧‘劳基法’时代”或“旧特别休假制度”；2017年以后之特别休假制度，则简称为“新特别休假制度”。

② “工厂法”第18条前段规定“凡依照第十五条至第十七条所定之休息日及休假期内，工资照给”；“劳基法”则规定在第39条前段“第三十六条所定之例假、第三十七条所定之休假及第三十八条所定之特别休假，工资应由雇主照给”。

何处理，两者也都一致明定雇主必须给与相对应日数之工资①，差别只在于“工厂法”将其明定于法律条文中，而“劳基法”却规定在“施行细则”内。

旧“劳基法”中雇主应发给特别休假应休未休日数工资之义务，未若“工厂法”一般明定于母法条文中，却置于“施行细则”内，此种规定方式也给旧特别休假制度时代之劳工产生莫大困扰。盖劳工依旧“劳基法施行细则”第 24 条第 3 款规定，向雇主请求应休未休日数工资时，尽管行政机关皆认定雇主依规定必须有照给之义务，但多数司法实务判决却认为该“施行细则”规定既未经母法第 38 条授权，径在“施行细则”中课与雇主给付应休未休工资，难谓没有超越母法违背母法之嫌，因此法院实务上多数不承认该“施行细则”规定之效力，导致劳工在诉讼请求上多有不利。

攸关劳工如何取得特别休假之规定，“工厂法”时代与旧“劳基法”特别休假制度皆采取劳资双方协商排定之模式，且都规定在“施行细则”内，差异只在用语之不同而已。“工厂法施行细则”第 17 条规定“工人特别休假应由劳资双方协商排定之”；而旧“劳基法施行细则”第 24 条第 2 款则规定“特别休假日期应由劳雇双方协商排定之”，显见前后两者近九十年来对于劳工取得特别休假之方式，比较着重在由雇主“给”，而非着重在劳工感到需要时得自由取得特别休假之态度。毕竟在法明文规定所谓由劳资双方协商排定之前提下，雇主若不同意劳工请休特别休假之期日，等同于双方协商不成，则劳工并未被赋予得径行休假之权利。而且所谓协商“排定”，亦隐含特别休假制度过去以来比较着墨在增加劳工休假日数之概念而已。

三、台湾特别休假制度之今生

在 2017 年“劳基法”修正导入一例一休的同时，第 38 条特别休假规范也做了重大修正。嗣后 2018 年“劳基法”再度修正时，第 38 条又再次修正。以下将台湾特别休假制度两次修正之概况与问题点，论述如后。

（一）2017 年修正

由于台湾劳工工作时间过长，长工时现象对内容易造成过劳死增加，对外而言，在进行贸易关税谈判时，也容易成为指摘台湾不公平贸易行为之争议点。因此如何缩短长工时，遂成为这几年来劳动政策上之重要课题，而这个课题之研究早在国民党执政时期 2014 年就已着手进行。

① “工厂法”第 18 条后段规定“如工人不愿特别休假者，应加给该假期内工资”；旧“劳基法施行细则”第 24 条第 3 款规定“特别休假因年度终结或终止契约而未休者，其应休未休之日数，雇主应发给工资”。

2015年6月国民党还在执政时，首将周法定正常工时自每2周84小时，修正为每周40小时工时制，置有半年缓冲期后于2016年元旦正式施行。接着国民党又将周休二日法案送进“立法院”待审，当时国民党采取的周休二日进程模式就是“一例一休”，却遭到当时民进党“立委”强烈杯葛，主张应该一步到位采取“两例”规范，以致2016年年初当届“立法委员”任期届满时，国民党的周休二日法案未能通过。其后2016年3月新一届“立法委员”就任后，积极想在缩短工时立法上有所表现，遂要求行政主管机关“劳动部”速速整备新的周休二日法案送进“立法院”。此时民进党已经重新执政，将国民党时代的一例一休送进“立法院”待审，虽然此时国民党“立委”又以两例杯葛，但民进党以“立法委员”人数优势，遂于2016年12月通过了“劳基法”工时规范有史以来的重大修正，于2017年元旦正式开始施行。

如果台湾已经不得不走向周休二日以缩短工时的话，笔者认为一例一休制度本身应该是最适合当时台湾社会现状与劳资生态。然一例一休制度的实施之最大败笔在于“完全没有缓冲期”，从“立法院”三读通过至正式开始施行，前后不超过一个月。以如此重大修正的“劳基法”，却未置有实施的缓冲期，从立法与政策上而言，难谓无重大疏失。2017年元旦开始施行一例一休新制后，因为没有缓冲期，以致劳资双方与媒体骂声连连，一下子就把一例一休打入谷底，直到现在已经过了二年余，依然还有很多人与媒体怪罪一例一休。因为一例一休完全没有缓冲期，社会各界大加挞伐之下，逼得当时“劳动部”林美珠“部长”宣布前半年期间为倡导期、适应期，不主动进行一例一休之劳动检查。可惜亡羊补牢为时已晚，在新法未实施之前，没有足够的时间做好政令倡导，尽管采取事后补救手段，已经无法改变各界对于一例一休是恶法的根深蒂固印象。

2017年一例一休新法前后整体内容主要有三点：减少劳工法定休假日7日、采取一例一休以达周休二日目标、特别休假制度改革。

1. 特别休假制度之改革背景

2016年“行政院”送出“立法院”待审之“劳基法”修正案中，原本并未打算修正第38条特别休假规定。最后第38条特别休假规定被修正，可说是由“立法委员”主导下之结果。而“立法委员”之所以主张修正第38条，其背景因素则在于砍掉劳工7天法定休假日。

台湾劳工于2016年元旦开始进入周40小时工时制后，与公务员周法定工时趋于一致。然当时公务员每年法定休假日只剩11日，而一般劳工依“劳基法”规定仍有19日，产生出不平衡之现象，因此政府遂有意调整之。要将公务员与一般劳工法定休假日差异调整之方法，有两个选择肢可以考虑。一是将公务员法定休假日恢复到原本 19 日，二是将劳工法定休假日也像公务员一样删掉 8 日。当时正值政府要推出周休二日的一例一休法案，为使导入周休二日不至于影响资方人事成本过大，再加上当时资方积极向政府游说，使得政府下定决心砍掉劳工法定休假日 8 天，与公务员相同，即一年只剩 11 天法定休假日，然为使劳工在五一劳动节得享有假日，因此劳工法定休假日总计一年有 12 日，比公务员多一天，此为砍 7 天法定休假日之缘由。政府砍了劳工法定休假日后，几乎同时，“立法院”也开始积极审议周休二日改革。

砍 7 天法定休假日此举当然引起劳工团体大反弹，劳工团体全体大串连至“立法院”抗议数日，引起“立法委员”重视。“立法委员”也认为砍了劳工 7 天法定休假日，等同于劳动条件的改恶，于是“立法委员”多数均同意应该趁势修正第 38 条，提高劳工特别休假日数以为补偿。

以下仅就 2017 年特别休假制度改革内容中，比较可能发生争议之规定略述如下。

2. 特别休假制度之改革内容

（1）缩短取得特别休假之年资限制与增加特别休假日数

自 1928 年制定“工厂法”以来，相隔 55 年后方于 1984 年制定施行台湾“劳基法”，台湾劳工至少必须在同一雇主连续工作满一年后才有 7 日特别休假。但时至今日科技发达、经济竞争益形激烈之下，劳工工作密度与压力大增，均非昔日以农林渔牧及第二次产业之轻工业时代可比拟。为了劳工身心健康之维护，有必要缩短劳工取得特别休假之年资限制。欧美许多国家劳工取得特别休假并无年资限制，甚至到职第一年劳工也同样享有与资深劳工一样日数之特别休假。至于亚洲以日本为例，日本劳基法中也明定劳工到职满半年后，雇主必须给与 10 日之特别休假。显见，劳工到职半年后雇主即有给与特别休假之法律上义务，已经成为世界之趋势。

因此第 38 条修正，首先在第一项明定：劳工在同一雇主或事业单位，继续工作满 6 个月以上 1 年未满者，雇主必须给与 3 日特别休假。“劳基法施行细则”第 24 条第 2 项第 1 款后段但书更明定，3 日特别休假必须在取得特别休假权利后 6 个月内行使。

其次，为使年轻劳工能获得比较多休息机会，将原本满 2 年年资者仅有 7 天特休，增加至 10 天；满 3 年年资者原本 10 天特休，增加至 14 天；满 4 年年资者原本 10 天特休，也增加至 14 天。满五年年资以上者，则每年各增加 1 天特休，直至满 25 年年资，与过去相同，日数最高为 30 日特休。

（2）改革劳工取得特别休假之方式

过去不论“工厂法”时代或“劳基法”时代，劳工取得特别休假方式，皆规定于“施行细则”内。“工厂法施行细则”第17条规定“工人特别休假应由劳资双方协商排定之”;“劳基法”则在“施行细则”第24条第2款中规定:“特别休假日期应由劳雇双方协商排定之”,显见自90年前法制中有特别休假以来,皆规定劳工取得特别休假必须与雇主协商。

既然规定劳工取得特别休假必须与雇主协商,则协商不成立或雇主不同意劳工所排定之特别休假日期,似乎劳工即无径行休特别休假之权利。然此种在“施行细则”内限制劳工取得特别休假之方式是否妥当,有无违背母法超越母法之嫌疑,在法理上非无探讨论述之余地。盖“劳基法”母法中明定劳工工作满一定期间者,法律即课雇主必须给与劳工特别休假,因此劳工依法即取得一定日数之特别休假权利。劳工权利之行使,法律并未加以限制必须与雇主协商成立后才能休,也未规定雇主不同意者,劳工不能休特别休假。而且“劳基法”母法中亦未授权条款给行政机关得限制劳工取得特别休假之方式,则行政机关擅自在“施行细则”内限制了劳工取得特别休假之权利,是否得当就值得推敲了。因此在过去,学界诸多研究文献中即有透过探讨特别休假权之法性质,致力于解释特别休假权究竟是请求权或是形成权,乃至于特别休假权行使时究竟是选择权,或是种类债权,企图形塑出劳工有指定特别休假期日之权利。

鉴于旧规定要求劳工休特别休假一定要与雇主协商,且旧规定似乎让雇主透过协商不成而实质上等同于可拒绝劳工休特别休假之权利,严重影响到保障生存权、工作权之精神,也使“劳基法”母法赋予劳工特别休假权利,几乎变成看得到吃不到的幻象。为使劳工得有真正休到特别休假之机会,因此第38条修正法中第2项即明文规定“特别休假期日,由劳工排定之。但雇主基于企业经营上之急迫需求或劳工因个人因素,得与他方协商调整”。一举颠覆了过去劳工难以取得特别休假之窘困,明定劳工有自行排定特别休假之主动权。

(3)明定年度终结或契约终了时,雇主应给与应休未休日数工资之义务

从“工厂法”至修法前之“劳基法”,皆明定劳工未休完之特别休假,雇主必须给付同日数之工资。只不过“工厂法”比较简单地规定在母法第18条后段“……如工人不愿特别休假者,应加给该假期内工资”。而“劳基法”加上雇主应给与应休未休日数工资之计算时间,却将其内容置于“施行细则”第24条第3款“特别休假因年度终结或终止契约而未休者,其应休未休之日数,雇主应发给工资”。

也因为旧“劳基法”中将雇主应给与未休日数工资之义务置于“施行细则”,绝大多数法院认为“施行细则”中课雇主给付工资义务,在母法中未明

定授权条款前提下，“施行细则”擅自规定雇主之义务，有违背母法、超越母法之嫌。因此即使雇主积欠劳工未休日数之工资，劳工仍难以透过诉讼争取权利。因此新修正第38条规定，则将雇主应给付未休日数工资之义务挪回“劳基法”母法中，置于第38条第4项“劳工之特别休假，因年度终结或契约终止而未休之日数，雇主应发给工资”。以后雇主就有很明确应给付未休日数工资之义务，违反本规定者，依“劳基法”第79条第1项第1款规定，处新台币2万元以上100万元以下罚锾。

（二）2018年再修正

原本2017年修法内容中，第38条仅规定雇主应在年度终结或契约终止后，有给付工资之义务。唯2018年“劳基法”二次修法中，却新增未休完特别休假日数得在劳资双方协议后递延一年，置于第38条第4项后段“但年度终结未休之日数，经劳雇双方协商递延至次一年度实施者，于次一年度终结或契约终止仍未休之日数，雇主应发给工资”。换言之，雇主于得劳工同意后，对于特别休假当年度未休完之日数，无庸立即发给工资，若递延至次年度者，俟次年度终结时，对于经递延而仍未休完之日数，雇主始有工资给付义务。此规定使得雇主可以透过递延方式，延迟给付劳工未休日数之工资，或减少给付、或免为给付（例如递延至次一年度中，劳工完全休毕递延后之特别休假）。

（三）现行特别休假制度中易生争议之点

1. 劳工如何取得特别休假，仍未臻明确

现行“劳基法”第38条第2项已明文规定，“特别休假期日，由劳工排定之”，因此劳工特别休假期日不用再与雇主协商决定，休假期日决定之主动权移至劳工。问题是所谓“由劳工排定”，究竟是劳工感到需要休息时，始排定特休期日即可，抑或雇主可透过工作规则或劳动契约，要求劳工于每年初或每月初事先排定呢？笔者认为此问题之解答，可能必须先厘清“劳基法”中特别休假制度之目的，究竟只是单纯地使劳工每年增加休假日数而已，或是主要目的在于劳工感到身心疲劳需要一段时间休息时，让劳工得以完全自由利用之目的上。

事实上，在“劳基法”规定下，劳工受有星期例假日与法定休假日之保障，只不过星期例假与法定休假日原则上皆是固定期日，星期例假目的在使劳工得以适度调和工作与休息，使劳工不至于连续工作超过6日以上；而法定休假日有特殊之文化纪念意义，其目的尚非着眼于使劳工固定之休息。劳工于每年365个日子中，或许因自身生理与心理需求，或许因家庭、亲人因素使然，每一位劳工在一年中会感到特别疲倦，有休息必要之时间点皆不同。

因此让劳工保有特别休假，在感到有长时间休息必要时，能取得特别休假、消除疲劳、恢复优质劳动力再为雇主提供劳务，毋宁说是对雇主有利，此乃为何劳工休特别休假时，雇主仍须照给工资之主要缘由。[①] 因此特别休假之立法目的，应不在于单纯徒使劳工增加假日之意义而已。

如果从“工厂法”时代之规定寻其脉络，或许亦可佐证台湾特别休假制度之目的应在于使劳工于需要时取得特别休假。盖虽然“工厂法施行细则”第 17 条亦明文特别休假应由劳资双方“协商排定”之，假如“工厂法”时代之协商排定有隐含劳工应事先排定之意时，则劳工一旦事先排定后，正常状况下劳工即应按表休息，怎会在“工厂法”第 18 条中明定：如工人“不愿”特别休假者，雇主应加给该假期内之工资。由此可知，“工厂法”之特别休假立法意旨，并未设有劳工必须事先排定特休期日之义务。反而是应该理解成其目的在于使劳工保有特别休假日数，遇有需要时得随时取得特别休假，因此当劳工无须（不愿）特别休假时，雇主始有加给假期内工资之义务。

然而，“劳动部”自“劳委会”时代以来，官员们似乎皆认为所谓协商排定，即指雇主可要求劳工于年初或月初时先行排定特休期日。于此错认下延伸，方会在应休未休日数折算工资是否计入平均工资之解释函中认为：“…原特别休假年度终结之时点倘于平均工资计算期间内，因属‘原特别休假年度’全年度未休假工作所得之报酬，其究有多少未休日数之工资应列入平均工资计算，法无明文，可由劳雇双方议定之。”[②] 假如雇主可与劳工协商于年初或月初事先排定好特别休假，此时方有可能产生特休期日未休时雇主应给付之加给工资，会呈现有些属于平均工资计算事由 6 个月外。然如果特别休假是由劳工保有，而在最感需要时与雇主协商排定取得之状况下，劳工若在前半年皆未行使特别休假权，则该劳工之特别休假即移至下半年，同理若劳工在前 11 个月皆未行使特别休假权，则劳工特别休假日数只剩 12 月得行使，此乃特别休假权属于种类债权说之法理，随着时间经过，雇主给与特别休假之可能只在余存之日数始能给付。因此果若劳工全年皆未行使特别休假权时，则未休日数之工资应属于最后一个月。

综合以上论述，基于特别休假制度对劳工之支援以及维护身心健康蓄积劳动力等之立法目的考量，第 38 条第 2 项所谓之劳工特别休假期日排定，应无由解释成雇主可要求劳工于年初或月初时即必须事先排定期日。更何况，劳工一旦满足同条第 1 项要件后，即依法取得特别休假之权利。劳工特别休

---

① 特别休假在欧美有称“Vocations with pay”或者“Holidays with pay”，在日本与韩国皆称为“年次有给休暇”，皆可看出劳工休特别休假时，雇主仍必须照给工资，已经是全世界共通之定律。

② 2018 年 4 月 11 日劳动条 2 字第 1070130350 号函。

假之行使，既然法律条文亦明定属于劳工之权利，无庸事先再与雇主协商决定期日，则所谓排定，应指劳工于感到需要时得排定本身所需要之期日，向雇主提出。盖若解为雇主得使劳工事先排定特别休假期日，可能导致劳工在身心状况最佳时，因碰到特休日而不得不中止其为雇主提供优质劳动力，反之亦有可能导致劳工于最感需要休息时，却因特别休假期日皆已事先排定而无法取得特别休假。因此所谓特别休假期日由劳工排定之真意，当在于劳工感到有取得特别休假之必要时，得向雇主提出期日。雇主若无第 2 项但书所定经营上之急迫需求，就应本着法定特别休假之立法目的，依诚信原则履行劳动契约之债务本旨，赋予劳工特休，免除劳工之劳务给付义务。此乃依循特休制度趣旨而符合所谓“由劳工排定”之规范意义。

尽管法条里明文规定特别休假期日由劳工排定之，但劳工在行使特别休假权时，也必须注意不能损害到雇主人力调配。例如下班之前才递出翌日要休特别休假，此种突袭式提出特休期日肯定会给雇主带来人力调配上之困扰。于此意义下，雇主若于工作规则中规定劳工指定特别休假期日必须于所定时日前提出指定，应该不违背“劳动基准法”第 1 条保障劳工权益，加强劳雇关系，进而促进劳资和谐之立法目的。当然雇主所定一定时日前提出，也应该符合社会一般通念之合理范围，不得强加劳工负担与限制劳工行使权利，本文认为原则上 7 天前应该是合理的时日。

过去以来，不能否认台湾也有许多劳工把特别休假当做迟到、事假之替代品，以至于听闻有以小时计请特休者，此种做法已经乖离特别休假之立法目的。因此雇主若要求劳工于合理期限前提出特休期日指定，应该也可以把特别休假之利用导入正轨。唯有原则必有例外，如果劳工有紧急需求时，雇主也不得僵硬地非要劳工遵守一定期限前提出特休期日之规范不可。

2. 第 2 项但书所定雇主得与他方协商调整，若协商不成时劳工所提出特别休假期日之法效果为何？

虽然第 2 项前段赋予劳工有径行排定休假期日之主动权，唯职场中多数劳工亦有可能排定同一时间特休，特别是遇有法定休假日连假前后，好不容易有机会寻得一段较长时间可以携带家小外出度假，但如果同一部门劳工同时提出连休排定时，肯定会给雇主带来正常营运之困扰。因此第 2 项但书特别规定“但雇主基于企业经营上之急迫需求时”，得与劳工协商调整特休期日。

首先，条文中使用“急迫需求”字眼，究竟要如何定其条件射程范围，即有实务运作上之疑义。基于特别休假是要让劳工从连续劳动之疲倦中得以解放开来有机会休养生息，因此所谓急迫需求应依目的性限缩解释，解为限于天灾、事变与不可抗力之状况下，雇主始得与劳工协商调整。至于雇主若因接急单导致急迫需求，应不属于所谓“急迫需求”之不可抗力范畴，以免动辄损及劳工特别休假权之行使。再者，若雇主于工作规则等有明定提出特别休假期日之时间限制时（例如一星期前），劳工依照规定于限定提出之时间前指定休假期日者，原则上雇主有依劳工指定之期日给予特别休假之义务。不得轻易借故急迫需求与劳工协商调整，除非突然同一部门有大批劳工指定同一期日休假，或临到要休假前雇主发生有天灾事变、突发事件等情事，则另当别论。毕竟雇主限定合理的提出休假期日之时间点，应理解为雇主已预留有调整人力配置之所需时间。

另外，如果雇主认为有经营上之急迫情事，但与劳工协商调整无法达成合意时，劳工是否仍然得依指定之期日径行休假，实务上可能容易发生争议。按第 2 项前段既已明定劳工有特别休假期日之排定权，且法条中并未置有其他任何排定期日之条件，故此种劳工之特别休假期日排定权，可解为系意思表示到达对方（雇主），即已发生于所排定之期日免除劳动给付义务之一种形成权。

至于雇主依第 2 项但书规定于急迫需求情事发生时，依法仅有与劳方协商调整之程序权限。毕竟法律既未赋予雇主得有径行调整之权限，也未课予劳工必须接受调整之义务，因此法理上难以解为劳工于协商中不接受雇主之调整建议时，即应负有权利滥用或有违诚信原则之法律上责任。除非雇主能举证证明劳工事先已明知所排定之特别休假肯定会给雇主带来经营上之困境，在劳工明知并有意为之之前提下，方得课劳工权利滥用或违反诚信原则之责任。笔者认为此乃第 2 项首先明定劳工有特别休假期日指定权，又未赋予雇主有特别休假期日变更权之规范下，不得已之解释。

日本劳基法中也有考虑到劳工指定特别休假期日时可能带给雇主经营上之不便，因此日本法规定，“雇主必须依劳工所指定之特别休假期日给予特别休假。但雇主依劳工指定之特别休假期日给予休假，会阻碍事业之正常营运者，雇主得在其他期日给予特别休假”①。此种规定即所谓一方面赋予劳工有特别休假期日指定权，但同时也赋予雇主在一定条件下之期日变更权。日本劳资实务于此种法律规定之运作上，当雇主拟行使特休期日变更权，而劳工不同意雇主之变更者，劳工仍可径行于指定之期日停止提供劳务，此时雇主通常会以旷工处罚未提供劳务径行休假之劳工。劳雇双方因此发生争议时，

① 参照《日本劳动基准法》第 39 条第 4 项“使用者は前 3 项の规定による有给休暇を劳働者の请求する时季に与えなければならない。ただし、请求された时季に有给休暇を与えることが事业の正常な运営を妨げる场合においては、他の时季にこれを与えることができる”。

法院或行政机关就会以雇主所提阻碍事业正常营运之事由，是否符合法所赋予雇主得行使期日变更权之条件，来解决纷争。笔者认为，日本法之规定比较符合劳雇双方权利均等，且各赋予劳雇双方比较明确之权利，以及明快之判断基准，值得以后台湾修法时之参考。

再者，也必须一提者，劳工如同意雇主依第 2 项但书规定调整自己所排定之特别休假期日时，此乃劳工特别关照雇主经营上急迫需求之痛苦决定，牺牲法律所赋予指定特别休假期日之权利。因此如劳工事先已规划行程，且订好饭店、购妥各种机（车）票，对于劳工答应雇主调整特别休假所遭致之损失，雇主应给予适当补偿为宜。至少“劳动部”应循此道理发布解释函，用以收劳资和谐促进之效。

3. 特别休假可递延 3 个月之疑义

“劳动部”于 2018 年 4 月 11 日以劳动条 2 字第 1070130382 发布函释，其第三点中认为“特别休假经劳雇双方协商递延期间未及一年者（例如三个月），亦属可行”①。笔者认为此函释内容之妥适性，堪值商榷，有无超越母法规定厥有疑义。

按“劳基法”第 38 条第 4 项但书明定“但年度终结未休之日数，经劳雇双方协商递延至‘次一年度’实施者，于‘次一年度终结’或契约终止仍未休之日数，雇主应发给工资”。“劳基法”母法条文中，既已明定可协商至次一年度，且于次一年度终结时，雇主应发给未休日数之工资。条文中第二个次一年度之文义应系指整个年度（亦即特别休假计算采历年制者，应为 12 月末日），则依体系解释，前后两个次一年度应指同一意义，亦即皆指整个年度之末日才是。且法律亦未明定次一年度之范围可缩减，亦未授权给行政主管机关缩减，因此函释中径自表示合意递延不及一年者亦属可行，难免会令人有主管机关函释超越母法之嫌。虽说是否递延期限只限 3 个月，仍须经劳雇双方合意，但也不能因劳雇双方有所合意，即可违背法律所定期限。且台湾企业工会组织率极低，个别劳工难以抗拒雇主递延只 3 个月之协商标的，极有可能因此损及劳工递延特休之使用计划。② 又同解释令既曰递延不及一年者亦属可行的话，则雇主刻意避开年初的业务繁忙期，与劳工协商递延自次年度 3 月起 3 个月实施，是否亦在该函释所容许之可递延 3 个月期限内呢？

---

① 同解释令相关内容全文如次：“至特别休假经劳雇双方协商递延期间未及一年者（如递延 3 个月届期后再协商递延 3 个月），亦属可行，惟其实施期限仍不得逾次一年度之末日。又递延之特别休假，于次一年度终结之末日仍未休之日数，雇主应发给工资，不得再行递延”。

② 例如劳工递延特休目的，原本计划下半年度结婚时使用，结果雇主只愿递延 3 个月，劳工特休递延之权益恐因此受损。

再者，果如劳雇双方协商递延 3 个月，则递延期内仍有未休毕日数者，雇主是否可于次年度终结时始给付工资呢？细读该函释内容，似乎意指雇主可延迟至年度终结时始给付工资，该函释如果真有此意，那就大大违反母法规定了。如果主管机关函释本意非如此，则更应在函释中予以明确表示以杜争议才是。

4. 应休未休日数所给付之工资是否应计入平均工资计算之疑义

前已述及“劳动部”于 2018 年 4 月 11 日以劳条 2 字第 1070130382 号发布之函释中，认为“特别休假经劳资双方协商递延，于次一年度因年度终结或契约终止仍未休毕之日数，雇主依本法第 38 条第 4 项但书及本法‘施行细则’第 24 条之 1 规定发给之特休递延工资，因性质系属劳工前一年度（原特别休假年度）未休假而工作之报酬，应否计入平均工资之计算，应先视‘原特别休假年度终结’之时点，是否在平均工资计算事由发生之当日前 6 个月之内而定；倘于平均工资计算期间内，因属‘原特别休假年度’全年度未休假工作所得之报酬，其究有多少未休日数之工资应列入平均工资计算，法无明文，可由劳雇双方议定之。至于‘原特别休假年度终结’之时点，非于平均工资计算期间者，毋庸列计”。

必须列入平均工资计算之项目，系以劳工所取得之特休工资请求权是否在事由发生之当日前 6 个月内，为认定之标准。“劳动部”认为“劳工并未排定之特别休假日数，于年度终结雇主发给之未休日数工资，因系属劳工全年度未休假而工作之报酬，于计算平均工资时，上开工资究竟有多少属于平均工资之计算期间内，法无明定，由劳雇双方议定之”，此见解可能对于特别休假之法性质有所误解。按特别休假行使期间，纵使劳工未排定，其可能行使期间亦随着时间经过而被压缩，例如劳工于前 11 个月皆未排定者，该年度之特别休假自然被压缩于最后一个月（12 月份）有权排定，不至于产生“究竟有多少未休日数之工资应列入平均工资计算，法无明文”之疑义。因此，只要“原特别休假年度”终结时点在平均工资计算事由发生之当日前 6 个月内者，原特别休假年度全年度未休假工作所得之报酬，即应全部列入平均工资计算始为合理。

5. 特别休假期日加班，雇主得否经劳雇双方协商将原本应给付之加倍工资，改为补休一日

劳工于特休期日继续上班，可否经由劳资协议后，将雇主应给与之加倍工资改换成补休一日？如果新闻媒体的报导无误的话，行政主管机关的这个回答，就有商榷余地了。

依照“劳基法”第 39 条规定“雇主经征得劳工同意于休假日工作者，工

资应加倍发给”。此休假日固然指的是第 37 条法定休假日与纪念日等休假日与第 38 条的特别休假。但此两者休假日之法律性质并不相同，不能以相同的想法解释法律。

按加班，可分为三种：（1）平常日加班，（2）法定休假日加班，（3）休息日加班。此三种加班皆系指原本没有劳务给付义务的不用上班时间，于经过劳工同意后特别出勤，因此必须加计加班费给与。例如原本在正常上班日 8 小时劳动后，劳工即可下班回家。但雇主如征得劳工同意加班，就必须给与前两小时以内每小时 1 ⅓ 以上之加班费。即便要以加班费换补休，也应该不得损及劳工权益，加班几个小时的加班费，应依比例代换正常工时劳务给付报酬时数的补休才是，否则劳工加班费会因答应雇主（1 比 1）加班费换补休而被吃掉了。

而特别休假雇主必须照给工资，其法律关系与意义并非全然基于第 39 条前段之规定而来。特别休假期日只能在原本的工作日里特定，既然是原本工作日，劳工本来有劳务给付义务。但因为被劳工指定为特别休假期日，因此法律关系上是相当于雇主免除了劳工之劳务给付义务，出勤关系上视为劳工已经出勤（也因为此法理，所以劳工休了特别休假不得视为缺勤或非全勤）。既然劳工被雇主免除劳务给付义务，且视为出勤，因此特别休假期日，虽然劳工不用上班，雇主仍须照给薪水。也因为如此法理，英美特别休假传统上才会称为“Holidays with pay”，日文才会称为“年次有给休暇”，重点都在那个“有薪水”的意义上。像日本劳基法中特别休假雇主必须照给工资之义务，是明定在特别休假条文里。而台湾“劳基法”并没有在第 38 条特休条文里设类似规定，而是把特休期间雇主必须照给工资的义务统一规定在第 39 条。但即使台湾“劳基法”如此规定，并不影响特别休假雇主照给工资义务与特休期日的权利义务法性质。

既然特别休假法性质关系上，是原本应出勤的义务被雇主免除，并视为已出勤，与一般的加班意义有所不同。因此劳工如同意雇主要求于特别休假期日上班，则法律关系上等同于第 38 条第 2 项的“雇主与劳工协商调整特休期日”。换言之，特休期日当天劳工如果出勤，则当日已成为一般工作日，劳工并未休特休，自然无所谓双倍薪水改为补休可言。但因为台湾特有的第 39 条后段规定，劳工得有另一种选择权，就是特休期日当天视为劳工特休掉了。雇主原本依法于特休日就必须给 1 份工资，如果劳工答应特休当日又提供劳务，雇主当然必须再给另 1 份工资，因此成就第 39 条后段所规定的，劳工同意雇主于特别休假期日工作者，雇主必须给与双倍工资。此雇主必须给双倍工资的结果，不只是依据“劳基法”第 39 条后段规定，即使依据特别休假的法律关系法理，都是必然的结果。因此，特别休假期日劳工同意上班，看似加班，但法性质上并非加班，所以不能容许雇主不给当日工作的报酬，而以补休替代之，否则就违反工资给付义务。

经此说明后，我们可以了解，劳工于特别休假期日出勤，其法律效果只有两种。一是原本特休变成劳工答应雇主调整，变成未休状态。二是原本特休视为已休，而雇主必须给与劳工提供劳务的工资，而不是加班费。因此该双倍工资不得认为可以补休替代。究竟是当成未休，或当成已休，选择权当然在劳工。发生争议时，认定上就以劳工是否有答应雇主调整特别休假期日来决定。其举证责任依第 38 条第 6 项规定，应由雇主负举证责任。另外，此结果亦可由新修正“劳基法”增订第 32 条之一第 1 项“雇主依第三十二条第一项及第二项规定使劳工延长工作时间，或使劳工于第三十六条所定休息日工作后，依劳工意愿选择补休并经雇主同意者，应依劳工工作之时数计算补休时数”，可知法律允许加班费换补休者，并不包括特别休假期日出勤之情形。

6. 劳工特别休假权成立之相关疑义

“劳基法”第 38 条第 1 项规定，劳工在同一雇主或事业单位，继续工作满一定期间者，应依下列规定给予特别休假：

“一、六个月以上一年未满者，三日。

二、一年以上二年未满者，七日。

三、二年以上三年未满者，十日。

四、三年以上五年未满者，每年十四日。

五、五年以上十年未满者，每年十五日。

六、十年以上者，每一年加给一日，加至三十日为止。”

由以上规定可知，受雇劳工只要满足“继续工作满一定期间”及“在同一雇主或事业单位”两要件后，即可依规定取得特别休假之权利。以下，针对此两要件所可能产生之疑义进行检讨。

(1) 继续工作满“一定期间”

所谓继续工作满“一定期间”，往昔曾有学者仿照日本立法例①，认为所谓一定期间乃指劳工在年度内必须满八成以上之出勤率，始称之为满一定期间。但一来，台湾条文中并未规定劳工取得特别休假权必须有出勤率之限制，因此自不宜擅自扩张解释认为满一定期间乃是出勤率限制之意思。二来，从

① 《日本労働基準法》第 39 条「使用者は、その雇入れの日から起算して6箇月間継続勤務し全労働日の八割以上出勤した労働者に対して、継続し、又は分割した十労働日の有給休暇を与えなければならない」。

条文前后文观察，所未满一定期间，应解释为劳工在同一雇主或事业单位内，继续工作满半年以上者，即拥有特别休假权之意思。

其次，继续工作满一定期间之起算点，依“劳动基准法施行细则”第 24 条第 1 项规定“劳工于符合本法第三十八条第一项所定之特别休假条件时，取得特别休假之权利；其计算特别休假之工作年资，应依第五条之规定”。同“施行细则”第 5 条第 1 项明定“劳工工作年资以服务同一事业单位为限，并自受雇当日起算”。一般认为系指劳工之受雇日，亦即以劳动契约之成立日为基准。如果劳动契约未明确定有效力发生日之始期时，则应以契约缔结之翌日起算。然而对此见解，亦有学者提出不同看法，认为应以就劳开始日为继续工作半年之起算日。

一般而言，劳动契约成立日与就劳开始日大抵上同时者居多，此时不论采取何种见解，继续工作半年之起算日应不会有所差异。但实际上如劳资双方因特约，导致劳动契约成立日与现实的就劳开始日有相当时日之差距时，例如劳工因搬家之故延后一个星期报到上班，则继续工作半年之起算点究竟应以劳动契约成立日，或现实上之就劳开始日为基准，就容易有所争议。通说认为，如果劳动契约订定时附有效力发生始期者，半年之起算日则应以该约定之始期为准。若无约定效力发生始期，则虽因搬家导致延后一周始报到上班，仍应以劳动契约成立日为半年之起算点。换言之，此时因搬家而未上班之一周仍应算在继续工作半年之期间内。

不过，劳资双方如果有经过采用内定之过程时，虽然一般通说认为采用内定合意后劳动契约视为成立，但考虑到采用内定之特殊劳动关系，如仍以劳动契约成立日为继续工作半年之起算点，可能有所失当。此时，该起算点应以劳工正式进入企业之日，即实际就劳开始日为宜。另外，如果实际雇用日已无法确定时，雇主应采取求证于劳工本人及其他同僚等方式加以确认。

所谓继续工作满半年，原则上应如前述以个别劳工雇用日开始起算。但在大型企业中往往劳工人数众多，如一一要以个别劳工之雇用日起算，难免增加许多繁杂之事务负担。此时，在雇主事务管理效率化之考量上，是否能以特定一年中之某一日（例如每年元旦）为事业场所全体劳工之特别休假起算日？

一般认为，如果雇主有特别考量到该特定日前继续工作未满半年劳工之利益时，制度运用上并不违法。换言之，若雇主对于特定起算日前继续工作未满半年之劳工，在计算其出勤日数时，该未满半年之期间视为既已出勤满半年之前提下，始得将全体劳工之特别休假起算日采取同一特定日之措施。虽然此种措施将会导致年资半年以内劳工间之不甚公平现象，例如特定起算日之前几日受雇之劳工，与该特定起算日前5个月已受雇之劳工，特别休假日数同样都是3日；或者特定起算日前一日受雇之劳工有3日之特别休假，但特定起算日当日或翌日开始受雇之劳工在该统一计算之半年内尚无特别休假权。这种无法兼顾到工作期间长短不同之现象，在雇主有必要统一特定起算日之措施上，属于难以避免之结果。

有关特别休假计算之起算点，“劳动基准法施行细则”第24条第2项新规定：依“本法”第38条第1项规定给予之特别休假日数，劳工得于劳雇双方协商之下列期间内，行使特别休假权利：1）以劳工受雇当日起算，每一周年之期间（俗称周年制）。但其工作6个月以上一年未满者，为取得特别休假权利后6个月之期间。2）每年1月1日至12月31日之期间（俗称历年制）。3）教育单位之学年度、事业单位之会计年度或劳雇双方约定年度之期间。

另外，雇主在计算特别休假日数时，若有必要变更既已特定之起算基准日时，必须要注意到应采取对劳工不会产生不利益之措施。

(2)“继续工作”满半年

第一，继续工作之意义。所谓继续工作系指劳动契约有继续存在之状态，亦即意味着劳工持续在籍，或劳动关系存续之状态。因此劳工在籍期间内，即使长期处于缺勤状态导致实际出勤日数极少，在与特别休假相关事项上，并不影响劳工有继续工作事实之认定。另外，大型工会如有专职理事之设置，或劳工因长期疗养导致休业，毕竟都还属于在籍状态，因此不论其休业原因为何，该休业期间仍必须视为继续工作之期间来处理。

有关特别休假在计算继续工作之年资时，依“劳基法”第38条规定，在同一雇主或同一事业单位内之工作年资都要合并计算。在同一雇主下继续工作之年资必须合并计算，固无疑问。但在同一事业单位内，只要劳动契约关系继续存在，即使在不同雇主指挥监督下之年资是否也必须合算之问题，亦值得探讨。盖吾人不能否认因企业转让、组织变更或出向（企业外调职）等情事，有导致劳工在不同雇主间服劳务之现实，此时在计算特别休假年资时可能合并计算比较合理。

有关此问题，如果吾人考虑到ILO第52号条约所言“为确保劳工有休息、娱乐与能力之发展机会”之特别休假目的，与贯彻特别休假制度之趣旨时，则劳工在不同雇主下之工作年资予以合并计算或许会比较理想。更何况考量台湾中小企业平均存活率只有12年左右之现实下，劳工因雇主破产倒闭不得已离职，另寻他雇主受雇之现象在所难免，因此劳工在不同雇主下之工作年资是否合算之问题，于劳动政策上有慎重检讨之必要。再者，逐渐高龄化现况下，退休后再就业之银发族劳工亦有增加趋势，为使这些劳工得以一方面贡献其宝贵之经验与知识，一方面尚能享有较悠闲的生活，则对应其劳动一生之工作年资给予适当之特别休假日数，应为重要之考量。从而，在综合考量雇主给予劳工特别休假之目的，在有助于劳工更有效消除疲劳及维持培养劳动力、重视离职劳工再就业时弱势立场之实态并考虑届龄退休劳工再就业时对于特别休假之必要性等因素，则有关特别休假之工作年资合算等问题，采取法律明文规定予以保障之必要性有其意义。

有关工作年资之合算，日本曾有学者提出“便携式特别休假年资制”之立法论建议，但在大多数企业还是有采取年功序列工资体制之劳动关系特质下，多数学者对此立法论提议采取较消极之立场。不过，随着新一代劳工工作意识上的变化，离职率有逐渐升高之趋势，连带企业内年功序列工资体制也渐有缓和之征兆等种种考量下，在不同雇主间之特别休假工作年资合算问题，应可预期为未来可见之重要课题，同时法制化之抵抗也应会随着时代的进展而减弱才对。

第二，劳工在契约上地位之变更。临时性与短期性工作之定期契约劳工，反复不断更新契约而继续受雇时，虽然“劳基法”第 9 条第 2 项规定视为不定期契约，但前后契约如中断超过 30 日以上，或季节性工作与特定性工作之更新，仍无法有定期契约不定期化之适用。因此有关特别休假之年资计算上，一般通说认为，更新契约之所有期间应视为继续工作而合并计算。但定期契约更新时，若未立即更新而前后契约间置有间隔者，继续工作之事实是否中断，即必须就其具体关系为事实上之判断。其中重要之判断要素，例如前后契约间断期间之长短、工作场所是否变动、与不定期契约工平均工作日数之比较。最重要者，雇主如有借契约更新之间断期间以达免除特别休假给付义务之脱法意图时，则必须视为劳动契约关系有事实上之继续存在。

按日计酬之受雇劳工，基本上其劳动契约是每日中断，而且休假日以外也未必每日皆有工作，因此外观上似乎难以认为系继续工作。但假如按日计酬之劳工有反复不断更新契约，且有一年以上持续受雇之事实时，谓其契约之更新只是形式上之措施，实质上劳资双方存有未定期限之劳动契约关系亦不为过。因此，专受同一雇主雇用之按日计酬劳工，应解为其工作之继续性未中断。

另外，针对受雇于不同雇主之按日计酬劳工，是否应认为其有继续工作之事实，亦值得吾人寄予关心。计算特别休假年资时，“劳基法”第 38 条规定继续工作之事实，原则上必须以受雇于同一雇主或事业单位为限。唯依此规定适用于按日计酬之劳工时，在不同雇主间受雇工作之按日计酬工，其继续工作之年资即无法合并计算。但此规定与适用究竟是否合理，非无检讨之余地。盖按日计酬劳工仅能靠每日工作所得充当生活资金，因此在不可归责于劳工事由之情况下无法受雇于同一雇主时，只好无可选择地转而受雇于其他雇主赚取工资。从而针对按日计酬劳工，如非关劳工本人自由意愿导致无法为同一雇主提供劳务之日，受其他雇主雇用时，在有关特别休假继续工作年资之计算问题上，若直接认定中断工作年资之继续性，不只是忽略掉考虑按日计酬劳工之特性，对该等劳工之保护难谓没有缺陷。另外，即使在此种状况下采取合并计算不同雇主间之特别休假年资，也会发生按日计酬劳工所取得之特别休假日数究竟应向何雇主请求之疑问。针对此疑问，或许前述日本学界所倡议之便携式特别休假制，有助于本问题之解决也说不定。总之，可以考虑采取对应不同雇主间之工作日数，依比例之取得向各该雇主来请求。

晚近企业界尝见为确保优秀人才与活用有经验之资深员工，对于正式员工退休后再以嘱托身份雇用者亦不在少数。于此状况下，退休前之劳动契约与退休后再雇用之嘱托契约，外观形式上看似两个不同契约，实质上却只是企业内之身份变更，劳资双方之关系仍然继续维持，因此退休前后工作年资应予合并计算。然而届龄退休后，如间隔一段期间再予雇用时，也未必适合立即断定其前后之工作有继续性。此时判断其工作有无继续性，必须考量该间隔一段期间是否有脱法意图、所间隔之期间是否为“相当期间”等因素决之。

最后，如劳工非因自愿性离职而一时中断雇佣关系，嗣后再获同一雇主雇用者，是否仍须视其工作有继续性，亦有争议。特别是在经济不景气、企业营运有困难，雇主不得不采取人员调整性资遣时，劳工在雇主与工会之协议下暂时终止劳动关系，等到景气好转雇主重新营运时再予雇用之“lay off”，或与“lay off”制度类似之“暂时休业”者，劳资双方针对该劳动关系空窗期间是否并入特别休假之工作年资计算，常见有纠纷。盖因为退休或解雇导致劳动契约关系终了者，基本上可认为工作已失其继续性当无异论；但吾人如有注意到特别休假之趣旨与上述状况下劳工不得已离职之立场，则特别考虑该劳动关系空窗期长短之前提下，再加以判断前后之工作是否具有继续性，应属比较妥当之措施。

7. 雇主与指挥命令权者变动时，如何认定继续工作之疑义

有关取得特别休假要件之一的“继续工作”，如上所述一般，最理想的状况是，在不同雇主间之工作年资也能合并计算。但事实上不论学说或实务，依然执著于第38条规定，认为只能在同一雇主或事业单位下才能合并计算其

工作年资之见解。尽管如此，仍不能否认也有外观上似乎在不同雇主下工作，实质上却应视为受同一雇主雇用。换言之，对劳工而言，即使雇主或指挥命令权者发生变动，未必皆得视为劳工系在不同雇主下提供劳务。因此有时劳工于雇主或指挥命令权者发生变动时，其前后之工作年资应合并计算较为合理。有关雇主或指挥命令权者之变动实态，有下列数种状态可供探讨。

第一，企业合并时。在企业合并时，劳工于合并前后在不同雇主间之工作年资是否需合并计算，亦常见有争议。有关企业之合并，最常见有吸收合并与新设合并两种。吸收合并时除了存续企业以外，其他参与之所有企业必须解散；而新设合并时则所有参与之企业皆必须解散。理论上而言，合并前之旧企业因合并而解散，其与合并后之新企业既然不具有同一性，因此劳动关系之当事人亦随同变更。然而企业于合并时，存续企业或新设企业，必须概括承受解散企业之所有权利义务。而劳动契约关系亦为企业之权利义务关系之一环，因此解为概括承受之范围当不为过。而“劳基法”第38条有关特别休假规定中，并未明文要求雇主之实质上同一性，因此在劳动契约与劳动关系之承继问题上，合并企业与受留任劳工间之劳动契约关系，应当然为合并后之新企业所承受，劳动关系有其继续性，故特别休假之工作年资应合并计算。就此问题上，虽亦有学者提出基于劳工与雇主间之信赖关系为理由，主张对于中小企业应为例外之否定（即认为中小企业之合并时，上述工作年资应不予合并计算），但该见解并未提出为何劳资双方之信赖关系有影响到工作年资是否合并计算之更具体理由，实不得不认为该见解之根据稍嫌薄弱。

第二，营业转让时。所谓营业转让，系指在特定营业目的下，以组织化之有机整体所为之机能性财产移转为目的之债权契约。在营业转让之场合，受让人是否需为劳动契约之承继，换言之，此时劳工是否有工作上之继续性问题，亦成为论争之焦点。

台湾“劳基法”第20条中，固置有事业单位改组或转让时，新旧雇主商订留用之劳工，其工作年资应合并计算之规定。但实务上也多见有改组或转让时，先由旧雇主将所有员工资遣，嗣后再由新雇主择优者重新聘用。此时外观上既非属新旧雇主商订留用，因此重新受新雇主聘用之劳工，其工作年资是否合并计算，亦容易滋生疑义。以下针对类似状况之特别休假相关年资合算部分，提出探讨。

学说中有主张在近代企业之营业转让，若劳工之待遇于营业转让前后无变化者，应认为事实上有工作之继续性。另外，亦有学者认为应从营业转让后是否有实质上之继续与同一性之角度来考察，如得肯定其有实质上之继续营业与营业内容同一性时，则应视为劳工之工作有继续性。特别是后者之见解，与商法学者一般所主张营业转让之性质而言，可谓一致。然而学界中亦有反对说之见解，认为在营业转让时，依据营业转让当事人之合意，针对劳工劳动契约之承受有具体协定，且得到个别劳工之同意后，才能缔结新的个别劳动契约，因此前后劳动契约之工作并无继续性。

在司法实务上，有关营业转让中劳动契约关系是否当然随同移转存续之问题，见解亦有分歧。例如有采取消极立场者，认为在营业转让中，虽性质上与企业合并有所不同，而可以用一个债权契约将营业组织体移转，但构成营业财产之各个债权债务，则必须有个别的权利移转或债务之承受，因此不能解为每一个劳工的劳动契约关系就得以例外地当然承继。反之，亦有肯定劳动契约有当然承继之效力者，持此主张之司法实务认为，营业转让时，只要营业之同一性有继续维持，即使历经转让人先将全体劳工解雇，再由受让人重新雇用之过程，那也只是经营主体变更时所伴随着的一种形式，如无其他特别有力之反证，应推定营业转让人与受让人之间，对于劳动契约关系有概括承继之默示合意，从而采取劳动契约关系当然继受之立场，因此劳工之工作有继续性。在此种司法实务所采之立场上，进一步有见解再引申认为劳动契约承继时，劳动契约之效力并无须以劳工之同意为必要，唯若劳工有异议时，得对受让人产生实时解约之效果。

如上所述一般，营业转让时有关劳动契约之承继问题上，即使司法实务与学说上之意见仍见分歧，但至少在特别休假相关之有无继续工作之认定上，如同多数说所主张一般，在考量营业转让前后之业务有无实质继续、劳动契约关系有无实质继续、待遇有无异常变化等问题后，也有应解为劳工之工作有继续性之余地。

第三，出向（企业外调职）、派遣时。台湾“劳基法”条文中虽未见有“出向”之名词，一般而言出向系指劳工之企业外人事异动。现今企业界实施之企业外人事异动形态形形色色，有维持着员工身份而相当长一段期间受派至他企业提供劳务者，也有为了在他企业提供劳务而移转其原来员工身份至他企业者，不一而足。前者一般称为“在籍出向”，或单称为出向；后者则一般通称为“移籍出向”，或单称为转籍。

与特别休假有关之出向问题，依然在于出向前与出向后之工作是否应视为继续之点。为厘清此问题，首先应该究明出向劳工、出向地之企业与原所属企业三者间之劳动关系之有无。针对此问题，虽也见有在籍出向中，出向劳工仅与原所属企业间有劳动契约关系，与出向地企业间不存在劳动契约关系之见解；但日本通说上一般认为出向劳工与出向地企业及原所属企业间皆同时发生有劳动契约关系。而此劳动契约关系之本质，系将一个劳动契约关系在内容上分割为二，各自分配于出向地企业与劳工之原所属企业而存在。因此在籍出向之场合，出向劳工与原所属企业及出向地企业间，视为一个劳动契约关系存在。故有关出向劳工之特别休假资格上，即应解为其在原所属企业时之工作年资亦应予合并计算来给予相对应之特别休假日数。另外，当所定之出向期间届满，劳工归建回到原所属企业时亦然，其在出向地之工作年资亦应合并计算在内。

另外，出向或归建时不一定正好在年度更替之始末期，例如在年度途中发生者，出向地企业或归建后之原所属企业是否只要给予当年度剩余日数分相对应之特别休假即已足，往往亦成为争议点。虽然学者间有认为在归建当年度，不论劳工在出向地企业之特别休假使用状况如何，出向劳工于归建回到原所属企业后，即应享受该年度之所有法定休假日数；但通说仍认为不论在出向时之出向地企业，或归建后之原所属企业，只要各给予该年度剩余日数分之特别休假即已足。

其次，在移籍出向（即转籍）之场合，由于劳工与原所属企业之劳动契约关系已终止，而与出向地企业间成立新的劳动契约关系，且出向地企业与原所属企业间并未具有一体性，因此有关特别休假资格要件之继续性工作亦不得不采取否定之立场。

再者，有关派遣劳工之特别休假是否也要合并计算其工作期间之问题，鉴于派遣劳动有渐成气候之趋势，在此亦必须一提。由于派遣劳工系与其所属之派遣企业主缔结劳动契约，在此劳动契约关系维持下，受派至要派企业中接受要派企业雇主之指挥监督提供劳务。因此，派遣劳工与要派企业雇主间并无劳动契约关系存在，从而与特别休假有关之工作是否有继续性，在要派企业这里并不成为问题。对派遣劳工而言，特别休假之赋予责任者系在所属之派遣企业雇主。准此见解，派遣劳工在要派企业处提供劳务之期间，自然亦应计入所属派遣企业之工作年资内。

四、台湾特别休假制度之未来

台湾现行特别休假制度，历经 2017 年及 2018 年两度“修法”后，固然堪称对于劳工特别休假权益之保障，有了深一层进展。然而特别休假使用率之高低，与缩短年总工时成效有着密切关联。虽然目前规定，未休完特别休假日数得递延一年，次年度仍未休毕者，雇主必须给付工资。其所形塑之特别休假制度外观上，于雇主给付未休日数之工资后，劳工之年度特别休假权遂告消灭。不过，此权利消灭并非劳工真正使用完毕所有的特别休假，而是雇主依法替代给付给予工资之法律上效果而已，对于缩短年总工时完全毫无效果。

特别休假制度之立法精神，在于使劳工得有休养生息、消除疲劳、蓄积培养优质劳动力之点，绝非在于使劳工得以借休假换取工资。因此，政策上如何鼓励劳工特别休假，或者如何要求雇主敦促劳工特别休假，甚至法律上应如何支援促使劳工尽量特别休假，恐怕是未来台湾特别休假制度应该进一步检讨考量之所在。

有关台湾特别休假制度之未来发展，由于特别休假首重在使劳工完全利用，而非在于给付未休日数工资之点。固然，给付未休工资在台湾已行之多年，想象中如要取消该机制，肯定会遭遇不少劳工或劳工团体之反对。唯台湾特别休假制度之当为规定，应朝向特休完全利用之政策目标迈进，要想办法减少给付未休工资之比例、朝增加特休消化日数之方向努力。

与此目标相关之政策作为，可以考虑强制雇主每年应有使劳工至少休 5 天以上特休之义务。

附：

台湾“劳基法”第 38 条

① 劳工在同一雇主或事业单位，继续工作满一定期间者，应依下列规定给予特别休假：

一、六个月以上一年未满者，三日。

二、一年以上二年未满者，七日。

三、二年以上三年未满者，十日。

四、三年以上五年未满者，每年十四日。

五、五年以上十年未满者，每年十五日。

六、十年以上者，每一年加给一日，加至三十日为止。

② 前项之特别休假期日，由劳工排定之。但雇主基于企业经营上之急迫需求或劳工因个人因素，得与他方协商调整。

③ 雇主应于劳工符合第一项所定之特别休假条件时，告知劳工依前二项规定排定特别休假。

④ 劳工之特别休假，因年度终结或契约终止而未休之日数，雇主应发给工资。但年度终结未休之日数，经劳雇双方协商递延至次一年度实施者，于次一年度终结或契约终止仍未休之日数，雇主应发给工资。

⑤ 雇主应将劳工每年特别休假之期日及未休之日数所发给之工资数额，记载于第二十三条所定之劳工工资清册，并每年定期将其内容以书面通知

劳工。

⑥ 劳工依本条主张权利时，雇主如认为其权利不存在，应负举证责任。

台湾“劳基法”第 39 条

第三十六条所定之例假、休息日、第三十七条所定之休假及第三十八条所定之特别休假，工资应由雇主照给。雇主经征得劳工同意于休假日工作者，工资应加倍发给。因季节性关系有赶工必要，经劳工或工会同意照常工作者，亦同。

台湾“劳基法施行细则”第 24 条

① 劳工于符合‘本法’第三十八条第一项所定之特别休假条件时，取得特别休假之权利；其计算特别休假之工作年资，应依第五条之规定。

② 依‘本法’第三十八条第一项规定给予之特别休假日数，劳工得于劳雇双方协商之下列期间内，行使特别休假权利：

一、以劳工受雇当日起算，每一周年之期间。但其工作六个月以上一年未满者，为取得特别休假权利后六个月之期间。

二、每年一月一日至十二月三十一日之期间。

三、教育单位之学年度、事业单位之会计年度或劳雇双方约定年度之期间。

③ 雇主依‘本法’第三十八条第三项规定告知劳工排定特别休假，应于劳工符合特别休假条件之日起三十日内为之。

台湾“劳基法施行细则”第 24－1 条

①‘本法’第三十八条第四项所定年度终结，为前条第二项期间届满之日。

②‘本法’第三十八条第四项所定雇主应发给工资，依下列规定办理：

一、发给工资之基准：

（一）按劳工未休毕之特别休假日数，乘以其一日工资计发。

（二）前目所定一日工资，为劳工之特别休假于年度终结或契约终止前一日之正常工作时间所得之工资。其为计月者，为年度终结或契约终止前最近一个月正常工作时间所得之工资除以三十所得之金额。

（三）劳雇双方依本法第三十八条第四项但书规定协商递延至次一年度实施者，按原特别休假年度终结时应发给工资之基准计发。

二、发给工资之期限：

（一）年度终结：于契约约定之工资给付日发给或于年度终结后三十日内发给。

（二）契约终止：依第九条规定发给。

③ 劳雇双方依‘本法’第三十八条第四项但书规定协商递延至次一年度实施者，其递延之日数，于次一年度请休特别休假时，优先扣除。

台湾“劳基法施行细则”第24-2条

‘本法’第三十八条第五项所定每年定期发给之书面通知，依下列规定办理：

一、雇主应于前条第二项第二款所定发给工资之期限前发给。

二、书面通知，得以纸本、电子资料传输方式或其他劳工可随时取得及得打印之资料为之。

中日副业兼职劳动时间规制探讨①

仲　琦*

目次

[摘要]　为了适应就业形态的变化和应对劳动力不足，尽可能解放现有劳动力，日本近年着眼于鼓励从事副业兼职，并就从事副业兼职情况下的劳动时间规制作出了一系列详细探讨。而在我国，从业者不仅可通过网络平台从事副业兼职，还存在同时通过复数平台给付劳务的现象。在平台经济快速发展的背景下，日本副业兼职相关的劳动时间规制探讨，对我国今后劳动时间相关规制的制定具有重要的参考意义。经研究，日本副业兼职劳动时间规制的修订方向，是以劳工自主申报为原则，如劳工不申报，或未如实申报，则雇主不承担相关法律义务。关于劳动时间的合计及加班费等的计算，则采取方便实务操作的方式，力图避免法律法规与实务操作脱节。在我国，在解决平台从业者与平台之间是否存在劳动关系，区分传统劳动时间理论问题与平台经济下的新问题，明确兼职副业是否需要劳动法相应保护的基础上，可参考日本的解决方案，结合平台经济的新特点，做出符合实际国情和中国特色的规制。

[关键词]　副业兼职　劳动时间计算　平台经济　劳动关系认定

---

* 仲琦，法学博士，日本劳动政策研究研修机构研究员，千叶商科大学客座讲师。

① 收稿时间：2020年5月。

一、前 言

在日本，长年以来均以签订无固定期限劳动合同，从事全职工作的正社员作为劳工的标准形态，《劳动基准法》与《劳动契约法》等相关法律中的劳动时间规制也将上述正社员作为其主要规制对象。相对应，关于副业和兼职，多被视为劳工在完成本职工作之余的时间分配问题，劳资双方传统上认为应对其采取一定限制措施。

近年，随着部分工时劳动和临时工等非正规劳工的增加，有能力从事副业和兼职的劳工开始增多，企业也开始放宽在其他企业从事副业或兼职的规制。作为应对少子高龄化政策的一环，日本开始从政府层面制订鼓励从事副业兼职的政策，从而解放更多的劳动力以应对劳动力不足的问题。在上述背景下，有关副业兼职的促进措施被列入了“工作方式改革实行计划”[①]（2017年3月28日工作方式改革实现会议决定）中，社会整体对于放开从事副业和兼职的呼声越来越高。

而在我国，平台用工成为主要的从业方式之一，而为复数平台做工，或者下班后通过平台兼职的从业者亦不在少数。为复数雇主从事劳务的情况下，如何统计从业者的总劳动时间，从而采取适当措施避免从业者因劳动时间过长而引发身体及精神疾患？若发生相应精神或身体疾患，是否应将其作为工伤问题处理，又应由何方雇主，以怎样的方式承担责任？在日本和中国，虽然社会背景有所不同，但关于副业、兼职的劳动时间管理方式亟待探讨的现状是相通的。在这一情况下，日本厚生劳动省在借鉴德法荷等欧洲国家的相关规制的前提下，于2019年8月8日发布了《副业、兼职的场合下的劳动时间管理方式相关研讨会报告书》[②]，提出了相对完整的解决方案，为日本今后的法律修订铺平了道路。在本文中，笔者将在介绍其主要内容及核心思想的同时，结合我国平台用工日益普及的社会现状做出因地制宜的探讨，望能为今后的深入研究起到抛砖引玉的作用。

二、日本现行制度对于劳动时间合计的处理

日本现行制度之下，通过《劳动基准法》第38条以及相关通知，规定即

① https://www.kantei.go.jp/jp/headline/pdf/20170328/01.pdf，访问日期：2020年5月19日。

② https://www.mhlw.go.jp/content/11201250/000536311.pdf，访问日期：2020年5月19日。以下日本相关讨论主要援引上述报告书的观点。

使雇主不同，关于劳动时间的规定适用也应采取合计处理。对劳动时间进行合计的结果，超过《劳动基准法》第 32 条或者第 40 条规定的法定劳动时间而使用劳工从事劳动的，雇主关于在本企业发生的法定外劳动时间，必须签订同法第 36 条规定的时间外以及休息日的劳动相关集体合同（所谓 36 协定）①，并支付同法第 37 条规定的加班费。

上述过程中，承担《劳动基准法》上的义务的，是通过使用该劳工，使得该劳工超过法定劳动时间而从事劳动（也即使得法定外劳动时间发生）的雇主。一般来说，在签订合同时，雇主应确认该劳工是否在其他企业从事劳动之后再行签约，所以时间顺序上后签订合同，规定合计超过法定劳动时间②的所定劳动时间③的雇主，应承担同法的义务。与此同时，虽然知道劳工的合计所定劳动时间已经达到了法定劳动时间，仍延长劳动时间的，无论签订劳动合同的顺序先后，使其延长的各个雇主均承担同法的义务。

另外，在“促进副业兼职相关指导方针”④ 中，作为企业的应对方式，规定“可以通过劳工自主申报而把握其在副业或兼职处的劳动时间”。

三、日本现行制度下存在的课题

（一）关于劳动时间的上限规制

日本现行制度之下，合计超过上限规制而使用劳工的雇主构成违法行为。在这一前提下，主要存在以下课题：第一，为了遵守上限规制，至少对于合计劳动时间可能超过上限规制的劳工，雇主有必要严密把握其劳动时间。但这样的做法在实务上存在困难，所以从雇主角度看来，可能转而采取禁止从事副业兼职的做法。第二，作为雇主，出于规制的繁杂性及上限规制的制约，结果可能选择不雇佣合计超过法定劳动时间之人。对于想要从事副业兼职的劳工来说，上述规制反而会成为障碍。

（二）关于加班费

日本现行制度之下，对于合计结果超过法定劳动时间的部分，对于雇主

① 雇主在该职场，存在组织过半数劳工的工会的，则与工会，不存在组织过半数劳工工会的则与劳工的过半数代表者签订书面合同，根据厚生劳动省令规定而将其提交行政机关备案的，尽管存在第 32 条到第 32 条之 5，或者第 40 条的劳动时间…以及上一条的休息日…相关规定，可以根据上述集体合同之规定延长劳动时间，或者使其从事休息日劳动。（以下略）

② 即构成请求加班费的法律根据及《劳动基准法》适用对象的《劳动基准法》所规定的劳动时间。

③ 即当事人可以自由约定的劳动合同规定的劳动时间。

④ https://www.mhlw.go.jp/file/06-Seisakujouhou-11200000-Roudoukijunkyoku/0000192844.pdf，访问日期：2020 年 5 月 19 日。

会发生加班费支付义务。其主要存在以下课题：第一，加班费规制之所以能达成抑制加班的效果，是以在同一雇主手下劳动为前提的。在其他雇主手下劳动的，关于本职和副业合计计算加班费的做法能否达成抑制加班的效果，还存在疑问。第二，在现行制度下，关于劳动时间的合计，以签订劳动合同的先后顺序进行判断，雇主有必要每天把握劳工在副业和兼职处的劳动时间数。但由于严密把握劳动时间的做法在实务上存在相当大的困难，从雇主角度来看，只得选择限制劳工从事副业兼职。另外，一旦超过每天的法定劳动时间，马上会产生上述繁杂处理的必要，其与劳动时间上限规制相比，发生的频率更高。第三，作为雇主，为了避免上述的繁杂处理，可能选择不雇佣合计超过法定劳动时间之人，从而妨碍劳工从事副业兼职而获得收入。

（三）关于副业兼职处的劳动时间把握方法

在“促进副业兼职相关指导方针”中，日本立法者认为企业可以通过劳工自主申报而把握其在副业兼职处的劳动时间。但是，通过这一方式把握劳动时间存在以下问题：第一，随着从事副业兼职之人的增加，事务处理也会变得更为繁杂。第二，作为企业，无法获知劳工的自主申报是否正确。第三，劳工可能不希望雇主知道其从事副业兼职的事实，从而不希望进行自主申报，企业在这一场合会难以把握其从事副业兼职的劳动时间数。第四，劳工进行自主申报的，可能仅申报从事副业兼职这一事实，而拒绝申报具体劳动时间。

此外，还存在雇主之间交换劳工的劳动时间数等情报而把握其总劳动时间的方式，但这一方式也存在问题如下：第一，和自主申报相比，雇主有必要积极收集情报，从事副业兼职之人越多，事务量就越大。第二，即使某雇主想要将副业兼职处的劳动小时数进行合计而管理劳动时间，如果副业兼职处雇主不积极应对，则难以独力实现。

此外，上述两种做法均可能产生以下共同问题：第一，随着工作方式多样化，日本劳动时间相关统计制度开始无法应对新的灵活从业方式。例如，日本不仅在《劳动基准法》中创设了弹性时间制度（《劳动基准法》第 32 条之 3），更有从业者将复数段较短的劳动时间进行组合，使得副业兼职处的劳动时间难以正确把握。第二，对于劳资双方当事人来说，存在难以判断其是否处于劳动关系的情况，从而产生错误分类，或者因为非劳动关系不被算入总劳动时间等理由，而故意将劳动关系作为非劳动关系处理。

四、日本今后的规制方向

关于劳动时间的合计统计制度，在日本始终被定位为保护劳工健康的规定。但是，和当初不同，现在因为创设了变形劳动时间制和弹性时间制等，非正规雇佣劳工有所增加，多样化的工作方式亦有所普及，将劳动时间进行合计把握，基于合计劳动时间而强制雇主遵守上限规制和支付加班费在实务上变得非常困难。随着工作方式的多样化，劳动时间也不再是带给劳工负担的唯一要素。

与此同时，在希望从事副业兼职的劳工和实际从事者有所增加的现状之下，考虑到副业兼职带来的长时间劳动的风险，确保从事副业兼职的劳工的健康成为重要课题。

考虑到上述情况，日本立法者将今后可采取的政策选项归纳整理如下。

(一) 关于健康管理

从保障从事副业兼职的劳工健康的角度来说，以劳工的自主申报为前提，可以考虑由各个雇主对劳工的合计劳动时间（例如，在各个雇主手下工作的月合计劳动时间）进行把握。

但是，有必要考虑到从事副业兼职是劳工的个人隐私，劳工对于个人健康进行自主管理也很重要。另外，由于雇主无法完全把握劳工在副业和兼职处的劳动情况，即使赋予雇主健康管理方面的劳动时间合计义务，基于这一义务所采取的措施也仅限于本职劳动，而不涉及在副业和兼职处的劳动。所以，与只在单一企业工作的劳工相比，上述措施的范围和效果具有一定局限性。

关于产业医生①，因为其是基于与雇主的委任关系而从专业角度独立负责劳工的健康管理，所以对于劳工在没有委任关系的副业兼职处的劳动，其难以直接应对，也难以判断在哪个具体雇主手下的劳动对于劳工的健康会产生何种影响。为了重新审视健康确保措施相关制度的方向性，日本立法者提出了以下制度修订方向：第一，作为公法上的义务，对于从事副业兼职的劳工，雇主应通过劳工的自主申报而把握其合计劳动时间。考虑到劳工的劳动时间状况等，规定雇主必须采取面谈的形式、缩短其劳动时间或其他健康确保措施。第二，现行法上，基于合计劳动时间的劳工健康管理措施没有在劳动安全卫生相关法规中作出明确规定，所以要求雇主在把握总劳动时间的基础上，根据劳工的具体情况，采取缩短劳动时间等措施。第三，因为上述义务是基于公法而创设的，所以不采取任何措施的雇主可能成为行政指导的对象。

雇主通过从事副业兼职的劳工的自主申报而把握其劳动时间，关于其总劳动时间，除休息时间以外，一周超过 40 小时的小时数每月超过 80 小时的，

① 日本劳动安全卫生法规定的，在一定规模以上企业必须选任的，从专业角度对劳动者的健康管理等进行指导建议的医师。

除采取缩短劳动时间的必要措施之外，仅在本企业采取措施难以应对的，对于该劳工，必须要求其与副业兼职处雇主进行交涉或采取其他适当措施。另外，以该劳工的申报为前提，也需要安排医师的面谈指导及采取其他适当措施。此外，劳工的合计劳动时间在现行《劳动安全卫生法》上构成需要采取健康管理措施的长时间劳动的，需要采取更为强力的措施。

但是，在上述场合，也有必要考虑到劳工的隐私，且无法直接控制其在其他企业的劳动时间。基于上述理由，雇主在采取具体措施时需要尊重劳工的自主性。

雇主没有把握合计劳动时间，劳工仅就从事副业兼职这一事实进行自主申报的，虽然影响劳工健康的不只是劳动时间的长度，但从事副业兼职一事，仍可能对劳工的健康产生影响。为此，应将进行自主申报的劳工以适当形式并入长时间劳动情况下的医师面谈指导、压力测试制度等现行健康确保措施框架之下。

（二）关于上限规制

为了让雇主遵守上限规制，需要首先让雇主对合计劳动时间进行把握。但是，为了进行劳动时间的合计，需要每天对劳工在复数企业的劳动时间进行严密管理，对于雇主来说，其实际执行会非常困难。结果，违法状态可能被搁置，从而损害《劳动基准法》的权威性，且作为当事人的劳工可能无法受到充分保护。为此，立法者提出了以下制度修订方向。

第一，以劳工的自主申报为前提，设计较容易合计管理的方法（例如，不是以日为单位，而是以月单位等较长期间设定副业兼职的上限时间，将劳工在各个雇主处的劳动时间控制在事先设定的小时数内）。政策上，为了保障劳工的健康，从事副业兼职的，也有必要将当事劳动者的合计劳动时间限制在上限规制范围内。其具体措施如下。

关于劳工在副业兼职处的劳动时间，不是以天为单位，而是设定以周或者月为单位的上限小时数，以此为前提允许各个企业进行劳动时间管理，从而使得劳动时间管理变得相对容易。在设定副业兼职处的劳动时间上限时，不仅是劳动时间的原则上限，还有必要考虑本职和副业兼职处的 36 协定下的加班时间上限。通过这一做法，本企业不必再考虑劳工在其他企业的劳动时间的变动，能够提高企业的预测可能性，使得风险管控成为可能。

另外，关于 36 协定，在现行制度下，某劳工从事副业兼职的所有劳动时间合计超过法定劳动时间的，关于其超过的小时数有必要签订 36 协定。但在各个雇主分别管理劳动时间的思路下，也可以仅在各个雇主之下的劳动时间超过法定劳动时间时将 36 协定的签订义务化。另外，为了方便从事副业兼职者确保从事副业兼职的时间，关于从事副业兼职者，可以将 36 协定规定的加班时间上限设定较低。此外，除了以 36 协定的形式进行上述规制，在与个别劳工的劳动合同中，也可以以同样方式做出规制。

与此同时，实务上，为了确保在本企业从事本职工作，在其他企业从事副业兼职之劳工能够较长时间从事劳动，部分雇主可能将劳工在副业兼职处从事劳动的上限时间限制至极短。关于是否应对这一做法进行规制，需要进行详细探讨。

此外，根据劳工对本职工作和副业兼职的从事情况，有必要在复数企业之间协调变更劳工的劳动时间的，关于如何缩短其本职工作的劳动时间等，与从事本职工作的企业之间的调整课题，也需要继续探讨。

第二，在以雇主为单位适用上限规制的同时，应采取恰当的健康确保措施。从尊重劳工的隐私和选择权的角度出发，与在单一雇主手下从事劳动时不同，从事副业兼职的，不要求当事人严格遵守上限规制，但有必要从保护劳工健康的观点出发，采取适当的健康确保措施。其具体内容如下。

以雇主为单位适用劳动时间上限规制，可以使雇主便于管理劳动时间，劳工也更方便从事副业兼职。但是，这一场合，劳工在复数雇主处的合计劳动时间可能会超过过劳死基准线，产生无法保障劳工健康的风险。鉴于上述情况，不论在特定雇主手下劳动时间长短，均需将其并入现行健康管理体系下，否则可能无法对劳工进行充分保护。

另外，即使采取上述方案，与在其他雇主手下工作的情况不同，关于和同一雇主签订了复数个不同的劳动合同，以及在同一雇主的不同职场工作等，实质上被视为为同一雇主工作的情况，为了防止雇主对法律进行规避，有必要将劳动时间进行合计。

此外，实务上对于各个企业，应鼓励其将本企业与副业兼职处的劳动时间进行合计，将合计后的上限时间规制计入就业规则。

（三）关于加班费

关于加班费，为了保障支付，需要采取与上述上限规制同等或更为严格的劳动时间管理方式。但是，每天把握在其他雇主手下的劳动时间，对于雇主来说非常难以实现，结果可能导致实务层面对违法状态长期搁置，从而损害《劳动基准法》的权威性。劳工也在其他雇主手下从事劳动的，如沿用现行规制，合计劳动时间而规定加班费支付义务，则无法达到抑制加班的目的。鉴于上述情况，立法者提出以下选项。

第一，以劳工自主申报为前提，设计容易合计并支付加班费，且对于抑制加班也较为有效的方法（例如，仅对雇主能够预见的在其他雇主手下的周或月单位所定劳动时间进行合计，规定加班费支付义务)。

在现行制度下，根据合同签订先后关系和所定外劳动时间的实际发生顺序决定加班费的支付，因此会受到在其他企业的劳动时间的影响。但因为每天把握在其他企业的实际劳动时间存在困难，所以应设计不受合同签订先后关系或所定外劳动时间的实际发生顺序的影响，且存在预测可能性的制度。上述场合，例如仅以通过劳工的自主申报而把握到的在其他企业的所定劳动时间为准，与在本企业的所定劳动时间进行合计；关于加班费的支付，仅以本企业的所定外劳动时间为对象，则能提高雇主的预测可能性。上述场合，加班费支付义务的前提，是在本企业的劳动时间和其他企业所定劳动时间合计超过法定劳动时间。另外，例如不是以天为单位，而是通过判定是否超过周单位的法定劳动时间而支付加班费，实务上将更容易进行统计。上述场合，在本企业从事的所定外劳动时间的变动将影响到本企业支付加班费的金额，加班费的加班抑制功能将更为显著。

与此同时，在多样的工作方式之中，也存在所定劳动时间每天变化的劳工，其实务上的劳动时间统计工作并不会得到减轻。另外，为了控制加班费，将本企业的所定劳动时间规定较长的可能性也是存在的。

第二，各个雇主只有超过法定劳动时间时才有义务支付加班费。如各个雇主仅就法定外劳动时间承担加班费支付义务，则可以提高预测可能性，并减轻劳动时间管理的复杂性。因为只需要考虑劳工在本企业的劳动时间，以加班费抑制加班的做法也更容易发挥作用。

与此同时，上述场合，会对现行解释做出变更，为了保障对劳工的保护，需要对包括上限规制和劳工健康确保措施在内的所有措施进行相应修订。

此外，与在其他雇主手下工作的场合不同，和同一雇主签订复数不同的劳动合同，以及在同一雇主的复数职场工作，实质上视为为同一雇主劳动的，为了阻止其对法律的规避，有必要合计其劳动时间，基于合计时间而规定加班费支付。

(四) 关于在其他雇主手下的劳动时间把握方法

无论采取上述何种方式，关于在其他雇主手下的劳动时间把握，考虑到劳工的隐私，人事管理的实际操作可能性，无疑应以劳工自主申报的方式作为原则。但是，获得劳工的同意，可以与雇主自主进行协商的，法律不应禁止。

(五) 其他

关于副业兼职，高收入阶层能够因此获得仅在企业内部无法获取的经验，促进生产力的提升和创新；低收入阶层则主要出于增加收入的目的而从事。

关于上述阶层的区别，实际难以做出明确的划分。

另外，从事副业兼职的形态不仅有劳动关系，还有非劳动关系。本职和副业兼职都是劳动关系的，可能在雇主的指挥命令下不得不加班，有必要对其适用劳动法进行保护。但是，如果为了保护劳动关系下的副业兼职而对其进行过分严格的规制，则可能使得劳工难以从事副业兼职，企业也将不会雇佣从事副业兼职之人，副业兼职的非劳动关系化将不断深入，反而造成劳动法制无法充分覆盖的情况，使得以增加收入为目的而从事副业兼职之人蒙受不利。对于相关规制的力度，要进行慎重把握。

五、我国平台经济背景下的理论适用及探讨

在平台经济相关从业形态蓬勃发展的情况下，我国从事副业兼职的主要形态也转向了平台用工为主（如上下班跑顺风车等）。笔者认为，在探讨我国副业兼职相关的劳动时间规制之际，先需理清下列三个前提。

第一，从业者和平台运营方之间是否存在劳动关系。在我国，随着平台经济从业者数量逐年猛增，其劳动条件过低，劳动时间过长的问题已引起社会广泛关注，政府在工伤处理等具体问题上也出台了一系列措施。但是，作为讨论劳动时间规制的大前提，平台经济从业者与平台运营方之间是否应认定劳动关系这一问题尚未得到解决。究其原因，笔者认为主要基于以下两点。

首先，我国《劳动法》及《劳动合同法》中欠缺对于“劳工”或“劳动关系”概念的法律定义及详细认定标准。关于被普遍视为劳动关系认定及从属性判断理论根本依据的《关于确立劳动关系有关事项的通知》（劳社部发〔2005〕12号）（以下简称“通知”），其适用范围仅限于“未订立书面劳动合同”的情形，且认定标准过于笼统，作为部门规章，层级也不够高，无法全面解决实务中发生的错综复杂的问题。特别是在劳动关系判断应以书面合同规定为准，还是以实际从业形态为准的问题上，如果按照国际主流的“实际从业形态基准判断说”，则无论有无签订书面劳动合同，无论书面合同以何种名义签订（劳动合同、承揽合同或其他），均应就从业者的实际从业形态进行判断，如符合“劳动关系”的定义及判断标准，则认定其为劳动关系；如果不符合，则否定其劳动关系属性，不会因未签订书面合同而诞生“事实劳动关系”的说法。同时，假使存在比“劳动关系”更为广泛的“雇佣关系”概念，设置这一概念的主要目的也不在于涵盖未签订书面劳动合同而实际从业形态与劳工并无区别的从业者，而是覆盖更多实际从业形态不完全符合劳工定义，但在部分领域需要对其施行高于民法基准之保护的人群。反观通知，

因其前提条件即为“未订立书面劳动合同”，所以其适用终究是以“尊重合同书面内容”为前提的，这一思路与上述“实际从业形态基准判断说”不符，且无法作为“事实认定高于书面合同”这一判断的理论依据而运用。

其次，具体到平台用工问题，平台运营方经常主张其不存在“指挥监督之事实”：平台从业者关于具体劳动时间和地点有自由选择权，其业务水平的保障和业务流程的设计更多依靠终端用户的打分及“大数据”管理。更为根本的是，部分平台方在争夺市场份额，培养用户习惯的初期阶段仅依靠第三方投资维持运营，不通过从业人员的劳务给付过程本身获利。[①] 如此一来，对于既不存在指挥监督之事实，又不从平台从业者的劳务给付具体过程中盈利的平台运营方，要在理论上认定其与从业者之间的劳动关系，可谓难上加难。

第二，我国劳动时间规制处于“老问题尚未解决，新问题又生”，且新老问题复杂交错的局面。关于劳动时间的相关探讨，我国的探讨焦点在于实际劳动时间是否超过“法定劳动时间”规定框架的上限，关于劳资双方可以在劳动合同中自主设定的“所定劳动时间”的探讨则少之又少。因此，虽然平台多与从业者签订作为格式条款的“服务合同”，但由服务合同的具体内容认定平台从业者之所定劳动时间长度的相关讨论极为少见。同时，在何种“指挥监督”的强度下才能计入劳动时间，待机时间是否应计入劳动时间等传统问题上，也还没有明确的答案。在传统问题尚未解决的上述背景下，平台经济从业者受到指挥监督之强度难以认定，平台方的指挥监督强度难以认定，开启 App 等待派单过程等的等待时间之性质亦难以认定，从而加剧了劳动时长认定的难度。

第三，兼职从事平台经济的从业者是否具有需要保护性。日本政府之所以提倡从事兼职副业，推进平台经济的发展，其根本目的在于以从事兼职副业的方式最大程度地活用现有劳动力，从而应对日益突出的劳动力短缺问题。而在我国，大量从事平台经济之从业者将其作为自己的本职工作。相对的，关于兼职形态的平台经济从业者是否需要劳动法的保护，其判断本身存在着广泛的争论。

此外，据笔者在国内调研所知，（至少在某一时期）国内网约车司机普遍存在同时登录多个平台接单，以领取复数平台的“流水保底”的现象。在这一情况下，接单前及因抢单而发生交通事故的，应以何种形式给予保护，各个登录平台间的责任又应如何分配，均是传统劳动法理论中未曾探讨过的。有别于传统的“本职＋兼职”的模式，笔者认为，同时为复数平台提供劳务

---

① 参见“达达快送”的运营模式及裁判文书网相关判例。

的从业方式可谓“复数平台平行从业”模式。

在理清上述前提问题的基础上，我国如确定应对副业兼职者的总劳动时间进行规制，并提供一定的劳动安全卫生保护，则上述日本的相关规制会对我国平台经济背景下的劳动时间规制产生借鉴意义。

在笔者看来，前述日本副业兼职劳动时间规制要解决的，主要是以下三个问题。

第一，劳工本人如无申报义务，则雇主难以了解劳工在其他雇主处的劳动时间，亦无法掌握劳工的合计劳动时间。但若强制劳工申报其在其他雇主处的劳动时间，则容易产生雇佣歧视与侵犯劳工个人隐私等问题。

第二，关于劳工的加班费及职业健康保护问题，劳工从事副业兼职的，必然会因此产生额外的管理费用。这部分额外费用应由何方雇主负担，在某一雇主不知情的情况下其是否有义务负担。

第三，如相关法律法规给雇主增加过多人工成本，或使得人事管理变得复杂且不具有操作性，则会产生法律法规与实务操作相脱节的问题，危害法律的权威性，且会导致雇主采取对策，限制劳工从事副业兼职或在复数平台从业。

关于上述问题，日本立法者的基本思路是以劳工自主申报为原则，如劳工不申报，或未如实申报，则雇主不承担相关法律义务。关于合计劳动时间及加班费等的计算，则应采取方便实务操作的方式，力图避免法律法规与实务处理相脱节。

与此同时，结合我国实际情况和平台经济的特点，笔者认为，上述问题在我国存在新的解决思路。由于平台经济的突出特点是大数据和人工智能管理，从业者的具体从业情况在各个平台数据库中均有保存。如能就上述数据的公开或平台企业间交换作出规定，则各个平台运营方将能轻易把握其平台下从业者的合计劳动时间，从而就其总劳动时间作出必要限制或采取相应措施。但同时，这一方法会极大侵害平台从业者的隐私，且从平台运营方的角度来说，就从业者劳动时间进行把握及限制，会使法院倾向于认定其存在指挥监督的事实，进而认定其与平台从业者之间存在劳动关系。因此，实务上平台运营方想必会尽量避免对从业者在本平台的劳动时间作出直接限制。在这一情形下，如何构筑实务上可行的操作方法，平衡当事人的权益，在不损及平台就业灵活性和各方当事人的积极性的基础上保护从业者免于劳动时间过长的风险，是我国立法者应考虑的主要课题。

新时代劳动者休息权视野下的假日制度研究①

惠大帅*

目次

［摘要］ 劳动者的休息休假不仅是法定权利，也是基本人权的重要内容。合理的休息休假不仅有益于劳动者的身心健康，还有助于提高劳动生产效率，推动社会经济的发展。新中国建立伊始便确立了假日制度，其间经历了数次修正，现行的假日制度对保障劳动者合法权益，促进生产产生了积极作用。同时，随着我国经济的迅速发展，当前的法定假日制度凸显出法律制度冗杂、部分法规陈旧落后、法律施行等方面的不足，个别假日制度有待进一步修正。如探亲假制度已不适应我国现代社会的发展，带薪年休假制度落实尚未到位，产假假期各地差异巨大等问题都有待进一步修正。一个科学、理性的假日制度能够在我国建立共享型经济社会中发挥其独特的作用。

［关键词］ 休息权 假日制度 假日经济 带薪年休假

2017年党的十九大明确提出要“建设知识型、技能型、创新型劳动者大军，弘扬劳模精神和工匠精神”，这无疑是在新时代对广大劳动者提出了更高的要求。而建立“知识型、技能型、创新型”劳动者的前提就是劳动者要有一定的自由时间来提升劳动技能和个人价值。而近年来，我国假日制度虽经数次调整取得一定的成效，但仍有部分问题尚待解决。如“黄金周”交通拥堵，景区物价上涨、人满为患；劳动者带薪年休假制度并未得到较好的贯彻落实；探亲假名存实亡，这些都是我国假日制度存在的弊病。当前，社会各

* 惠大帅，法学博士，首都经济贸易大学劳动经济学院博士后研究人员。

① 收稿时间：2019年12月。

界对我国假日制度十分关注，很多问题有待进一步深入研究。

一、假日制度的历史沿革

劳动法视域内的假日制度是由劳动权衍生出来的，系休息权的下位概念，属于劳动休息权的重要组成部分。[①] 古希腊先哲亚里士多德（Aristotle 公元前384—前322）对人类休息权就有过论述："人类天赋具有求取勤劳服务同时又愿获得安闲的优良本性；这里我们当再一次重复确认我们全部生活的目的应该是操持闲暇！勤劳和闲暇的确都是必需的；但这也是确实的，闲暇比勤劳更为高尚，而人生所以不惜繁忙，其目的正是在获致闲暇。"[②]

新中国成立以后，政务院于1949年12月23日颁布了《全国年节及纪念日放假办法》，将我国假日大体分为三类：一是全民假日，包括元旦1天假，春节3天假，劳动节1天假，国庆节2天假；二是部分民众享有的半天假，如妇女节、青年节、儿童节等；三是少数民族地区可根据少数民族习惯规定放假日期，构建了我国假日制度的基本体系。[③] 1994年颁布的《劳动法》第40条规定："用人单位在下列节日期间应当安排劳动者休息休假：（一）元旦；（二）春节；（三）国际劳动节；（四）国庆节；（五）法律、法规规定的其他休假节日。"此次立法规定没有规定具体休息时间，事实上也为日后修法留下了战略空间。1995年《国务院关于职工工作时间的规定》中正式确定了我国公共休息日每周延长至两天，也就是现在的每周六、周日休息，至此双休日正式纳入了国家法律体系。1999年（新中国成立50周年），为应对东南亚经济危机，第一次修正《全国年节及纪念日放假办法》并与《国务院关于职工工作时间的规定》合并，形成了春节、"五一"、"十一"各放3天假，与前后两个周末通过调休而合并成"7天长假"，也就出现了每年3个黄金周，以此来促进经济发展。[④] 劳动者每年的法定假日也由1949年的7天，增加到了1999年的10天。随着我国经济社会的高速发展，原来的假日制度所存在的问题逐渐暴露出来，于是国务院在2008年对《全国年节及纪念日放假办法》进行了第二次修正。此次修正的基本原则就是本着适应当时的经济发展需要，弘扬中华传统文化，以及尽量让全体民众共享经济社会发展成果的原则来修

① 参见黄越钦主编：《劳动法新论》，226页，北京，中国政法大学出版社，2003。

② ［古希腊］亚里士多德著，颜一译：《政治学》，416页，北京，中国人民大学出版社，2003。

③ 参见郑尚远：《中国法定假日、假期理性的法律规制》，载《云南大学学报（法学版）》，2010年第3期。

④ 参见林嘉主编：《劳动法的原理、体系与问题》，317页，北京，法律出版社，2016。

正：将劳动节原3天假改为1天，取消“五一黄金周”，保留了春节与“十一”国庆长假；增加清明节1天假，端午节1天假，中秋节1天假；至此，我国法定假日变为11天。2008年1月1日《职工带薪年休假条例》开始实施，明确规定了职工带薪年休假的具体制度。① 2013年，第三次修正的《全国年节及纪念日放假办法》将春节改为放假3天（即农历正月初一、初二、初三），自此基本形成了我国目前的休息休假制度。随着我国经济、社会形势的新发展，为刺激消费，2015年8月11日，国务院发布的《关于进一步促进旅游投资和消费的若干意见》提出，在有条件的地区和单位可调整夏季作息安排，试行每周2.5天的休息制度。

二、我国现行假日制度的法理透视

我国假日制度确立于20世纪50年代，国家以宪法的形式确立了保护劳动者休息权制度后，劳动法及其他相关法律法规对假日制度做了进一步的具体规定。

（一）宪法层面

劳动者休息休假是受宪法保护的权利。让劳动者休息绝不仅仅是出于劳动力的再生产和生产效率考虑，而是“为劳动者人格发展以及家庭生活、社会生活之必要”②。我国历来重视对劳动者休息休假权的保护，1954年新中国第一部社会主义《宪法》第三章专门规定了“公民的基本权利与义务”，其中主要内容就有劳动权与休息权。1978年《宪法》第49条进一步规定了劳动时间与休假制度，并扩充劳动法休息与休养的物质条件，从而更好地保证公民能够享受这一权利。我国现行《宪法》第43条③同样明确赋予公民休息的权利。可见，假日制度源自劳动者的宪法休息权，虽然学界尚未对休息权形成统一的概念，但通过各自不同的表述还是能够达成一定共识。学界普遍认为，劳动者的休息休假即休息时间，是劳动者在国家规定的法定工作时间以外自行支配的时间。例如，黎建飞教授认为：“休息权是指劳动者在劳动中经过一定的体力和脑力消耗以后，依法享有的获得恢复体力、脑力以及用于娱乐和

---

① 《职工带薪年休假条例》第3条规定：“职工累计工作已满1年不满10年的，年休假5天；已满10年不满20年的，年休假10天；已满20年的，年休假15天。国家法定休假日、休息日不计入年休假的假期。”

② 黄越钦主编：《劳动法新论》，235页，北京，中国政法大学出版社，2003。

③ 《宪法》第43条规定：“中华人民共和国劳动者有休息的权利。国家发展劳动者休息和休养的设施，规定职工的工作时间和休假制度。”

自己支配的必要时间的权利。”[①] 韩大元、胡锦光教授则认为：“休息权是指劳动者在行使劳动权的过程中，有保护身体健康，提高劳动效率，根据国家法律和制度的有关规定而享有的休息和休假的权利。”[②] 应当说，宪法中的休息权利规范是对公民休息权利规范的最高效力表达，因此《宪法》第43条的规范意义应是国家对公民休息权的保障义务，而要实现这种保障就要求授权各级立法机关制定相应的法律法规来规范休假制度，从而保障公民的休息权。休息休假制度是实现劳动者休息权的重要保障之一。[③]

人权是宪法权利的基础，宪法权力源于人权，人类根据一定历史时期的实际情况将那些对人类至为紧要的权利由宪法予以规范。[④] 假日制度不仅体现劳动者的休息权，更体现了现代社会保护人权的基本理念。休息休假权是人依据其自然属性以及社会本质所应当享有的权利。[⑤] 现代人权的发展历程可以分为两个阶段：第一代人权发展主要表现为反抗性权利，包括人的人身、财产以及政治方面的权利，如宗教自由、政治自由等。[⑥] 这些基本理念在资产阶级革命胜利后，逐步在各国宪法及一些重要宣言[⑦]中被确立下来。随着社会经济的发展，在西方发达国家逐步兴起了“福利国家”“服务政府”等理念，政府的角色随之发生变化，对个性价值的追求得到众多的支持。人权理论也进一步得到发展，从最初的人身权、财产权扩充到社会权、文化权、劳动者的生存权，这些被称为第二代人权。[⑧] 而劳动者的休息休假权也属于第二代人权的范畴，相比第一代人权保障要求国家充当积极的人权卫士而言，第二代人权更加要求国家在保护人权方面的积极干预及作为。2004年，第十届全国人民代表大会第二次会议将“国家尊重与保障人权”写入宪法，为人权事业的进一步发展奠定了坚实的根本法基础。[⑨] 其中“尊重”体现了国家对公民权利

---

① 黎建飞主编：《劳动法的理论与实践》，256页，北京，中国人民公安大学出版社，2004。

② 胡锦光、韩大元主编：《当代人权保障制度》，59页，北京，中国政法大学出版社，1993。

③ 参见黎建飞主编：《劳动法的理论与实践》，316页，北京，中国人民公安大学出版社，2004。

④ 参见焦洪昌：《“国家尊重和保障人权”的宪法分析》，载《法学家》2004年第3期。

⑤ 《法学词典》对休息权的定义是：“公民的基本权利之一。劳动者为保护身体健康和提高劳动效率而休息和休养的权利。其目的是保证劳动者的疲劳得以解除，体力和精神得以恢复和发展；保证劳动者有条件进行业余进修，不断提高自己的业务水平和文化水平；保证劳动者有一定的时间料理家庭和个人的事务，丰富自己的家庭生活。”《法学词典》编辑委员会：《法学词典》，343页，上海，上海辞书出版社，1989。

⑥ 参见夏勇主编：《人权概念起源——权利的历史哲学》，170页，北京，中国政法大学出版社，2001。

⑦ 美国《独立宣言》写道：“人人生而平等，他们都从造物主那里被赋予了某些不可转让的权利，其中包括生命权、自由权以及追求幸福的权利”；作为历部法国宪法序言的《人权宣言》宣称：“在权利方面，人生来并且自始而终是自由平等的。”

⑧ 参见徐显明：《世界人权的发展与中国人权的进步》，载《中共中央党校学报》，2008年第4期。

⑨ 参见韩大元：《宪法文本中“人权条款”的规范分析》，载《法学家》，2004年第4期。

保持足够的谦抑，不得对公民权利进行侵害；而“保障”则体现了国家需对公民人权的积极作为，从立法、司法、执法层面履行相应的义务。这也印证了古典自然法学派洛克的理论：“人们联合成为国家和置身于政府之下的重大的和主要的目的是保护他们的财产。”① 因此，从宪法文本来看，休息休假权不仅仅是宪法规定的基本权利，更是基本人权的重要组成部分。

（二）劳动法律制度层面

宪法上基本权利都有着从道德权利向法律性权利转化的过程②，我国目前休假制度的渊源主要来自《劳动法》《全国年节及纪念日放假办法》《职工带薪年休假条例》《人口与计划生育法》等几部法律法规。现阶段全国假日基本上可以分成五类：第一类是公众假期，指依公众政策享有的法定假期，包括周末、元旦、春节、“五一”、“十一”等；第二类是带薪年休假，指劳动者工作满一定年限后依法可享有的休假，一般有 5～15 天不等；第三类是福利假期，指员工根据自身情况向单位申请，休假期间单位只需付基本工资即可，如探亲假、婚假、产假等；第四类是个别人群假期，个别行业或个别人群可以适用的假期，如妇女节、儿童节、寒暑假等；第五类是少数民族地区根据各自民族特点制定的特定假期。总的来讲，目前我国的法定休息休假制度基本上形成了“43＋5＋2＋1”的基本格局，即每年 43 个周末双休，5 个小长假，2 个黄金周（十一、春节），1 个带薪年休假（详见下表 1）。其中法定年休假一共 11 天，在全球范围内也属于中等偏上的水平。③

表 1　中国法定假日制度

类别	序号	名称	法律文件及执行时间	内容简介
第一类公众假期	1	周末休息日	《劳动法》1995 年 1 月 1 日起施行。(《国务院办公厅关于进一步促进旅游投资和消费的若干意见》2015 年 8 月 4 日)	星期六与星期日，亦可根据实际情况灵活安排。(部分地区、部分部门试行 2.5 天的休假制度)

① ［英］洛克著，叶启芳，瞿菊农译：《政府论》(下篇)，77 页，北京，商务印书馆，1964。

② 参见［日］阿部照哉著，周宗宪译：《宪法——基本人权编》(下篇)，41 页，北京，中国政法大学出版社，2006。

③ 发达国家和地区的法定假日天数各不相同。例如，美国 9 天，加拿大 8 天，法国 11 天，德国 12 天，西班牙 13 天，瑞士 7 天，澳大利亚 6 天，新西兰 7 天，日本 14 天，新加坡 13 天，奥地利 13 天，比利时 10 天，丹麦 9.5 天，芬兰 12 天，希腊 12 天，爱尔兰 9 天，意大利 11 天，荷兰 8 天，挪威 10 天，葡萄牙 14 天，瑞典 11 天，英国 8 天，中国台湾地区 14 天，中国香港地区 12 天，中国澳门地区 14 天。参见杨劲松：《外国休假制度及其对中国的借鉴》，载《旅游学科》，2006 年第 11 期。

续表

<table>
<tr><th>类别</th><th>序号</th><th>名称</th><th>法律文件及执行时间</th><th>内容简介</th></tr>
<tr><td>第一类公众假期</td><td>2</td><td>法定假日</td><td>国务院《全国年节及纪念日放假办法》，1949 年 12 月 23 日由政务院颁布，2008 年第二次修订，2013 年第三次修订，自 2014 年 1 月 1 日起施行。</td><td>元旦、劳动节、清明节、端午节、中秋节均 1 天假，农历新年和国庆节 3 天假。</td></tr>
<tr><td>第二类带薪年休假</td><td>3</td><td>职工带薪年休假</td><td>国务院《职工带薪年休假条例》，自 2008 年 1 月 1 日起施行。人社部《带薪年休假条例实施办法》于 2008 年 9 月 18 日公布。</td><td>职工累计工作已满 1 年不满 10 年的，年休假 5 天；已满 10 年不满 20 年的，年休假 10 天；已满 20 年的，年休假 15 天。国家法定休假日、休息日不计入年休假的假期。</td></tr>
<tr><td rowspan="5">第三类福利假期</td><td>4</td><td>探亲假</td><td>国务院《关于职工探亲待遇的规定》国发〔1981〕36 号，1981 年 3 月 14 日施行。</td><td>职工探望配偶的，每年给予一方探亲假一次，假期为 30 天。未婚职工探望父母，原则上每年给假一次，假期为 20 天，如果因为工作需要，本单位当年不能给予假期，或者职工自愿两年探亲一次，可以两年给假一次，假期为 45 天。已婚职工探望父母的，每 4 年给假一次 20 天。包括公休假日和法定节日在内。</td></tr>
<tr><td>5</td><td>婚假</td><td rowspan="2">国家劳动总局、财政部《关于国营企业职工请婚丧假和路程假问题的通知》(1980 年 2 月 20 日)。</td><td rowspan="2">职工本人结婚或职工的直系亲属（父母、配偶和子女）死亡时，可以根据具体情况，由本单位行政领导批准，酌情给予一至三天的婚丧假。不在一地工作的，可以根据路程远近，另给予路程假，假期工资照发。(《中华人民共和国人口与计划生育法》第 25 条规定，晚婚晚育可获延长假期，目前各地做法不一，差别较大。)</td></tr>
<tr><td>6</td><td>丧假</td></tr>
<tr><td>7</td><td>产假和护理假</td><td rowspan="2">国务院《女职工劳动保护特别规定》，2012 年 4 月 28 日起施行。</td><td>女职工生育享受 98 天产假，其中产前可以休假 15 天；难产的，增加产假 15 天；生育多胞胎的，每多生育 1 个婴儿，增加产假 15 天。怀孕未满 4 个月流产的，享受 15 天产假；怀孕满 4 个月流产的，享受 42 天产假。</td></tr>
<tr><td>8</td><td>哺乳假</td><td>用人单位在每天的劳动时间内为哺乳期女职工安排 1 小时哺乳时间；生育多胞胎的，每多哺乳 1 个婴儿每天增加 1 小时哺乳时间。女职工每班劳动时间内的两次哺乳时间，可合并使用。哺乳时间和在本单位内哺乳往返途中的时间，算作劳动时间。</td></tr>
</table>

续表

类别	序号	名称	法律文件及执行时间	内容简介
第四类个别人群假期	9	教师寒暑假	《中华人民共和国教师法》自1994年1月1日起施行。	享受国家规定的福利待遇以及寒暑假期的带薪休假。
	10	妇女节、儿童节、等	国务院《全国年节及纪念日放假办法》，1949年12月23日由政务院颁布，2008年第二次修订，2013年第三次修订，自2014年1月1日起施行。	妇女节妇女放假0.5天，青年节14周岁以上的青年放假0.5天，儿童节不满14周岁的少年儿童放假1天，建军纪念日现役军人放假0.5天。
	11	疗养假（保健休假）	化学工业部、原国家劳动总局《关于在化工有毒有害作业工人中 改革工时制度的意见》，1981年6月24日施行；卫生部《放射工作人员职业健康管理办法》，2007年11月1日施行。	有毒有害作业工人，可定期轮流脱离接触一个半月（包括公休假日），脱离期满后仍回原岗位工作；严重有毒有害作业工人，可定期轮流脱离接触两个半月。放射工作人员除国家统一规定的休假外，每年可以享受保健休假2—4周。从事放射工作满20年的在岗放射工作人员，可以由所在单位利用休假时间安排健康疗养。
第五类少数民族地区假期	12	少数民族节假日	有关地方政府根据自身实际情况作出规定。	西藏自治区藏历新年3天、雪顿节3天，宁夏回族自治区开斋节3天、宰牲节2天，新疆维吾尔族肉孜节1天、古尔邦节3天。
其他	13	病假	《企业职工患病或非因工负伤医疗期规定》，1995年1月1日施行。	企业职工因患病或非因工负伤，需要停止工作医疗时，企业应该根据职工本人实际参加工作年限和在本单位工作年限，给予一定的医疗期。
	14	事假、带薪事假	某些地方、企业根据自身实际情况作出的具体规定。	《某省企业工资支付规定》：职工因个人私事而请的假，称为事假。劳动者请事假的，企业可以不支付其事假期间的工资。某企业规定，每年累计不超过10～15天的有薪事假。
	15	育儿假		如某公司规定：女员工育儿假最短1年、最长不得超过2年6个月。

我国劳动者每年总休息时间平均有115天（不包含带薪年休假），占到全

年总天数的31.5%。[①] 其中法定假日11天，在全球法定休假总天数排名中列第11位，而以平均10天来算，我国的带薪休假期限列全球第66名。[②] 这个假日数量虽比不上欧洲部分高福利国家，但在全球也算是中上水平。相较全球来看，我国的法定假日放假天数不算少，但带薪休假却还是略显不足。实际上，“国际劳工组织”（International Labor Organization，ILO）也对工时与假日制度做了相关规定，1957年ILO第106号《工业企业中实行每周休息公约》第6条就对劳动者休息时间作了具体规定，“国家须保证劳动者每周至少休24连续小时”[③]。而1970年的《带酬休假公约》（132号）规定：“年休假时间的长短应该由每一成员国在批准本公约时予以规定，对工作满一年者，最少应给予三周的休假。”[④] 我国目前尚未加入该公约，且我国目前带薪年休假水平尚无法达到该公约的要求。

三、我国假日制度立法及适用中存在的问题

新时代要求对劳动者的基本人权进行更高层次的保护，要保障劳动者休息休假提升个人价值的空间。当前，假日制度设计方面仍受计划经济时代的思维影响，已经不能适应目前国家与社会的市场经济发展。立法上或学界中“统一管理”思想依然占据主流，且立法灵活性不足，没有给予企业与地方足够的空间灵活调整假日制度。现今仍有部分假日制度的法律规定延用的是20世纪80年代的立法规定，这已远远不能适应今天的社会发展需要了。[⑤] 近年来，每到假日虽然从表面上看假日经济欣欣向荣，但实际社会整体负担极重[⑥]，劳动者并未能较好地体会到假日本身所应带来的休息福利，这也有悖于让民众休息的立法本意。

（一）立法主体多元，体系不完善

目前，我国关于假日制度的立法层级还不够高，制度体系也不统一。首

① 参见刘鹏：《一年115天假期会不会只是镜花水月》，见中国劳动保障新闻网，http://www.clssn.com/html1/report/3/4048-1.htm，访问日期：2016年11月20日。

② 参见周云、蔡翠：《我国休假制度回归福利本质的路径选择》，载《商业时代》，2014年第28期。

③ See Reduction of Hours of Work Recommendation，1962（No. 116），at http://www.ilo.org/dyn/normlex/en/f?p=NORMLEXPUB:12100:0::NO:12100:P12100_ILO_CODE:R116，Last visited on November 12，2016.

④ See Holidays with Pay Convention（Revised），1970（NO. 132），at http://www.ilo.org/dyn/normlex/en/f?p=NORMLEXPUB:12100:0::NO:12100:P12100_ILO_CODE:C132，Last visited on November 12，2016.

⑤ 参见许建宇：《职工探亲假制度改革及其立法完善》，载《中国劳动》，2015年第1期。

⑥ 参见蔡继明：《中国假日制度改革的政治经济学分析》，载《学习与探索》，2009年第5期。

先，《宪法》第 43 条与《劳动法》第 3 条都对休假制度作出规定，但都是原则性表述，缺乏详细具体规定。一般具体的规定都是以行政法规、部门规章、地方性法规甚至是以政府的决定命令等形式出现，这就造成假日制度立法缺乏权威性，且可操作性不足，各假日规定之间缺乏科学合理的衔接，甚至会出现竞合的情况。例如，2017 年的中秋节就与国庆节假日重叠、某大型国企在不同省份的产假期限也有巨大差距等情况。而这些情况的出现均是对假日制度"碎片化"管理的结果，各部门对自己范围内的事采用"一事一案"的方式来制定相关政策，必然会造成假日制度在实施中的混乱境况。①

其次，"碎片化"的假日制度不仅会侵害劳动者的平等休息休假权，还会造成地方和企业假日制度施行的困难，尤其会加大企业的人力资源成本。例如，1980 年公布的《关于国营企业职工请婚丧假和路程假问题的通知》中的婚丧假仅有国企职工可以享有，而非国企职工是不适用的；现行《劳动法》第 51 条②虽然也有规定，但只是规定了婚丧假受保护，对婚丧假的主体并未规定，这就造成了劳动者休息休假权的实质不平等。③ 随着后来的国企改制和计划生育政策转变，我国社会经济制度已经取得了翻天覆地的进步，原有的婚丧假制度已经不能适应当下的社会发展。现实中，劳动者还会根据自身情况利用假日之间的间隙交替，如带薪休假、探亲假、事假等交替请假。这必然会加大企业的管理成本，不利于经济的稳定发展。

最后，立法层级不够，假日制度的法律规范缺乏权威性，导致实际执行效果不佳。中国社会科学院曾对 3 353 名从业者进行假日统计，发现在受访者中有 40%的人没有带薪休假，4%的人有带薪休假却不敢休假，18%的人可以带薪休假但自己不能决定时间，能够自由决定带薪休假的仅有 31%。④ 尤其在目前经济下行、企业压力加大的情况下，不少企业大量周末加班且无工资、无调休，这侵害了劳动者的休假权，而劳动者为了保住工作往往会选择"忍气吞声"。

(二) 假日经济负担过重

假日经济的提出最初是为应对 1999 年东南亚经济危机而产生，当时政府

---

① 参见吴勇军：《浅析我国现行休息休假制度》，载《中国劳动》，2014 年第 11 期。

② 《中华人民共和国劳动法》第 51 条规定："劳动者在法定休假日和婚丧假期间以及依法参加社会活动期间，用人单位应当依法支付工资。"

③ 1980 年公布的《关于国营企业职工请婚丧假和路程假问题的通知》规定："职工本人结婚或职工的直系亲属（父母、配偶和子女）死亡时，可以根据具体情况，由本单位行政领导批准，酌情给予一至三天的婚丧假。"这实际只规定了国企职工的婚丧假权利，而对于非国企员工婚丧假制度尚无法律规定。

④ 参见宋瑞：《带薪假期的国际经验与中国现实》，载《中国社会科学院研究生院学报》，2015 年第 7 期。

希望能通过集中商业消费来促进消费从而拉动经济增长。1999年国务院修正《全国年节及纪念日放假办法》，设立"五一""十一""春节"三个长达7日的"黄金周"。客观来讲，"黄金周"的设立确实对经济起到了一定的拉动作用，但与之同时带来的负面影响也不可忽略，交通拥堵、景区物价上涨、到处人满为患，这种假日对劳动者来讲已经不是休息休闲而是负担。① 黄金周的实际意义在经济学界一直争论很大，支持者主要是在旅游行业，长假确实能为旅游业带来颇丰的经济效益，而更多的经济学家则认为这种假日经济带来的只是"供需失衡"、"物价上涨"、"低质服务"和"破坏环境"。从宏观角度看，假日经济只不过是将民众的消费集中到一个短时间内突击消费，而实际消费的总量是不会增长的，这也符合弗里德曼的"永久消费理论"②。"拥堵"在一定程度上反映出的实质是民众对假日休闲的需求，而正是假日的供需不平衡才导致了黄金周各地景点的爆满。

假日经济的背后折射出我国假日制度的灵活性不足，尤其是带薪休假制度没有得到很好的落实，如果有较为灵活合理的假日制度，实际是可以解决黄金周所带来的负面影响的。假日制度应以国民人均收入水平、劳动时间等综合指标为基础进行设计安排，而不是盲目依据部分行业或地域来设计。假日制度最根本的功能是让劳动者在紧张的工作之余得以休息，使劳动者能够张弛有度地更好工作，而非为了放假而休息。就我国现状而言，人均GDP仅占到欧洲的1/20，但假日总量已接近欧洲的90%，须知对整个社会来讲，只有劳动才会真正创造财富，而消费并不直接创造财富。

（三）探亲假名存实亡

我国于1958年开始建立探亲假制度。1981年国务院颁布《关于职工探亲待遇的规定》，成为探亲假的主体规范。探亲假最初就是为了同亲属长期远居两地的职工能够定期探望亲属而设立，然而该制度已施行三十多年有余，其规范的内容已经不再符合今天社会发展之实际。第一，从探亲假存在的目的来看，其是为了保障劳动者能够与长期分居两地的亲属相聚而设立，但我国2007年颁布的《职工带薪休假条例》就能够达成劳动者在假期中与亲属团聚

① 参见黎建飞主编：《劳动法的理论与实践》，317页，北京，中国人民公安大学出版社，2004。

② "永久消费理论"由美国经济学家米尔顿·弗里德曼（M Friedman）提出。该理论认为，消费者的收入主要不是由他的现期收入决定，而是由他的永久收入决定。消费者在某一时期的集中性高额消费必定是未来消费量的一种转移，集中性高额消费并没有提高消费者在整个消费期界内的消费总额，只是一种时间上的转移。即黄金周确实有利于促进居民在黄金周期间的旅游及其他消费，但这些被提前透支的消费必定会相应地减少消费者在此后的旅游及其他消费计划，从全年范围内来看，总体消费量并不因集中性休假制度的存在而增加，二者没有必然因果关系。参见曾广福：《西方消费理论评述》，载《学术界》，2006年第4期。

的目的，探亲假的目的价值已经可以被取代。第二，从探亲假的内容来看，是否与配偶、父母居住实际上属于职工私人生活空间的范畴，现代人权发展到今天，企业、单位是没必要探究员工该部分私人生活空间的。第三，从探亲假主体来看，探亲假的适用主体主要是公务员、事业单位及全民所有制企业工作人员，而非公有制企业员工则无法享受。这种区分不仅违反公平原则，也有悖于当下我们建设和谐社会与发展成果由人民共享的理念。[①] 第四，从探亲假的成本来看，平均 30 天的假期，不仅给企业带来了极大的成本压力，而且会造成企业人力资源的缺位，影响企业的正常生产经营、阻碍经济的顺利发展。而且，现代的年轻职工往往不知道有探亲假的存在，即便知道，由于奖金、业务能力、职位等因素也不敢请如此之长的假期。这就导致了目前探亲假形同虚设，现实中已经没有存在的意义了，因此，摆在眼前更好的选择是在更好地完善带薪休假制度的前提下，适时取消探亲假。

（四）产假标准不一

我国的产假制度主要是在 2012 年《女职工劳动保护特别规定》第 2 条、第 7 条和第 8 条进行规定的。为了应对人口老龄化问题，2015 年 12 月，第十二届全国人民代表大会常务委员会通过了《中华人民共和国人口与计划生育法》修正（下称《修正案》），规定自 2016 年起，全国统一实施“全面二孩”政策。《修正案》第 25 条规定，符合条件的夫妻，可以获得延长生育假的奖励或者其他福利待遇；第 29 条规定，各地方自行确定延长生育假。于是，各地政府纷纷调整产假以更好地实施“全面二孩”政策。目前，各省普遍的做法是取消晚婚假，将原有的晚婚假并入产假中，这样就将《女职工劳动保护特别规定》中的产假 98 天延长至 128～158 天，这远超国际劳工组织《生育保护公约》中所规定的不少于 14 周的产假期限。由于产假的休假期比较长，实践中甚至出现了有的企业部门女性全部放产假而无人工作的现象。另外，新的产假制度进一步加剧了女性就业的隐性歧视，大量企业认为招聘女性员工会给企业劳动力成本带来压力。由于各地产假政策缺乏统一的标准，前后相差至少 30 天的假期，各地政府没有相关说明制定产假的标准与程序，这引起不少专家学者的质疑。关于产假待遇标准的确定尚未有详细的规定，各地也是标准不一。

（五）带薪年休假落实不到位

带薪年休假制度是由法国率先提出的。1936 年，法国左翼人民阵线政府

① 参见《中共中央关于制定国民经济和社会发展第十三个五年规划的建议》，载人民网 http://cpc.people.com.cn/n/2015/1104/c64387-27773659.html，访问日期：2019 年 11 月 30 日。

在国民议会中提出让劳动者每年享受 2 周的带薪年休假，并在法律上予以确认。[①] 该制度既提高了市场购买力，又提高了劳动生产率，成为劳资政三方受益的制度典范，被世界各国广泛吸收借鉴，变成劳动者一项基本的权利。[②] 1994 年 7 月全国人大常委会制定的《劳动法》明确规定了劳动者带薪年休假的权利，2007 年 8 月国务院又公布了《职工带薪年休假条例》（下称《条例》），明确在制度上对全体职工的年休假予以保障。虽然《劳动法》和《条例》都规定了劳动者的带薪年休假制度，但实践中带薪年休假制度却迟迟得不到很好的落实，据 2011 年全国总工会的调查显示，能享受带薪年休假的劳动者比例不足 50%，因此带薪年休假被人们戏称为“纸上的权利”[③]。带薪年休假在一些实施细节上也存在一些问题，有待立法的进一步完善。例如，对《条例》第 5 条是否可以理解为企业对劳动者带薪年休假的赎买，劳动者休假期间是否可以从事经营性活动等。

全球大概半数国家的带薪年休假在 20 天以上，不足 10 天的仅占 10%，我国年休假仅有 5～15 天，休假天数显然是达不到国际普遍标准的。[④] 随着经济下行压力的加大，国家希望通过带薪年休假的施行带动旅游业的发展，使之成为经济发展的一个新增长点。2014 年，国务院印发的《关于促进旅游业改革发展的若干意见》提到，“到 2020 年境内旅游总消费额达到 5.5 万亿元，旅游业增加值占国内生产总值（GDP）的比重超过 5%”，要求各地政府将带薪年休假制度纳入各地政府议事日程，推动机关、企事业单位尽快落实好职工带薪年休假制度，以促进旅游业的改革与发展。[⑤] 2015 年，党中央、国务院至少 5 次公开强调要落实带薪年休假制度，一些地方政府也开始出台相关细则，进一步加大劳动者带薪年休假的落实力度。[⑥]

---

① 参见卢长银：《休假权与社会整体发展休戚相关》，载《工友》，2013 年第 12 期。

② 参见郑爱青：《法国带薪年休假制度及启示》，载《比较法研究》，2014 年第 6 期。

③ 陈郁：《一项必须遵循的劳动基准》，载《经济日报》，2013 年 2 月 18 日，第 13 版。

④ See Working Time in the Twenty-first Century: Discussion Report for the Tripartite Meeting of Experts on Working-time Arrangements 2011，17 - 21october 2011/International Labour Office，Geneva，ILO，2011. at http://www.ilo.org/travail/whatwedo/publications/WCMS_161734/lang—en/index.htm，Last visited on November 17，2016 .

⑤ 参见《关于促进旅游业改革发展的若干意见》（国发〔2014〕31 号），见中国政府网，http://www.gov.cn/zhengce/content/2014-08/21/content_8999.htm，访问日期：2019 年 11 月 17 日。

⑥ 2015 年 6 月，北京市发布《贯彻落实〈国民旅游休闲纲要（2013—2020 年）〉实施意见》（京政办发〔2015〕23 号），明确鼓励用人单位引导职工灵活安排全年休假时间，切实保障其休闲权利。

四、完善我国假日制度的建议

劳动者假日制度的完善既关系到我国劳动者的身心健康，又关系到社会经济的稳定运行和人权的发展。现行假日制度尚存诸多不合理因素，改革是必然的发展趋势。未来假日制度的修改应当从以下几方面考虑。

（一）政治层面

国家应承担劳动者休息休假权保护的义务。国家对劳动者休息休假权的保护首先表现为立法义务，我国《宪法》和《劳动法》均有关于休息休假权的体现，但立法机关不仅应承担立法的义务，还应承担完善的义务。由于宪法的总括性，不可能事无巨细都要求宪法作出具体规定，因此立法机关就应当承担起宪法委托职责。[①] 休息休假权，其本质是劳动权所派生出来的产物，完全放任劳资协商会使劳动者陷入权益受侵害的危险境地，所以，在劳动法范畴内对休息休假制度作出统一的法律规定更为合理：一方面有利于国家从宏观上统一把握休息休假的尺度，有利于提高休息休假制度的合法性与科学性；另一方面也有利于各地方、各行业在现实生活中更好地落实劳动者的休息休假制度，提高法律的权威性与执行力。

（二）经济层面

从经济发展角度看，需完善带薪年休假制度以扩大旅游消费在经济发展中的作用。目前我国仅有约40％的劳动者能够享受到带薪年休假，旅游消费的潜力巨大，这40％的劳动者主要集中在国企和事业单位，大量民营企业劳动者实际是享受不到带薪年休假的。要促进假日经济：首先，应完善带薪年休假的实施细则，进一步明确规定年休假中工资待遇、适用条件等相关规定，提高法律的可操作性，加大带薪年休假的保护力度，保障劳动者带薪年休假得到更好的落实。其次，在民营企业的一线劳动者中，有部分年轻人还是希望能够享受到带薪年休假以获取更多的身心放松；另一部分中年劳动者则更多地从经济层面考虑，为了获得更多的工资，而不愿休年休假。对于此种现实情况，带薪年休假应适度放宽灵活性，在国家统一规定的情况下，在“放与不放”“放多放少”间给予各地方、各行业一定的自治权，从而满足不同人群的现实需求。最后，我国带薪年休假时间是5～15天，相比国际劳工组织规定的21天要短，所以，不妨在有条件的地区和行业，适当增加部分有需求

① 宪法委托是指宪法在其条文内，仅为原则性规定，而委托其他国家机关（尤其是立法者）以特定、细节性的行为来贯彻。参见陈新民主编：《德国公法学理论基础》（上），198页，北京，法律出版社，2010。

人群的带薪年休假长度，这既能体现国家对劳动者休息休假权的尊重，又能达到刺激旅游消费的目的。

目前，越来越多的企业意识到给劳动者休假的重要性，如温州某著名制鞋厂就发现，员工休假后劳动生产率较平时有明显提升，这恰恰验证了Lyng[①]的“边缘运动”理论，深度的闲暇活动能够使劳动者得到极大放松，从而提高工作效率，改善人们的生活质量。[②]所以，细化带薪年休假制度，普及带薪年休假不仅能够促进旅游消费，满足经济增长的需要，还能够提高劳动者的劳动生产率，从根本上增加社会财富。

（三）社会层面

从社会发展进程来看，最需要保护其休息休假权的就是一线的生产工人，而这些人较多集中在劳动密集型企业，这就需要企业承担应有的社会责任。越来越多的企业认识到在经济全球化的环境下，承担社会责任是企业发展不可或缺的重要组成部分。例如，1996年耐克公司的“童工事件”和2003年“东南亚代工工厂严重侵犯工人权益事件”在国际社会引起极大的反响，同时也给耐克公司造成不小的损失。此后，SA8000[③]社会责任国际标准体系得到普遍认可，各大企业开始注重劳动者人权保护，并对各代工厂进行社会责任审查，不符合标准的工厂是不可能得到订单的。企业社会责任实际上已经成为外贸企业“私”的贸易壁垒。随着我国企业参与国际贸易愈加深入，大量的外贸企业在接单的时候，会被国外发包方要求进行社会责任审查，很重要的方面就是看企业有没有遵守劳动法，保护劳动者的基本人权。而审查标准在早些年是遵守国外的劳动法，近年来由于我国劳动法立法的进步，大量外国发包方企业直接要求以中国劳动法为审查标准，也间接证明了我国劳动法立法的成熟。

我国作为制造业大国，尤其是以出口为导向的制造型贸易大国[④]，由外部国际经济社会带动国内出口企业保护工人的权益，能够更好地促使企业主动提高保护工人休息休假权的意识。由于劳动力资源在市场是自由流动的，外

① See Lyng S, “Edgework: A Social Psychological Analysis of Voluntary Risk-taking”, *American Journal of Sociology*, vol. 94, no. 4, (990), 851-886.

② See Shilling C, “Physical Capital and Situated Action: A New Direction for Corporeal Sociology”, *British Journal of Sociology of Education*, vol. 24, no. 4, (2004), 473-487.

③ “SA8000”是Social Accountability 8000 International standard的英文简称，是由美国的社会责任国际（SAI）发起并联合欧美部分跨国公司和其他一些国际组织共同制定的社会责任标准，总部设在美国。它是全球首个道德规范国际标准，其宗旨是确保供应商所供应的产品，皆符合社会责任标准的要求，现行的版本是SA8000：2008。参见钱箭星、肖巍：《社会责任标准（SA8000）与劳动者维权》，载《复旦学报》（社会科学版），2005年第4期。

④ 参见胡立法：《当下中国出口导向战略的可持续性》，载《世界经济研究》，2011年第8期。

贸企业率先做到更好地保护劳动者权益会更多地吸引劳动力资源，这必将带动内部市场其他行业相应提高劳动者保护力度来保证自己企业人力资源的吸引力。这就可以在微观层面形成一个由企业内部自发提高劳动者保护力度，带动外部社会整体提高劳动者保护力度的良性循环，充分发挥市场经济自我调节的作用，有效提升我国劳动者权益保护的效率。

综上分析，新时代下就我国政治、经济、社会发展现状整体而言，现行假日制度对拉动经济、调整人民生活方式发挥了巨大作用，但同时也带来了不少问题，进一步完善假日制度不仅有必要性还具有现实的紧迫性。党的十八届五中全会也提到了“创新、协调、绿色、开放、共享”的发展理念，主要内容就是要不断推进理论创新、制度创新，坚持发展为了人民，使全体人民在共同努力下，共同分享社会发展成果。假日制度既关系到国家经济的承载能力，又关系到劳动者的切身利益。我国假日制度问题并不局限于某个行业或某个区域，其核心是要研究分析不同层面劳动者的社会分配正义。解决假日制度中出现的问题要从我国劳动者假日制度的整体出发，科学、合理地协调劳动者休息休假权与社会整体利益。所以，在统一假日立法权的前提下，根据现实情况在一定范围内给予各地区适度的法律适用空间，取消探亲假，延长婚丧假，完善产假、带薪休假将是社会发展的必然选择。

域外法学

国际和欧洲背景下的罢工权限制[*][①]

［芬］乌拉·刘昆[**] 著　李海明[***] 译

目次

一、引　言

近年来，国际上对罢工权的法律框架越来越感兴趣。欧盟则见证了其区域性的规制发展，并由两个权威的欧洲法院，即欧盟法院（CJEU）和欧洲人权法院（ECHR），扮演着重要角色，呈现出欧洲立法者的不同以及明显异化的路径。而这种差异也昭示着欧盟（EU）法和《欧洲人权公约》（ECHR）之间的某种紧张。[②] 尽管在欧盟层面上日益强调基本劳动权利，但是欧盟法已开始在一定条件下限制罢工权。相反，对《欧洲人权公约》的理解却朝着另一个方向发展，并通过在公约中制定规范来强化罢工权的地位。

* 原题 The Right to Strike in the International and European Context—Viking, Laval and Beyond。原载 Jürgen Basedow, Chen Su, Matteo Fornasier and Ulla Liukkunen eds., Employee Participation and Collective Bargaining in Europe and China, Tübingen: Mohr Siebeck, 2016, pp. 129-146。

** 乌拉·刘昆（Ulla Susanna Liukkunen），芬兰赫尔辛基大学劳动法和国际私法学教授、芬兰中国法与中国法律文化中心主任。

*** 李海明，法学博士，中央财经大学法学院副教授。

① 收稿时间：2019 年 12 月。

② European Convention for the Protection of Human Rights and Fundamental Freedoms, as amended by Protocols Nos. 11 and 14 and supplemented by Protocols Nos. 1, 4, 6, 7, 12 and 13, 4 November 1950, ETS No. 5.

欧盟法院在“维京案”[①] 和“拉瓦尔案”[②] 的判决中反对罢工权，并认为罢工权侵犯了欧盟内部市场法的基本经济自由。在这些判例中，欧盟法院反对罢工权，支持欧盟的基本经济自由。其认为基本经济自由优先于罢工权。这些判决引起了巨大的争议，其焦点是如何评估这些在特定条件下对罢工权的限制，以及其对国际人权标准中罢工权的影响。

本文旨在更广的产业行动权上探究罢工权的国际管制，并特别关注欧洲的最近发展以及欧洲整合中经济之维和社会之维的相关失衡。同时审视欧洲人权法院和欧盟的不同路径，分析欧洲框架下的罢工权。本文从国际管制的基本原则着手分析。在很大程度上，这是各国对罢工权及其限制有不同管制路径的前提。如本书（注：本文收录于《中欧员工参与与集体谈判》）所讨论到的，欧洲各国对罢工权或罢工自由（爱尔兰和英国的称谓）的管制模式有所不同。而对这些不同在很大程度上是从国内产业关系制度的具体特征，以及其特殊的历史、政治和社会经济背景来解释的。[③]

二、国际管制与罢工权

在全球经济中，国际劳工标准在保护基本劳动权利上起着决定性作用。在全球化时代，由于多国公司和其他多国经济组织日益强大，而劳资却日益失衡，国际劳工标准与基本劳动权保护之间的相关性受到了重视。人们已经逐渐认识到了基本劳动权对经济全球化负面影响的反作用力，尤其是工人跨境集体行动的可能性。

国际人权文件设定了罢工权的国际法律框架，以在国家层面上确保尊重这一人权。一般认为，罢工权与组织参与工会权、集体谈判权一起构成了集体劳动权的核心。这些权利的集体性是其有效运行的基础，但也非常强调基本劳动权之间的互相依赖。理解国际劳动法制度需要理解结社自由原则的核心重要性，其是国际劳工组织（ILO）的基本原则之一。国际劳工组织强调并指出，劳动力市场主体必须遵守一些基本价值。这些价值包括人的尊严和雇员独立，并通过集体劳动权表现在工作场所。与此非常相关的一个概念是组织参与工会的权利。

---

① *European Court of Justice*（ECJ）11. 12. 2007- C-438/05-International Transport Workers' Federation and Finnish Seamen's Union/Viking Line ABP and Oü Viking Line Eesti.

② ECJ 18. 12. 2007-C-341/05-Laval un Partneri Ltd. /. Svenska Byggnadsarbetareförbundet, Svenska Byggnadsarbetareförbundets avdelning 1, Byggettan and Svenska Elektrikerförbundet.

③ See Bernd Waas, Collective Labour Conflicts in Europe, in this Volume, 147 et seq.

根据《世界人权宣言》第23条，任何人都有权组织参与工会以保护其利益。该权利首先在国际劳动组织的标准中得到承认，而后在两个联合国公约中得到承认，即1996年的《公民权利和政治权利国际公约》（ICCPR）[①] 和《经济、社会和文化权利国际公约》（ICESCR）。[②] 根据《公民权利和政治权利国际公约》第22条，任何人都有权与他人自由结社，包括有权组织参与工会以保护其利益。而对该权利的限制仅允限于在民主社会中为了国家或公共安全，公共秩序，保护公共健康和道德，保护其他权利和自由而必需的法律规定。[③] 公约保障结社自由的权利，但并不含有罢工权的规定。在J. B. etal. v Canada案中，人权委员会（HRC）认为公约第22条不涉及罢工权。[④]

《经济、社会和文化权利国际公约》第8条则明确规定了罢工权，即任何人都有权罢工，保证依据国内立法行使罢工权。该公约允许在军队、警察、政府行政中限制罢工权。公约中的权利都受限于第4条，据此国内可有如下限制：

本公约缔约各国承认，在对各国依据本公约而规定的这些权利的享有方面，国家对此等权利只能加以同这些权利的性质不相违背而且只是为了促进民主社会中的总福利的目的的法律所确定的限制。

在对公约缔约各国的观察结论中，联合国经济、社会和文化权利委员会（CESCR）目前只提供了罢工权范围的一般概要，包括条文以及所允许的限制。委员会尚未对第8条进行一般性的评释。[⑤] 但是，需要注意的是，国内立法不可随意限制合法罢工，否则罢工权就会形同虚设。委员会已经采纳了这样的观点，即对罢工权的限制应严格限制为促进民主社会的一般福利，保护

---

① International Covenant on Civil and Political Rights, adopted 16 December 1966, 999 UNTS 171. Entered into force 23 March 1976.

② International Covenant on Economic Social and Cultural Rights of 16 December 1966, 993 UNTS 3. Entered into force 3 January 1976.

③ According to Article 22, it does not prevent imposition of lawful restrictions on members of the armed forces and of the police in their exercise of this right. Article 22. 3 states further that "nothing in this article shall authorize States Parties to the International Labour Organization Convention of 1948 concerning Freedom of Association and Protection of the Right to Organize to take legislative measures which would prejudice, or to apply the law in such a manner as to prejudice, the guarantees provide for in that Convention".

④ Human Rights Committee (HRC) 18. 7. 1986-Case No. 118/1982-J. B. et al. . /. Canada.

⑤ In its General Comment No. 18, on Article 6 of the ICESCR, on the right to work, the Committee stated that the collective dimension of the right to work is addressed in article 8, which enunciates the right of everyone to form trade unions and join the trade union of his/her choice as well as the right of trade unions to function freely. The Committee is presently working on a General Comment on Article 7 on just and favourable conditions of work.

国家安全、公共安全、公共秩序或健康之利益，或保护其他权利与自由所必需，此外再无其他理由。

国际劳工组织所设定的管制框架在界定和阐释基本劳动权利方面居于核心地位。由于其三方框架，国际劳工组织在发展国际劳工标准中发挥着独特而首要的作用。1998 年，国际劳工组织通过《关于工作中的基本原则和权利宣言》，其定义的工作基本原则和权利是：结社自由和有效承认集体谈判权利；消除一切形式的强迫或强制劳动；有效废除童工；以及消除就业和职业歧视。该宣言是以国际劳工组织的八个核心或基本公约为基础的。

国际劳工组织 1948 年第 87 号公约规定了结社自由和对组织权的保护，属于八个核心公约之一，其并没有明确规定罢工权。① 但是，早在 1952 年，国际劳工组织结社自由委员会就原则上肯定了罢工权，并认为其是“工会权利的基本原则”②。国际劳工组织监事会认为罢工权是“第 87 号公约所包含的组织权的本质和必然”③。罢工权一直是工人及其组织促进和捍卫其经济和社会利益的基本手段。④ 工人组织应该能够动用罢工行为以支持其在有关主要社会和经济政策问题的解决中的地位。⑤

国际劳工组织监督机构在实践中对限制罢工权的性质形成了一个清晰的认识。结社自由委员会认为，一般性禁止罢工权是不允许的：其严重限制了工会争取和捍卫会员权利的可能性。⑥ 实践中，国际劳工组织在基本服务中限制或禁止罢工权是有特别内涵的。⑦ 限制罢工权还可以因为特定时期和特定情形下严重的国际紧急状况，这时官方以国家名义行使公共权力，一些基本服务如果中断则会危及生命、公共健康和安全。在一些部门，可以完全禁止罢

---

① The eight core Conventions are the Forced Labour Convention No. 29, the Freedom of Association and Protection of the Right to Organise Convention No. 87, the Right to Organise and Collective Bargaining Convention No. 98, the Equal Remuneration Convention No. 100, the Abolition of Forced Labour Convention No. 105, the Discrimination (Employment and Occupation) Convention No. 111, the Minimum Age Convention No. 138, and the Worst Forms of Child Labour Convention No. 182.

② See Committee on Freedom of Association (CFA), Second Report, Case No. 28 (Jamaica), in ILO, Sixth Report of the International Labour Organization to the United Nations, 1952, 210 para. 68.

③ See International Labour Organization (ILO), Freedom of association, Digest of decisions and principles of the Freedom of Association Committee of the Governing Body of the ILO, 5th ed. 2006, para. 523.

④ See ILO (fn. 12) para. 522.

⑤ See ILO (fn. 12) para. 527.

⑥ ILO Committee of Experts, General Survey on the Application of the Conventions on Freedom of Association and on the Right to Organise and Collective Bargaining, International Labour Conference 58th Session, Report Ⅲ (Part 4B), 1973, para. 107.

⑦ See ILO (fn. 12) para. 573.

工。如果罢工是合法的，则不可禁止支持罢工的声援罢工。[①] 委员会认为，一般性禁止声援罢工会导致滥用，如果最初的罢工是合法的，那么工人就有权采取声援罢工。[②] 结社自由委员会认为，纯粹的政治罢工是不允许的。但是，兼有经济和政治目的的罢工在一定情况下可能是合法的。[③]

在很多法律体系中，罢工权和集体谈判权是密切相关的。后者之存在以前者为前提。罢工权对集体谈判权之切实实现至为重要，以致没有罢工权，集体谈判之权利将会低效、无用。结社自由委员会并没有将罢工权限定在与集体谈判相关的产业争议。其认为，禁止雇员或工会参与与集体争议无关的罢工，是违背结社自由原则的。[④] 禁止任何基于罢工行为的歧视也很重要，这是公认的。其认为，应禁止源于罢工的歧视，工人应该可以在没有反工会的歧视下组织工会。[⑤] 值得注意的还有，该委员会的立场是，可在诉诸罢工时设定义务。其认可的义务有事先通知义务，以及罢工前的和解或仲裁义务。[⑥]

总而言之，国际劳工组织的监督机构在细化罢工权的内容以及限定罢工权的实体和程序上发挥了重要作用。其已经发展出一套原则并运行得很好。[⑦] 根据罢工权源于公约，对第 87 号公约的理解在最近受到了来自国际劳工组织中雇主代表的挑战。2012 年，国际劳工组织中的雇主组织通过国际劳工组织的有关公约和建议书适用专家委员会（CEACR）对第 87 号公约的理解提出

① See ILO（fn. 12）para. 498，508－511.

② ILO Committee of Experts，Freedom of Association and Collective Bargaining：General Survey，International Labour Conference 69th Session，Report Ⅲ（Part 4B），1983，para. 217.

③ See ILO（fn. 12）para. 529－530.

④ See ILO Committee of Experts，General Survey of the Reports of the Freedom of Association and the right to Organize Convention（NO. 87），1948，and the right to Organize and Collective Bargaining Convention（No. 98），1949，International Labour Conference 81st Session，Report Ⅲ（Part 4B），1994，para. 165. See also ILO，Freedom of association，Digest of decisions and principles of the Freedom of Association Committee of the Governing Body of the ILO，4th ed. 1996，para. 489. See also Bernard Gernigon/Alberto Odero/Horacio Guido，Collective Bargaining：ILO Standards and the principles of the supervisory bodies，2000，59－60.

⑤ See *ILO*（fn. 12）para. 524.

⑥ See *ILO*，Freedom of association，Digest of decisions and principles of the Freedom of Association Committee of the Governing Body of the ILO，3rd ed. 1985，paras. 381，390.

⑦ See for example Nicolas Valticos，Les méthodes de la protection internationale de la liberté syndicale，(1975) 144 Rec. des Cours，77，and id.，Droit international du travail，2nd ed. 1983. See also Paul F. van der Heijden，Internationaal stakingsrecht onder span-ning，Nederlands Juristenblad（NJB）2013，1638，English version（“International Right to Strike Under Stress”）available at：＜http：//www. thehagueinstituteforglobaljustice. org/cp/ uploads/downloadsprojecten/International-Right-to-Strike-Under-Stress _ 1372942440. pdf＞.

挑战。其认为，专家委员会通过第 87 号公约之解释来规范罢工权是超出其权限的。[①] 对监督制度之地位的不同认知引起了有关国际劳工组织监督机构之作用和工作的相关性的广泛讨论。[②] 因此，国际劳工组织监督制度的作用在整体上是有压力的。不过，2015 年，工人组和雇主组在联合声明中认为，工人或雇主为支持其合法利益而采取产业行动的权利是国际劳工组织所认可的权利。[③]

三、欧盟管制的框架

欧洲层面上所形成的罢工权的国际管制是复杂、异质乃至一定程度上矛盾的。《欧洲人权公约》第 11 条是保护集会和结社自由的，欧洲人权法院近来对该条的解释也是涉及罢工权的。此外，1961 年[④]和 1996 年[⑤]欧洲社会宪章都是认可罢工权的。

在欧盟，其社会模式是尊重和促进人权和基本权利的。尽管该模式未及建构而是一个概念，但是可认为其是欧盟及其成员国为加强其所认可的价值而进行的共同努力。在欧盟之组织层面上，欧盟社会模式作为近来之发展成果得以加强。

---

① See ILO Committee on the Application of Standards, Extracts from the Record of the Proceedings, International Labour Conference 101st Session, 2012; ILO, Final Report of the Meeting: Tripartite Meeting on the Freedom of Association and Protection of the Right to Organise Convention, 1948 (No. 87), in relation to the right to strike and the modalities and practices of strike action at national level (Geneva, 23 - 25 February 2015), 2015. See also Tonia Novitz, The Internationally Recognized Right to Strike: A Past, Present and Future Basis upon Which to Evaluate Remedies for Unlawful Collective Action?, International Journal of Comparative Labour Law and Industrial Relations (IJCL) 30 (2014), 357.

② Recently, ILO supervisory bodies practice has increasingly been characterised as being merely "soft law jurisprudence" which can be considered a sign of serious challenges to the ILO in maintaining its original role as a developer and defender of labour rights. See also Claire La Hovary, The ILO's supervisory bodies' "soft law jurisprudence", in Adelle Blackett/Anne Trebilcock (eds.), Research Handbook on Transnational Labour Law, 2015, 316.

③ See ILO, Tripartite Meeting on the Freedom of Association and Protection of the Right to Organise Convention, 1948 (No. 87), in relation to the right to strike and the modalities and practices of strike action at national level (Geneva, 23 - 25 February 2015), TMF APROC/2015/2, 2015, Appendix 1.

④ See European Social Charter of 18 October 1961, CETS No. 35. Entered into force 26 February 1965.

⑤ European Social Charter (revised) of 3 May 1996, CETS No. 163. Entered into force 1 July 1999.

详言之，《阿姆斯特丹条约》开启了欧盟促进基本权利发展的新阶段。[①]《欧盟条约》（TEU）第6条第1款指出，欧盟的建立原则是自由、民主、尊重人权和基本自由，以及法治，这些原则是欧盟成员国所共同遵守的。在2009年，《里斯本条约》[②] 明显提升了基本社会权利在条约层面以及欧盟法组织层面上的地位。首先，《里斯本条约》包括欧盟的价值。条约第2条为：

欧盟的价值基础是尊重人的尊严、自由、民主、法治，尊重人权，包括少数人的权利。在一个多元、非歧视、宽容、公正、团结、流行男女平等的社会里，这些价值是成员国所共同遵守的。

其次，《欧盟基本权利宪章》（《欧盟宪章》）[③]，在《欧盟条约》中成为欧盟法的一部分，其是包括集体行动权的。《欧盟宪章》第28条规定，工人和雇主，或工人组织和雇主组织，有权在适当层面上进行协商并订立集体协议。在利益冲突的情形下为了捍卫其利益，其有权采取集体行动，包括罢工行为。行使这些权利必须遵守欧共体法律以及国内法律和实践。

在“维京案”和“拉瓦尔案”判决中，欧盟法院所解释的欧盟法是限制罢工权的，同时加强了《关于欧盟功能的条约》（TFUE）中所设定的基本经济自由的地位。虽然欧盟无资格立法规范罢工权，但是欧盟法院对基本经济自由的解释，以及在《关于欧盟功能的条约》中所确定的自由营业和服务权，说明在有些情形下是可以限制罢工权之行使的。[④] 这种对罢工权的捎带性限制造成了欧盟与《欧洲人权公约》之间，以及欧盟与国际劳工组织之间在实现罢工权路径上的紧张关系。

从“维京案”和“拉瓦尔案”的判决来看，限制罢工权的案例限定了在欧盟基本自由的适用中。这些规则应放在欧洲法律整合及其目标的广阔框架内。欧盟试图通过促进基本经济自由来强化内部市场，这是市场之基础。排除劳动者、服务和资本自由流动的障碍，有赖于发展内部市场。但是，欧盟法院强化基本经济自由之地位却危及建立一个可持续的欧盟社会模式。

① Treaty of Amsterdam amending the Treaty of the European Union, the Treaties establishing the European Communities and certain related acts, [1997] OJ C 340/1.

② Treaty of Lisbon amending the Treaty on European Union and the Treaty establishing the European Community, [2007] OJ C 306/1.

③ Charter of Fundamental Rights of the European Union, [2000] OJ C 364/1.

④ In order to resolve the issue, the European Commission made a Proposal for a Regulation on the exercise of the right to take collective action within the context of the freedom of establishment and the freedom to provide services (Monti II) which intended to clarify the relation between the right to strike and the EU fundamental economic freedoms, but the Proposal was not accepted by the Member States. See Proposal for a Council Regulation on the exercise of the right to take collective action within the context of the freedom of establishment and the freedom to provide services, COM (2012) 130 final.

(一) 欧盟理事会之管制

此前,欧洲人权法院并不愿扩大《欧洲人权公约》的范围来规范集体劳动权。但是,从1990年代以后,欧洲人权法院不断扩大《欧洲人权公约》的范围来保护集体劳动权。在此过程中,欧洲人权法院非常关注国际劳工组织的公约及其相关监督机构的实践。值得注意的是,近年来《欧洲人权公约》开始保护经济和社会权利,而这传统上被认为是属于《欧洲社会宪章》的。[①]在Demir案中,欧洲人权法院认为公约第11条是调整集体谈判权的,这是组织和加入工会权的重要方面,并指出限制结社自由应遵守公约第11条第2款的规定。[②] 此后,在Enerji Yapi-Yol Sen案中,欧洲人权法院扩大了第11条规范罢工权的范围。[③]

从此,欧洲人权法院不仅认为在《欧洲人权公约》第11条提到的包括组织和加入工会的结社自由权中,罢工权是其一部分,而且解决了行使罢工权的一些限制问题。在第11条中植入罢工权也意味着要重视第11条第2款的限制理由。因此,任何限制必须由法律规定,并且是在一个民主社会里为了国家安全或公共安全,为了防止失序和犯罪,为了保护健康或道德,或为了保护其他权利和自由所必需的。

欧洲人权法院在最近的RMT案的判例中认可了英国法禁止声援行为的规定,这标志着管制发展的一个新阶段,是与国际劳工组织所理解的合法声援行为有偏差的。欧洲人权法院认为禁止次生行为的立法是可接受的限制,是符合《欧洲人权公约》第11条的。[④]该决定还意味着,欧洲人权法院并不完全遵从国际劳工组织实践中的原则,而是从一个更为灵活的路径来限制罢工权。

1961年《欧洲社会宪章》是第一个明确包含有集体行动权规定的国际文件。欧洲社会权委员会(ECSR)在解释集体行动权上发挥着重要作用,例如,其指出集体行动包括罢工和纠察。[⑤] 1996年修订后的《欧洲社会宪章》第6条第4款保障所有雇员的罢工权,而不管是否是工会会员。只有在有利益冲突时才可采取产业行动。第6条有关结社自由的规定属于修订后宪章的所谓"硬核"条款,值得注意的是,规范罢工权的背景是强调集体谈判和罢

① See Philip Alston, Labour Rights as Human Rights: The Not So Happy State of the Affairs, in Philip Alston, Labour Rights as Human Rights, 2005, 20.

② See European Court of Human Rights (ECtHR) 12.11.208 -34503/97 -Demir and Baykara. /. Turkey.

③ ECtHR 21.4.2009 -68959/01 -Enerji Yapi-Yol Sen. /. Turkey.

④ See ECtHR 8.4.2014-31045/10-National Union of Rail, Maritime and Transport Workers. /. United Kingdom.

⑤ See European Social Charter (fn. 28) 95.

工权的关联性的。宪章第31条中的一般例外适用于此。欧洲社会权委员会认为，在宪章所包含的价值、原则和基本权利的系统中，集体行动权在确保工会自治和保护工作权利中是至关重要的。如果要有这一点，则必须允许工会为了提升工人的生活和工作现状而努力，罢工权也不必由立法来限制其适用所应遵守的最低条件。①

欧洲社会权委员会认为，不论欧盟法律秩序中社会权之当今地位，还是欧盟实体立法以及其生成过程，都证明了一个一般性假设，即欧盟规范与《欧洲社会宪章》的一致性。②从宪章所包含的价值、原则和基本权利之系统来看，不能把促进服务的自由跨境流动、提高雇主或企业在其他国家提高服务的自由度——其是欧盟法律框架中重要而又宝贵的经济自由——当成是比核心劳动权利更高的优先价值。核心劳动权利包括通过集体行动来要求劳动者之经济社会权利和利益的提升和更好保护。③

但是，应该注意的是，在提供人权保护的能力上，欧洲社会权委员会之地位与欧洲人权法院之地位明显不同。由于申诉程序的不同，《欧洲人权公约》和《欧洲社会宪章》的制度在保护权利上的效率也有不同。后者是基于一个特别的集体申诉程序，是为了加强和补充监控机制而在1998年设立的，据此签字国有报告之义务。欧洲社会权委员会的申诉程序是比较有力的，在签字国侵犯个体权利时，允许个体向欧洲人权法院申诉；但是，在《欧洲社会宪章》的草案中，只能向国际或国内的雇主工会组织以及非政府组织申诉。

无论如何，值得注意的是，欧洲人权法院和欧洲社会权委员会在实践中还是有一致认识的。但是，欧盟对这两个机构的态度有明显的不同。根据《关于欧盟功能的条约》的规定，欧盟是要承继《欧洲人权公约》的。此外，《欧盟条约》第6条第3款指出，《欧洲人权公约》所保障的和宪政传统所形成的基本权利是成员国所共同遵守的，该条款构成了欧盟法的基本原则，而《欧盟条约》甚至没有提到欧洲社会权委员会。不过，在欧盟，宪章已经为基本权利的整体发展做出了贡献。其对欧盟宪章之内容有很大影响，并成为《欧盟条约》的一部分。

（二）欧盟的罢工权限制——“维京案”、“拉瓦尔案”及其他

在欧盟，设置罢工权是为了在内部市场对基本经济自由之实践。在“维京案”和“拉瓦尔案”这两个标志性案例中，欧盟法院认为，产业行动权是

① See European Committee of Social Rights（ECSR）3.7.2013-85/2012 para. 120-Swedish Trade Union Confederation（LO）and Swedish Confederation of Professional Employees（TCO）./. Sweden.

② ECSR-85/2012 para. 74-Swedish Trade Union Confederation.

③ ECSR-85 2012 para. 122-Swedish Trade Union Confederation.

从属于有条件的原则的，即可限制基本经济自由的条件。欧盟法院对跨境产业行动权进行了某些限制，并涉及基本经济自由之实施。欧盟法院为了与基本经济自由相兼容而创造了一些限制性原则，这些限制来自欧盟内部市场所宣称的基本经济自由之地位。

“维京案”是船务公司维京线想把芬兰船 M/S Rosella 注册到另一个欧盟国家爱沙尼亚。该案涉及的问题是企业自由和产业行动权的关系。芬兰海员工会反对改旗，要求订立集体协议使 M/S Rosella 号仍然适用芬兰法律并继续雇员的雇佣关系。产业行动发生在芬兰，但是该案是由维京线在英国向法院提起的，因为产业行动一方即国际运输工人联合会（ITF）的总部所在地在英国。芬兰海员工会是国际运输工人联合会的会员，国际运输工人联合会支持芬兰海员工会，向其所有会员发出通知，并要求他们支持芬兰海员工会、不与维京进行协商。

欧盟法院认为，集体行动旨在保护工会会员的工作和就业条件，会员有义务承受 M/S Rosella 改旗的不利影响，这是在保护工人。但是，在不危及工作和雇佣条件或不严重危及时，这种观点是站不住脚的。集体行动须与要达到的目标相适应，不可超出其必要性。工会如果有其他方式来解决问题，则应在启动集体行动前用尽其他方法。①

“拉瓦尔案”涉及提供服务之自由与采取产业行动权之间的冲突。案情是：一个拉脱维亚的建筑公司根据服务的自由流通而把雇员从拉脱维亚派遣到瑞典工作。瑞典工会要求来自拉脱维亚的被派遣工人的工资适用瑞典法、拉脱维亚公司适用瑞典建筑业集体协议，并进行协商。协商失败后，瑞典建筑工会开始堵塞拉瓦尔建筑工地。欧盟法院认为，宗主国工人反社会倾销的集体行动是以公共利益限制基本经济自由的最重要理由。原则上，旨在确保被派遣工人的合同条款和条件达到特定水平的工会堵塞行为是以保护工人为目的的。但是，以强迫雇主进行工资协商为目的的集体行动并非正当的公共利益。②

根据国际劳工组织第 87 号公约，《欧洲社会宪章》和《欧盟宪章》第 28 条，欧盟法院认为，在“维京案”和“拉瓦尔案”中，须把采取集体行动之权利认为是欧盟法一般原则的一部分。③ 欧盟法院认为，《关于欧盟功能的条约》中有关货物、人员、服务和资本自由流通的权利须与社会政策所追求的目标相平等，尤其是促进生活和工作条件、适当的社会保护以及管理者和劳

---

① See ECJ-C-438/05 paras. 81，84，87-Viking.

② See ECJ-C-341/05 paras. 103，108-109-Laval.

③ See ECJ-C-341/05 paras. 90-91-Laval. See ECJ-C-438/05 paras. 43-44-Viking.

动者之间的对话。[①] 尽管欧盟法院认为工会也有社会目标，而不仅有经济目标[②]，但是在欧盟基本经济自由框架下却对合法产业行为设定了一些条件。在此过程中，欧盟法院尽管承认国际劳工组织第 87 号公约、《欧洲社会宪章》以及《欧盟宪章》第 28 条，却最终对罢工权进行了限制。

欧盟法院在“维京案”和“拉瓦尔案”中设定条件限制时，遵循了限制基本经济自由的一些原则。其原则是欧盟法院所设定的条件是否允许限制设立自由和服务自由。因此，产业行动须有与公约相一致的合法目的，并须证明其首要原因是为了公共利益。另外，还须满足必要原则和比例原则。成员国法院有义务遵守这些标准，但其标准偏离标准建立的基础，例如国际劳工组织监督机构对罢工权的合法性限制。关于集体行动是否超过必要限度，以及集体行为是否符合比例原则，需要国内法院来评估某罢工何时会与基本经济自由相关。这些评估与罢工权之性质严重不符。[③]

在“维京案”和“拉瓦尔案”中，跨境产业行为的合法性问题变得非常复杂、非常难以处理。欧盟法院对服务自由流通和设立自由所允许的限制使得很难对涉及基本自由的产业行为作出事先的一致性评估。进而，这意味着事实上对罢工权的严重限制。因为罢工条件之影响和成就都很难事先评估，对雇员来说这也意味着面临诉讼程序和可能性以及在罢工不符合欧盟法时承担罢工行为所导致的法律上的赔偿责任。[④] 非常重要的是，对罢工权的此种限制导致了法律上的不确定性和不可预知性，实务中，“维京案”和“拉瓦尔案”的判决触及到了雇员集体进行谈判的能力，其是以罢工行为的有效可能性为基础假设的。因此，欧盟法弱化了罢工权，进而对集体谈判权产生了不利影响，这两个基本劳动权利是密切相关的。

尽管“维京案”和“拉瓦尔案”都涉及《国际人权公约》，而公约之内容却在欧盟法院的推理中没有发挥重要作用。欧盟法院没有认识到，工人之人权是一个独立的范畴，并不隶属于内部市场法之范畴。《国际人权公约》对所有欧盟国家是有约束力的，如果我们权衡一下欧盟法院反对这些公约的推理过程，则其在采取允许限制之观点时就在出发点上产生了明显的矛盾。从国

---

① See ECJ-C-438/05 para. 79-Viking; and ECJ-C-341/05 para. 105-Laval.

② See ECJ-C-438/05 para. 58-Viking; and ECJ-C-341/05 para. 105-Laval.

③ See also Catherine Barnard, A proportionate response to proportionality in the field of collective action, European Law Review (E. L. Rev.) 37 (2012), 117; Brian Bercusson, The Trade Union Movement and the European Union: Judgment Day, European Law Journal (ELJ) 13 (2007) 304; and Phil Syrpis/Tonia Novitz, Economic and social rights in conflict: Political and judicial approaches to their reconciliation, E. L. Rev. 33 (2008), 425.

④ See also Syrpis/ Novitz E. L. Rev. 33 (2008), 425.

际人权标准的角度看，所允许的对罢工权的限制是很容易评估的，然而在“维京案”和“拉瓦尔案”的判决中，欧盟法院的出发点是在何种情况下可以通过罢工行为来限制设立自由和服务的自由流通。

欧洲社会权委员会已经考察了《欧洲社会宪章》与为了促进服务跨境自由流通而限制罢工权的兼容性，并认为后者并不比劳动权有更高的优先价值。国际劳工组织监督机构对欧盟的发展做出了反应，认为在发生涉及基本经济自由的罢工行为时，应有一种自由裁量权。但是欧盟法院在涉及欧盟基本经济自由的跨境案中来决定产业行动权实践所适用的自由裁量权，是国际劳工组织所没有的。CEARC 指出，在阐释其在国际劳工组织第 87 号公约中限制罢工权的立场时，其在秉承设立自由或服务自由的观念中从不需要评估利益的比例原则。CEARC 认为，“维京案”和“拉瓦尔案”的判决造成的结果是，不能落实第 87 号公约中的权利。进而，这些判决中的精神可能是去极大地限制罢工权，因此是违反第 87 号公约的。[①]

（三）欧盟管制路径之失衡

尽管在欧盟层面上有罢工权之规定，但是目前的监管路径却反映了该权利缺乏足够的法律保护。尽管根据《关于欧盟功能的条约》第 153 条第 5 款，欧盟是没有资格来规范罢工权的，但是“维京案”和“拉瓦尔案”的判决却相当于通过欧盟法院对该权利进行了事实上的干预。欧盟法院通过欧盟有关基本经济自由的规定来介入属于成员国国内法的领域，这是超出欧盟的管辖范围的。[②] 这对成员国遵守其国际人权之承诺是有影响的。

值得注意的是，欧盟法院的判决导致的结果是，根据对罢工权的保护，可将跨境罢工分为两类。在不涉及基本经济自由时，欧盟无特别限制，根据约束欧盟成员国的国际人权文件来保护罢工权。相反，在涉及基本经济自由时，行使罢工权则须满足欧盟法院所设定的自由裁量权。结果，在一定程度上，采取产业行动的条件是违反国际劳工组织所发展起来的主要原则的，也是违反《欧洲人权公约》和《欧洲社会宪章》的规定的。

在国内市场规制与欧盟管辖以及准据法的衔接上所发展的有关超越一个国家的罢工纠纷是一个特别值得注意的特征。产业行为发生地国家的法院没有纠纷管辖权，尽管会适用该国的法律。

① ILO Committee of Experts, General Report and observations concerning particular countries, International Labour Conference 99th Session, Report III (Part 1A), 2010, 209.

② Barnard E. L. Rev. 37 (2012), 117.

《罗马规则Ⅱ》对非合同义务[①]之规制路径是：一般适用产业行为发生地的法律。《罗马规则Ⅱ》第 14 条规定只能在产业行为发生后当事人可自治决定准据法，可推测该规定在产业行为纠纷中的作用很有限的。因此，将由第 9 条来决定准据法，即产业行为所造成的损害赔偿的准据法为产业行为发生地的法律。但是，如果责任人和受害方的惯常住所都在损害发生国，那么则适用该国法律。否则，准据法为产业行为发生地国家的法律。然而，影响产业纠纷之裁决结果的规制框架是很复杂的，因为管辖权规则在《布鲁塞尔规则I》（新订）[②] 中，决定准据法的规则在《罗马规则I》[③] 和《罗马规则Ⅱ》内，两者并非一个一致性的整体。结果，在欧盟存在择地起诉之可能性。

因为《里斯本条约》为欧盟适用《欧洲人权宪章》提供了法律基础，因此认为在欧洲该情形可能会改变。[④] 但是，这要求欧盟理事会有一致决定，意味着所有欧盟成员国均须同意。这意味着需要重新评估欧盟关于采取产业行为权的现有解释，以与《欧洲人权宪章》之解释相匹配。欧洲人权法院并不受基本经济自由的约束，基本经济自由是欧盟法律秩序的核心，欧洲人权法院之努力也成为欧盟的中心。欧盟法院在 2014 年 12 月决定了该意见，并认为协议草案与欧盟法不符。[⑤]

四、结　语

罢工权是劳动权之核心。尽管如上所论，罢工权之原则在不同的国际人权文件中并不一致，但是却体现了保障罢工权为国际上受保护的基本劳动权的规制路径。《欧盟宪章》明确承认罢工权在性质上为基本权利，但是这并不能阻止欧盟法院在某些情形下通过内部市场法律限制罢工权。这些限制涉及基本经济自由之实施，并不属于如上讨论的国际人权标准之范畴。这也表明了一个发展趋势，即欧盟之经济维度对促进人权和基本权利的欧盟之社会模

① Regulation (EC) No. 864/2007 of the European Parliament and of the Council of 11 July 2007 on the law applicable to non-contractual obligations (Rome II), [2007] OJ L 199/40.

② Regulation (EU) No. 1215/2012 of the European Parliament and of the Council of 12 December 2012 on jurisdiction and the recognition and enforcement of judgments in civil and commercial matters (recast), [2012] OJ L 351/1.

③ Regulation (EC) No. 593/2008 of the European Parliament and of the Council of 17 June 2008 on the law applicable to contractual obligations (Rome I), [2008] OJ L 177/6.

④ Under Article 6 of the TEU, the Union shall accede to the European Convention for the Protection of Human Rights and Fundamental Freedoms.

⑤ See ECJ 18. 12. 2014-Opinion 2/13-Accession of the European Union to the European Convention for the Protection of Human Rights and Fundamental Freedoms.

式构成了威胁。

欧洲整合中经济之维与社会之维的失衡在欧盟法院的判例中是可见的，即使罢工权依附于为促进基本经济自由而派生的限制。工会因罢工而承担法律上的损害赔偿责任，可能符合服务的自由流动和设立自由，却可能不满足欧盟法院在“维京案”和“拉瓦尔案”判决中所创设的限制原则，这可能会阻碍行使罢工权。因为工人与其雇主的协商权利是以罢工权为前提的，因此也会提到集体谈判权与罢工权之关系。①

在欧洲层面上，欧盟法院和欧洲人权法院在发展罢工权之规制框架上均发挥着重要角色。但是，两者行使其权力的方式明显不同。欧洲人权法院的立场是保护《欧洲人权公约》第11条规范的罢工权。在此过程中，欧洲人权法院的贡献是，进一步将劳动权理解为人权，而不是因为属于社会和经济权利而有的有限重要性。② 在欧盟，特别强调在《欧盟宪章》规定的组织层面上设定罢工权的基本权利性质。欧盟法院在基本劳动权利之管制框架上的方针政策是，通过加强内部市场自由之地位来干预基本劳动权利。该方针受到诸如国际劳工组织监察机构和欧洲社会权委员会的非难。

强调欧盟之基本经济自由所导致的结果是，采取产业行动之权利所考虑的并不是遵守《国际人权公约》的原则。促进基本经济自由的实施对欧盟基本劳动权的发展产生了不利影响。③ 欧盟法院对罢工权之解释与欧盟成员国承诺遵守的国际人权是不相符的。其所遵守的人权文件形成了一个背景，即欧盟之管制路径不仅要在欧盟机构之外进行评估，也要在其内部进行评估。因此法院像委员会一样进行考量，对公约之解释可能会延伸到社会和经济权领域，这仅仅是个事实，而不应成为反对解释的决定性因素；不能区分出一个十全十美的领域，为公约所覆盖。

---

① As Bercusson ELJ 13 (2007), 304 has put it, “Workers only have negotiating power because of their ability collectively to withdraw their labour. Courts in the Member States, very sensibly, have been extremely cautious in invoking any test of proportionality as regards the right to strike. It is a right inextricably linked to the collective bargaining process and must be assessed in the context of that process”.

② See also K. D. Ewing/John Hendy, The Dramatic Implications of Demir and Baykara, Industrial Law Journal 39 (2010), 2. As long ago as 1979, the ECtHR 9. 10. 1979-6289/73 para. 26-Airey./. Ireland stated that “Whilst the Convention sets forth what are essentially civil and political rights many of them have implications of a social or economic nature. The Court therefore considers like the Commission, that the mere fact that an interpretation of the Convention may extend into the sphere of social and economic rights should not be a decisive factor against such an interpretation; there is no water-tight division separating that sphere from the field covered by the Convention”.

③ See also Ulla Liukkunen, Collision Between the Economic and the Social-What Has Private International Law Got to Do with It?, in Pia Letto-Vanamo/Jan Smits (eds.), Coherence and Fragmentation in European Private Law, 2012, 125.

劳动法理念这回事：一则寓言*①

［美］艾伦・海德** 著　阎　天*** 译

译者按：本文是对劳动法理念、特别是美国集体劳动法基本理论的发展，加以反思和批评的一篇作品。在美国法的语境下，劳动法（labor law）主要是指集体劳动关系法，也即规范劳动者结社、集体谈判和集体行动等内容的法律的统称。美国集体劳动法的基本理论产生于第二次世界大战之后。当时，以阿奇博得・考克斯（Archibald Cox）为代表的第一代劳动法学家，提出工业多元主义（industrial pluralism）的理论，用来解释和规范以《华格纳法》（Wagner Act）为代表的美国集体劳动法。这也是美国劳动法学诞生的标志。自1960年代起，美国工人运动急剧衰落，集体劳动法止步不前。学人对这一现象做出了诸多反思，海德教授的文章就是反思的一部分。他注意到，虽然劳动法的实践在衰落，但是关于劳动法的理论却蓬勃发展。这种理论与实践背反的现象绝非福音，它意味着理论可能脱离了实践，沦为学者的自说自话；而脱离实践的理论也必然被实践所边缘化，这导致了劳动法学作为一个学科的衰落。作为批判法学的重要研究者，海德教授对于理论应当源于实践、反映实践，有着执著的追求。他的批评虽然不无刺耳之处，但切中要害，值得一听。作为数十年来劳动法学理论的重要建构者和观察者，海德教授在文中还对美国劳动法理念的发展过程做了简明的梳理，这对于外国读者建立整体观念、发现理论线索不无裨益。

［摘要］　劳动法在发达经济体当中的实践重要性不断下降，甚至其存在也在缩减，而劳动法的学术观念却越发古怪和复杂。这些经济体已经进入了这样一个时代，工会的代表率在下降，新的工会越来越少，通过公共程序来

* 原题 The Idea of the Idea of Labour Law：A Parable。原载 Guy Davidov and Brian Langille (ed.)，The Idea of Labour Law，Oxford，Oxford University Press，2011，at pp. 88－97。

** 艾伦・海德（Alan Hyde），美国罗格斯大学（Rutgers University）法学院教授，美国当代作品引证率最高的劳动法学者之一，以劳动法的批判法学研究而闻名。

*** 阎天，法学博士，北京大学法学院助理教授。

① 收稿时间：2020年3月。

解决纠纷也越来越不常见。事实上，美国在整整 26 个月当中都没有合法的国家劳动关系委员会，尽管其病态后果尚难辨明。为了回应这些进展，学界越来越强调关于劳动法功能的理论建构，这些理论很大程度上是从经济学和其他社会科学或哲学当中借用模型。这些模型是意识形态的，也即它们通过扭曲事物的本相，来论证某种社会实践的正当性。它们独立于劳动法存在，是一种行为现象。

[关键词]　劳动法　国家劳动关系委员会　意识形态　纠纷解决

长者告诉我们说：在过去的黄金时代，劳动法居住在每一座国家首都的巨厦当中。自然，每座大厦都会反映国家自身的风格，并运用国家特有的建筑材料。不过，如果你在那些年月下到地下室里，你会发现这些大厦都构筑在非常相似的地基之上，而沉入地底的柱石也一模一样。

那里有工作，有时还有行业。劳动者在其中度过了成年后的大部分生活。他们投入了青春，对自己的工作或行当产生了强烈的认同，并进而认同那些与他们分享这一认同的共同体成员。那里有大企业，其盈利需要获得分配。领军企业通常销售汽车、钢铁、橡胶、飞机、船舶、煤炭、电力和电话服务。它们占据国内市场，以空间作为屏障，通常还用其关税或其他贸易限制来庇护自己，从而往往成为市场供应的垄断者。它们几乎不会面对价格竞争，所以通常有能力以提价为手段向职工支付福利，而无须减少管理层分享或企业自留的盈利份额。当然，那里也有许多形式的劳工组织：工会、工党、工作委员会（works council）、从业者协会（guild）。这些劳工组织有时发起罢工，而这种集体行动也成为劳动法想象人类团结、共同体、民主、政治行动和知行关系的原型。

而在这一社会经济系统之外，还存在狭义上的劳动法，它们是专业政府官员的成果。几乎总会存在根本性的立法，有时甚至成为国家宪法的一部分，并由国家立法机关定期修订。存在专业的行政官员，或许还有劳动法院或委员会。虽然这些立法命令和决定之间有着明显的差异，但是这些差异都可以在一个非常有限的工具集当中找到。他们有时在个别劳动合同当中规定最低或强制条款。他们规定工作委员会或集体谈判关系应当如何建立，以及应当处理哪些问题才合适。他们为解决纠纷提供正式或非正式的服务。他们可以下令雇主缴纳罚款或者给员工复职。不过通常来说，这个系统通常更期待雇主能够携手工作委员会或工会建立产业自治。至于如何制裁不合规分子，则并没有获得很多的关心。

这样看来，有了这些元素作为基础——工作、组织、集体行动、法律和决定——那个时代的劳动法已经万事俱备。对于生活在当下的我们来说，看上去必然如此。不过，令人好奇的是，那时总会存在另一样东西。那个时代的人们不仅拥有劳动法，他们还拥有劳动法理念（the idea of labour law）。

事实上，他们有许多劳动法理念。如今我们已经无法准确理解，这些理念是如何与管理者、雇员代表和政府官员的日常行动联系在一起的。这些理念似乎想告诉体系中人他们的终极目标是什么。而理念从来都是复数的，它们至多可以相容，有时甚至无法相容。

于是，体系中人各自选择了不同的理念叙事，为自己的日常工作提供帮助。有人认为，他们是在（1）建设一个更加平等的社会，富裕或贫穷的人都会减少，而收入差距对社会的影响也不会太大。他们或许正在建设这样一个平等的社会，虽然其机制往往是间接的。比如，劳工组织因劳动法而取得了特权，它们会成为（2）社会民主联盟的有力参与者，能够推动出台累进税制并提供公共福利。另一些人则认为，他们正在（3）直接地建设社会主义。我们现在知道他们并没有那么做，社会主义也绝不是那样建设的，但他们不太清楚这一点。还有一些人认为，他们在（4）减少纠纷。事后来看，很难说他们到底是不是这么做的。一些人则认为，劳动法的理念更多在于（5）公平和正义而非平等。美国的路易斯·布兰代斯（Louis Brandeis）和德国的胡果·辛兹海默（Hugo Sinzheimer）认为，劳动法的目的是建设（6）民主。除非经济民主得以实施，否则政治民主就会非常脆弱。[①] 后来又有人说，劳动法的目的是（7）在企业管理架构中代表职工的利益。在每座大厦之中，理念不同的人们有时会为理念而斗争，不过通常他们各就各位，而他们关于劳动法理念的分歧看来并不太重要。

我从来没有完全搞清人们是在大厦的哪个地点生产劳动法理念？我觉得并不是在深达地基的地下室里面。（虽然当时人们对此确实也有所讨论。有人认为，法律并不是地基的一部分——他们经常将地基称作“超级结构”——而其他人则认为法律是地基的一部分。很难说他们现在会怎么看。）在我的想象里，劳动法的理念是由学者们在一座塔里构想出来的，这座塔与大厦主楼

---

① 关于辛兹海默，见 Ruth Dukes, Hugo Sinzheimer and the Constitutional Function of Labour Law, in Guy Davidov & Brian Langille (eds.), The Idea of Labour Law, Oxford: Oxford University Press, 2011。布兰代斯在美国工业关系委员会的证词（1915年1月23日）很有名，虽然他的用语带有性别色彩：“在我看来，骚乱永远不可能仅仅通过改善工人的生理和物质条件而消除——而这是很幸运的。如果那样做就能够消除骚乱，我们就会冒着巨大的奉献去改善他们的物质条件和降低他们的人性（manhood）。我们必须时刻谨记，无论我们多么渴望且有必要为个人舒适而改善物质，美国都是个民主国家，而我们对于人（men）的需求高于一切。任何工业和社会系统都应当被导向人性（manhood）的发展。”引自 CW Summers et al, (2007) Legal Rights and Interests in the Workplace 44。

之间隔着一座花园。有时他们从塔上走下来，穿过花园进入大厦之中。有时他们会查看在大厦当中生长着的劳动法，有时他们甚至会下到地下室里查看地基。但是在大多数时间，他们都生活在塔里。

有时学者们会注意到，在其他人的地下室里有着一些自己地下室中所没有的东西。[1] 不过我想，1950 年代中期是头一次有人发现自己地下室中的某些东西不翼而飞了。消失的第一根支柱是政府官员所生产的正式规则。克莱德·萨默斯（Clyde Summers）注意到，在他的国家，实际上已经没有人生产任何新的劳动法了。国家立法机关缺乏制定规则的能力，而行政机关则缺乏意愿。[2] 如今我们知道这个观察是多么睿智。就在萨默斯的文章发表之后不久，国会于 1959 年对劳动法做了些许修改[3]，但那其实是国会最后一次出台有任何重要性的劳动法。不过，我想指出的是，不论地下室中消失了什么，都只会让劳动法的理念变得更加重要，劳动法的理念帮助我们意识到什么从地下室里消失了。有时它帮助我们思考应该以何物来替代消失的东西。在萨默斯的国家，劳动法正在消失。情况变得越来越糟，正如我们所看到的那样。但是这个国家仍然拥有劳动法理念。

地基的支柱中，第二根开始垮塌的是工会。这一次，许多人从 1960 年代起开始注意到工会的成员增长不多，在某些地方甚至有所缩减。[4] 罢工也在各处开始衰落，同时衰落的还有劳动法对于共同体和行动的想象原型。到了 1970 年代，在我最了解的那个国家，看来有越来越多的雇主公开宣称永远不会与工会谈判，比如纺织业的企业 JP Stevens and Litton Industries。[5] 在地下室里仍然能够找到采取合作态度的雇主，但是比例越来越小。

不过，虽然地基肯定需要修缮，但这只是寻常之事，并不构成危机。因为我们毕竟仍然拥有劳动法理念。我们知道需要什么：对于坚决不就范的雇

---

① Eg O Kahn-Freund, Labour Relations and the Law: A Comparative Study (Stevens, 1965)，或者下文所讨论的辛兹海默的作品。Ruth Dukes, Hugo Sinzheimer and the Constitutional Function of Labour Law, in Guy Davidov & Brian Langille (eds.), The Idea of Labour Law, Oxford: Oxford University Press, 2011。

② CW Summers, "Politics, Policy Making, and the NLRB" (1954) 6 Syr L Rev 93.

③ Labor-Management Reporting and Disclosure (Landrum-Griffin) Act of 1959, 73 Stat 519 (1959). 其中一条修改了《国家劳动关系法》(华格纳法) 的零星条文，并编入 29 USC ss 151－169；1959 年立法的其他内容则编入 29 USC ss 401－531。

④ Eg P Jacobs, The State of the Unions (Atheneum, 1963).

⑤ Hearings before the Subcommittee on Labour Management Relations of the Committee on Education & Labour, US House of Representatives, 95th Cong, 1st Session, 9 August 1977 (on JP Stevens); and C Craypo, "Collective Bargaining in the Conglomerate, Multinational Firm: Litton's Shutdown of Royal Typewriter" (1975) 29 Indust & Lab Rel Rev 3－25.

主实施更严厉的制裁；缩短旷日持久的、为举行选举而发起的运动，那已经成了挫败员工获得代表企图的手段。[①] 1977 年，为实现这些改革而草拟的立法摆在了国会面前。这一年，由于水门丑闻和吉米・卡特（Jimmy Carter）总统当选，民主党在两院都取得了显著多数。然而，尽管行政和国会领袖均表示支持，法律却没能出台。于是，地基的另一座支柱——劳动立法——也开始消失了。

次年，我最了解的一位学者开始执教劳动法。那时劳动法学者的角色是清晰的。显然他或她不能宣称劳动法正在死亡。有谁会聘请这样一位学者，甚至给他终身教职呢？而命运也不再允许他的国家的学者去发展劳动法。到了 1978 年，新劳动法已经确定出局。国会不会通过这样的法律。劳动关系委员会不会制定这样的规则（而他们也不会阅读学术作品）。工会运动则显然过于虚弱，无力带来任何法律的改变。而学者虽然不再发展劳动法，却必须继续发展劳动法理念。

劳动法与其理念的对比多么鲜明！劳动法僵化了，而劳动法的理念却新鲜翠绿，不断扩张！我们已经见识了许多劳动法的理念。关于劳动法的预设目标存在众多的表述：平等、社会主义、减少纠纷、正义和公平、共同体、民主、支持现代福利国家。年轻的学者想，为何不给这个清单再加些什么呢？

于是，劳动法的每一个失败，都成为劳动法理念的成功。

事实上，劳动法理念的问题，恰恰就是劳动法地基消失的问题，最终则是劳动法本身的问题。归根究底，劳动法理念的每次繁荣，都不过是应对支柱消失的手段：充当市场供应垄断者的雇主、工会、工作、罢工或新的立法。

1977 年的改革立法非常温和，却失败了，这促使这位学者想出一个新的劳动法理念。他认为，劳动法是（8）精英向反叛的员工运动进行象征性让步的工具。[②] 这能够解释诸如法国、意大利、瑞典、荷兰和西德之类的西欧国家为何在 1977 年前的十年间年出台了新的基本劳动立法。他在同一篇文章中提出了一个更为宽泛的劳动法理念：（9）劳动法是各种符号和象征的来源，劳动者通过这些符号和象征来理解其自身在政治和社会秩序当中的地位。

类似的，工会密度的加速下降无疑会削弱劳动法。但这也给劳动法理念带来了机会。新形式的劳工组织会涌现出来。代表雇员的可能会是特定种族、族裔或性别的会议，或者未获得多数员工支持的工会，或者工人中心（worker centers），或者移民权利群体。和之前一样，我们拥有的劳动法变少

① C Becker, “Democracy in the Workplace: Union Representation Elections and Federal Labour Law” (1993) 77 Minn L Rev 495.

② A Hyde, “A Theory of Labour Legislation” (1990) 38 Buff L Rev 383.

了，而劳动法的理念却变多了。根据这种理念，劳动法未必和工会相关，它可以（10）促进新的运动和组织。[①]

当学者们再一次从塔里下来并走进地下室时，崩溃变得更加严重了。贸易限制的减少和全球贸易的增长被称为全球化。越来越少的雇主可以在有庇护的本土市场内销售，并避免价格竞争。汽车、钢铁、橡胶、飞机、船舶和电话服务的制造商如今面临着严峻的竞争。他们不再是市场供应的垄断者，不能简单地先发福利再提价格；他们的工资越来越多地根据国际竞争市场来确定。[②] 他们越来越多地效仿那些拒不就范的雇主，而 1970 年代已然证明，对于顽固拒绝承认工会的雇主并没有什么有效的制裁措施。这无疑是对劳动法的新一波毁灭性打击，然而，这刺激了多少新的劳动法理念啊！学者们可以将劳动法的理念理解为（11）全球性的。这又复活了一些旧的劳动法理念，例如（12）将工资排除出竞争之外和（13）避免探底（races to the bottom）现象。[③]

劳动法理念的全球化也催生了新的理念。劳动法理念如今是（14）经济发展的一条好路径，比如（15）实施阿玛蒂亚·森（Amartya Sen）关于人类发展的理念。[④] 另一个新理念是（16）解决政府间的集体行动问题。根据这种观点，劳动法的理念是政府间为达成博弈的合作解决而签署的默示协定。如果博弈的任何一方叛变，则合作解决将会夭折。[⑤]

每次探访地下室都会发现，地基正以令人警惕的速度加快销蚀。立法早已付之阙如。劳动行政法也已消失。工会基本不复存在。而罢工已成为记忆。

① A Hyde, “Employee Caucus: A Key Institution in the Emerging System of Employment Law” (1993) 69 Chi-Kent L Rev 149; “Who Speaks for the Working Poor?: A Preliminary Look at the Emerging Tetralogy of Representation of Low-Wage Service Workers” (2004) 13 Cornell JL & Pub Pol'y 599-614; “New Institutions for Worker Representation in the United States: Theoretical Issues” (2006) 50 New York Law School L Rev 385 - 415; and Working in Silicon Valley ch 9 (ME Sharpe, Inc, 2003).

② M Bertrand, “From the Invisible Handshake to the Invisible Hand?: How Import Competition Changes the Employment Relationship” (2004) 22 (4) J Lab Econ 723（进口竞争与工资反映市场条件的程度相关，而非与从起薪开始按级数增长相关）。

③ C Summers, “The Battle in Seattle: Free Trade, Labor Rights, and Societal Values” (2001) 22 U Pa J Int'l Econ L 61; and K Van Wezel Stone, “To the Yukon and Beyond: Local Laborers in a Global Labor Market” (1999) 3 J Small & Emerging Bus L 93.

④ Brian Langille, Labour Law's Theory of Justice, in Guy Davidov & Brian Langille (eds.), The Idea of Labour Law, Oxford: Oxford University Press, 2011. 劳动法在其黄金时代是关乎集体而非个人发展的，将其重新定向到个人发展并非易事。

⑤ A Hyde, “A Game-Theory Account and Defence of Transnational Labour Standards-Preliminary Look at the Problem” in JDR Craig and SM Lynk (eds), Globalization and the Future of Labour Law (CUP, 2006) 143 - 66.

充当市场供应垄断者的雇主不再存在。而民族国家正日益服从于跨国的架构。

下一次查看地下室时，连工作都消失了。当然并没有完全消失，但它们无疑正在崩溃。劳动力当中有越来越少的比例可以终身在某个地点从事同一岗位，而这本来是共同体与组织的源泉，越来越多的劳动者索性与劳动力市场脱节。[①] 其他劳动者则频繁更换工作，以至于和任意特定雇主都缺乏联系。还有数量越来越多的劳动者虽然为某一雇主工作，在法律上却是某个劳务派遣机构或者劳务外包组织的雇员。他们不仅不知道应当效忠于谁，甚至不知道到自己到底在为谁工作。[②] 本段所描述的这些个人几乎都没有获得工会的代表身份，而许多人都处在劳动法的边缘。[③]

然而，正如我们所熟悉的那样，虽然这些趋势将会毁灭劳动法，它们却给劳动法理念带来了新机遇。学者们只需要提出一种与我们所熟悉的工作无关的新劳动法理念即可。这并不困难。我们已经拥有了许多的劳动法理念。再创造一个或更多的理念是很容易的事。新的劳动法理念之一主张，（17）劳动法的存在就是为了服务于这些无根的劳动者，不过这一理念的细节实在太模糊了。[④] 另一种观点则认为，劳动法的理念要（18）帮助这些劳动者建立新的组织，组织的基础则是地理社区和政治行动。[⑤] 还有人说，劳动法的理念其实和工作无关，其与工作的结合不过是历史巧合而已。这一次，诸如住房之类市场中的集体行动问题导致谈判达不到最优状态，而劳动法的理念据称不过是（19）规制这些市场的工具的集合。[⑥]

劳动法的理念何其多！没了立法，没了行政，没了工会，没了采取合作态度的雇主，没了罢工，没了工作，甚至没了劳动力市场，劳动法竟然还能存在！劳动法理念形态各异：鼓舞人心的，伦理的，哲学的，演化论的，政

---

① KE Klare，Toward New Strategies for Low-Wage Workers'（1995）4 Boston U Pub Interest LJ 245.

② 根据1995年进行的、对于当前人口普查的补充调查，57%的派遣工都将他们被派遣到的客户"不精确地"指认成了自己的雇主。SN Houseman and AE Polivka，"The Implications of Flexible Staffing Arrangements for Job Stability" in D Neumark（ed），On the Job：Is Long Term Employment a Thing of the Past?（Russell Sage Foundation，2000）427－62. "不精确地"一词所加的引号很醒目，它指向美国劳动部所制定的一条绝少实施的规则："当劳务派遣公司为另一雇主提供雇员时，通常将判定存在联合雇佣" 29 CFR s 825.106（b）（1）；其中"通常"和"判定"的说法简直是对美国劳动部堕落时期的斯威夫特式讽刺。

③ G Davidov and B Langille（eds），Boundaries and Frontiers of Labour Law：Goals and Means in the Regulation of Work（Hart Publishing，2006）

④ A Hyde，Working in Silicon Valley：Economic and Legal Analysis of a High-Velocity Labour Market（ME Sharpe，2003）.

⑤ K Van Wezel Stone，From Widgets to Digits：Law and the Changing Workplace（CUP，2004）.

⑥ Hyde，"What is Labour Law?" in Davidov and Langille（eds），above n 16，37－61.

治的，博弈论的，抽象的。然而，没了地基，劳动法理念又还能是什么样呢?显然它只能生存在高出地面很多的地方。它不得不非常抽象、理想化、简化，就像博弈或经济学模型一样。而且轻飘飘的，不能再轻了。比空气还轻，比太阳还亮。

谁能把这样的理念带到地下室里呢?地下室在坍塌。几乎再没人造访那里了。地下室变得危险，对于像劳动法理念这么金贵的东西来说，实在太危险了。

劳动法的实践与高居塔中光芒四射的劳动法理念无关。劳动法的实践是一系列成熟的脚本，雇主的律师无须想象力即可将其掌握，用来维护雇主特权并避免分享任何权力。一旦学生习得了吓唬劳工的脚本，他们就能阻止员工在决定代表权的选举中投票反对建立工会，而完全不会受到法律惩罚。后来他们还学会了坐到谈判桌前，寸步不让，绝不签约，而从不承担法律责任。类似的脚本每天都出现在劳动法的实践之中。

而在高塔之中，劳动法理念变得越来越华丽，越来越有范儿。再没有什么能约束它了。没人真的想用劳动法理念来指导自己的实践。也许压根没人这么干过。劳动法理念变得越来越晦涩，与法制官员、雇主和工会的实践都脱节了。真是不接地气。一种劳动法理念宣称，劳动法只是为了(20)在雇主和雇员组织就重新分配剩余进行谈判时降低交易成本。① 另一种则宣称劳动法(21)贯彻了康德的伦理哲学。② 还有人宣称，劳动法理念实施了(22)新治理论。甚至没有人搞清楚到底何为新治理论。某些法律学者通过修炼某种法学院的瑜伽，将自己从一切道德和政治的承诺中解脱了出来，而新治理论似乎就是对这些学者的某种神秘崇拜。而其他人仍然服膺道德和政治承诺，他们的身躯过分“僵硬”，无法加入“柔韧”的新治理论瑜伽者之列。

2010年，我最了解的一位学者应邀出了趟远门，参加一场关于劳动法理念的会议。虽然他很希望与老友重逢，但他感到很厌倦。我不是每隔一两年就为他们提供新的劳动法理念吗?我不是已经解释过，劳动法理念其实是要对劳工做出象征性的妥协，克服劳工的集体行动问题，在发展中国家协调各政府部门，以及其他吗?好吧，看看我还能制造什么新的劳动法理念。于是他走下高塔，穿过花园，爬到地下室中，检视他的国家的劳动法的地基。

而这一次，啥也没有。

真的，真的啥也没有。

---

① KG Dau-Schmidt, “A Bargaining Analysis of American Labour Law” (1992) 91 Mich L Rev 419.

② H Spector, “Philosophical Foundations of Labour Law” (2006) 33 Fla St L Rev 1119.

连国家劳动关系委员会都真的没有了。我不是说委员会没有实效，只能做些日常行政。当然没有实效。自从这位学者出生以来，委员会就没有过实效。我的意思是连国家劳动关系委员会本身都没了。2007年到2010年间，委员会在26个月里都只有两名成员，而立法要求委员会由5人组成。美国最高法院判决说，这两名成员不能做出有法律效力的决定，所以他们在两年多的时间里所做的决定都归于无效。① 然而，他的国家虽然两年没有委员会，却不容易看出导致了什么负面效果。

为什么只剩下两名成员？整个2008年，民主党主导的参议院都无法通过共和党总统在其任期最后一年的任何提名。到了2009年，总统换成了民主党人，而民主党也掌控了国会。总统将3个提名送交参议院批准，这些人符合人们对于民主党当政的预期（两位工会律师加一位资方律师）。可是参议院没有批准他们的提名。

总统提名的委员之一曾担任劳动法教授，本文已经引用过他的文章，那是理解工会选举法的标准参考文献。② 他是服务业雇员国际工会（SEIU）的律师，该会通常被认为是该国最活跃也最有趣的工会③，虽然左派经常批评该会与雇主相处得过于融洽，而内部架构也有些专制。④ 我们的学者认为，贝克尔（Becker）是国家劳动关系委员会的史上最佳人选。几乎没有哪个劳动法从业者不会把他排进头两三名。两位民主党参议员与全体共和党参议员联手，拒绝就他的提名举行投票。总统起初拒绝在国会休会期间任命他，这本来是应用甚广的一种做法。于是僵局继续。最终，总统做出了3个休会期任命，完全恢复了委员会的力量，尽管贝克尔委员的任命恐怕仍然无法获得参议院的认可，这意味着他的任期到2010年为止。或许在塔中人看来，服务业雇员国际工会与雇主相处得过于融洽了，而在地面上的人看来，这种关系还不够融洽。

自1959年以后就没有劳动立法了。不过，很多人曾经以为，既然民主党在国会两院都占据了显著的多数，而总统也换成了民主党人，那就有可能出台新的劳动立法。拟议中的立法几乎没有包含什么原始创新。它所采纳的两

① New Process Steel, LP v NLRB, 130 S Ct 2635 (2010).

② Becker, above n 7. See also C Becker, "Better Than a Strike: Protecting New Forms of Collective Work Stoppages Under the National Labor Relations Act", (1994) 61 U Chi L Rev 351.

③ See, eg, SH Lopez, Reorganizing the Rust Belt: An Inside Study of the American Labour Movement (University of California Press, 2004)，讨论该会在组织小型私人医院时的创新。

④ S Early, Purple Haze: Andy Stern, Anna Burger, and the Civil Wars in American Labor (forthcoming); S Early, "The Progressive Quandary About SEIU", 14 December 2009 # http://www.zcommunications.org/the-progressive-quandary-about-seiu-by-steve-early#.

项温和改革措施已经写入了某些加拿大省份的劳动法，以及美国公共部门的劳动法，其内容是：要求雇主承认那些获得职场内多数员工签名支持的工会[①]；工会获得承认以后，如果双方未能达成首份协议，则强制仲裁。[②] 立法如今毫无希望。

工会谴责总统推进立法不力，仿佛总统的职责是团结公众支持工会，而不是完全相反。美国工人运动连一位能够在电视上亮相或发表公开演说、还能起到实效的代表都没有。工会运动如此缺乏人才，以至于工会的代表在友好的氛围下都无法解释失败的立法有何功能、为何必要。[③]

工会并没有从地下室彻底消失。但是工会在持续衰落，品质也发生了蜕变。私人部门的劳动者只有 6.9%获得了工会的代表。[④] 工会运动越来越被代表公共部门雇员的工会所主宰。这些工会在很大程度上充当这些雇员的政治游说代表，与其他公共项目竞逐公共基金。2009 年，美国只发生了 5 起大型罢工，也即超过 1 000 名劳工参与的罢工，这是有记录以来的最低点。[⑤]

劳动立法的失败不是新事，而这一次的要害在于希望的破灭。2008 年的国会选举让民主党占据了自其产生以来最大的多数优势，而这届国会却收效甚微，遑论劳动法改革。这清楚地表明再不会有新劳动立法了。我们的国家劳动关系委员会只剩下 2/5。我们的劳动立法或许也只剩下 2/5 了。

彼得·布鲁克（Peter Brook）曾经描述过莎士比亚的巨作《李尔王》的结构。李尔失去了他的王国、权力和扈从。他看上去已经失去了一切。但他仍然保有理性。之后他连理性也丧失了，这时他看上去真的一无所有了。但他留存了一件东西：与考狄利娅（Cordelia）和解的希望。后来他失去了希望，就死了。道理就是如此。人如果抱有希望，就不会什么都失去。对劳动法改革失去希望非同小可。

---

① C Riddell, "Union Certification Success under Voting versus Card-Check Procedures: Evidence from British Columbia 1978—1998" (2004) 57 Indus & Lab Rel Rev 493; and S Slinn, "An Empirical Analysis of the Effect of the Change from Card-Check to Mandatory Vote Certification" (2004) 11 Canad Lab & Empl LJ 259.

② S Slinn and RW Hurd, "Fairness and Opportunity for Choice: The Employee Free Choice Act and the Canadian Model" (2009) 15 Just Labour 104.

③ 2009 年春天，我收听纽约公共电台的一档每日谈话节目，惊恐地发现：尽管节目的主持人布莱恩·里尔（Brian Lehrer）非常睿智，提问也温和而带有鼓励，一位工会代表在如此友好的环境中却仍然解释不清立法的作用。

④ US Department of Labor, Union Members-2010, USDL 11-0063 (21 January 2011), available at #http://stats.bls.gov/news.release/pdf/union2.pdf#.

⑤ US Department of Labor, Major Work Stoppages in 2010 (8 February 2011), available at #http://www.bls.gov/news.release/wkstp.nr0.htm#.

我们的学者对此当然感到沮丧。但这真的算不上新事。再说，我们所在乎的毕竟不是劳动法。我们在乎的是劳动法理念，而即便工作、工会、罢工、采取合作态度的雇主、立法和专业政府官员全都消失，劳动法理念的寿数也不会告终。学者自问，这些东西的消失对你有好处吗？你曾经建议的、那些可以换个方式推行劳动法的其他机构，都干得怎么样？替代性的劳工组织，或者全球性的劳动权利，抑或那些与劳动大军的主体或特定雇主联系松散的劳工所建立的新组织，是否迎来了重生？完全没有。它们的发展很慢，这倒有些像劳动法。

学者认为，这当然是个挑战。当旧地基的一切要素都注定消失、永不再来，我该如何发明新的劳动法理念呢？因为我必须得搞发明。如果不能持续产出新劳动法理念，我的职业生涯就失去了意义和目的。

他意识到：不。我不能一直这样下去。我不能一直发明新故事，去解释劳动法理念何以在失去其在尘世的一切形象以后，仍能以理论的形式苟活。劳动法仍会是规制的一个技术分支，就像证券或银行业规制一样。人们在决定行动或者不行动之前会翻阅它的规则。但是不会有人想从劳动法中寻求启发灵感的价值，就像他们不会指望在证券或银行业规制当中找到这种价值。

我们需要另觅启发。必须有些什么来启发我们，哪怕这种东西比黄金时代的劳动法理念更加乌托邦。我们可以从自由、平等、民主和人类发展本身当中获得启发。但是再不能从劳动法理念中寻找启发了。这一次，它真的再也带不来启发了。

工作转型与欧洲劳动法的未来：跨学科视角 *①

［法］阿兰·苏彼欧** 著　陈靖远*** 译

无论是在国际上还是在一国之内，劳动法都根植于一种工业模式，这种工业模式目前正在受到技术和经济变化的削弱。这给劳动法的未来带来了严峻的问题。它应当消失么？它应当被用来抵制这些变化么？还是劳动法本身也需要做出改变来迎合这些变化？正是在这样的背景下，欧盟委员会 1996 年发起了一项关于欧洲（更准确地说是欧盟）工作转型和劳动法未来的前瞻性、跨学科的反思过程。本文介绍了 1998 年在该项进程结项时所提交的报告中的突出特点。② 尽管该项研究在性质上属于法学范畴，即预测欧洲国家劳动法的法律分类的发展，但只有通过对雇佣关系实践中发生的变化进行多学科分析才能实现。该项分析也需要结合比较视角，并考虑各国的不同经验。它的目的并不是描述劳动法的现状，而是从动态的、历史的视角来思考这一问题。这就需要一种历时的（相对于一时的）方法来研究当下的问题。因此，这项研究面临着如下三重挑战。

---

* 原题：The Transformation of Work and the Future of Labour Law in Europe：A Multidisciplinary Perspective。原载 *International Labour Review*，*Vol*. 138：1，*p*. 31－64（1999）。版权归属为出版商约翰威利国际出版公司（John Wiley & Sons Inc）。Copyright © 1999－2019 John Wiley & Sons，Inc.。注：原文各级标题未加序号，译文中的标题序号为译者所加。

** 阿兰·苏彼欧（Alian Supiot），法国法兰西学院（Collège de France）讲席教授，国际劳工组织全球未来工作委员会成员。

*** 陈靖远，法学博士，清华大学法学院博士后研究人员。

① 收稿时间：2019 年 12 月。

② 这份报告在 1998 年 6 月于马德里召开的专门国际研讨会中被提交并讨论。这是一份跨学科研究团队的成果，团队成员包括 Maria Emilia Casas 教授（马德里康普斯顿大学），Jean de Munck 教授（鲁汶大学，托马斯莫尔学院），Peter Hanau 教授（科隆大学），Anders Johansson 教授（斯德哥尔摩大学），Pamela Meadows 教授（英国国家经济社会研究院），Enzo Mingione 教授（帕多瓦大学），Robert Salais 教授（法国国家科学研究中心经济历史动力与制度研究所；卡尚高等师范学校），Alain Supiot 教授（法国国家科学研究中心，南特大学），以及 Paul van der Heijden 教授（阿姆斯特丹大学）。Alain Supiot 担任该研究团队的总报告员。完整报告的法文（Alain Supiot（ed.）：*Au-delà de l'emploi*，Paris，Flammation，1999，321 pp.）与西班牙文版本已出版。德文与英文版本也正在筹备。本文以报告中引用的参考文献精选做结尾。

一、前　言

（一）跨国研究的困难

在过去 15 年左右的时间，欧洲的建设引发了大量社会和劳动领域的比较研究。这一历程凸显了跨国比较的极度困难。因此，在进一步的考察中，看似普遍的概念范畴几乎总是存在差异。举一个例子：欧洲共同体成立将近 40 年后，仍未找到工资雇佣（wage employment）概念的共同定义！考虑到这种概念多样性，必须规避两个陷阱。第一是高估了这种差异的程度，并认为某种国家宿命论阻碍了如今共同体对工作问题的概念化。反之，第二个陷阱是低估了差异性并将本土文化与一些注定要被经济全球化所淘汰的过时特质等同起来。但全球化只是开放国际市场的一种表现形式，其也会产生"再地域化"（re-territorialisation）的影响，这点已经被经济学家所确认。事实上，多样性和对商品质量的新需求往往会更加重视企业可利用的地方性集体资源（例如，公共服务、运输、劳动力技能、分包网络）。

（二）跨学科研究的困难

法律概念的重新划分不能脱离实践中所发生的变化，因此，需要法学家与社会学家之间的对话。然而，他们之间对话的充分性程度取决于能否避免以下两个陷阱。第一是法律的工具主义。在政治思想和实践中，确实存在着一个普遍的倾向，就是把法律仅仅当作服务于社会经济合理性的工具。但是，这种工具化只能走进死胡同，这在持有这种理念的雇佣政策的滥用中就可以体现出来。在另一个极端，第二个误区是"故步自封"，将法律视为一个封闭的规则体系，既不能向客观世界提供任何东西，也无法从外界获取任何东西。这种想法将妨碍人们理解法律和社会变化。为了避免这两个误区，必须认清法律既是社会关系的决定因素，又是社会关系的表现形式，并且，它在落后于社会发展的同时也能预测其发展。无论如何，都还存在着抽象化的风险，即忽视特殊工作（非雇佣）形态极端多样化的风险。事实上，劳动法的分类框架——例如"劳动者"（worker）或"失业者"（unemployed）——本身也有助于掩盖这种多样性，因为这种分类被社会科学和它们的基础统计方法所使用并进一步传播。

（三）历时研究面临的困难

历时研究的目的是通过考察工作的变化来理解它的发展方向。但是，我们仍然要注意避免两个误区。一是高估了转型规模的风险。在不断变化的世界中，人们确实非常容易将世界的局部变化视为全貌，并忽视了那些维持现有社会制度的力量。例如，大规模失业的出现并不意味着整个社会的“工作的终结”（the end of work）。同样，新就业形式的出现（例如远程劳动）也并不必然意味着旧形式的消失。当然，失业和当下新的就业形式也绝不是边缘话题。它们对当前社会运行的核心机制提出了质疑。因此，第二个误区，就是低估这些转变的重要性并且仍然依赖从工业模式承继而来的概念，因为这些概念仍在继续支配着劳动法并且符合世界上大多数劳动者的状况。雇佣实践已经发生了巨大的变化，工业模式从来都不具备普遍性。然而，西方国家的劳动法正是参照着这种模式发展起来的。在很大程度上，国际劳动法也是如此，尤其体现在国际劳工组织制定的劳动基准中。因此，现在的问题是：目前雇佣关系概念化赖以为基础的参照模式是否以及如果是的话在何种程度上发生了转变。

这个问题已经从各个视角被研究，现在将依次讨论每个视角——劳动法的范围、劳动者的职业身份、工作时间、代表和集体谈判，最后是国家角色。

二、扩大劳动法的范围

劳动法以雇佣关系的概念为基础，这种关系既有等级性又有集体性。在这个框架中，雇佣合同最初是在主仆关系（即从属性）的基础上创造出来的，它建立在劳动者和劳务使用人之间。一个企业被视为一个共同体，各行业的劳动者因为一个共同的经济活动被聚集在一起，并接受同一个雇主的管理。

这个概念体现了产业关系（industrial relation）所谓的“福特模式”(Fordist model)，即大型工业企业根据任务和技能的极度专业化以及金字塔形的工作组织进行大规模生产的模式（劳动力的垂直监管、产品设计与制造的分离)。在欧洲，这种模式的关键是无固定期限的典型雇佣，劳动者通过承认依赖性来换取稳定的生计。现在，这种模式迅速输出给其他工作组织模式已是司空见惯，其他工作模式在如下三个要素的相互作用下发展起来：提高技术水平（独立于合同从属性的职业自主权随之增加)，在越来越开放的市场中与日俱增的竞争压力，以及科技的飞速进步（尤其是在信息和通信领域)。

难点在于，这些新模式各不相同，它们在不同的国家具有不同的特点(尽管它们可能缘起于全球变革的同一进程)，以及它们并没有完全取代福特制的就业和福利制度在整个欧洲衍生的各种在先形式。换言之，如今的经济和社会状况已经不能仅局限为单一的雇佣关系模式的出现。事实上，它呈现出各种各样的生产环境。例如，自营职业、分包或外包可能反映了一种围绕着劳动法的简单策略，试图减少传统的、低附加价值经济部门的劳动力成本。

相比之下，同一工作组织形式也可能反映出高技术部门对创新策略的追求。首先，这样做的目的在于降低人力资源的重要性（财务方面），而接着则是为了增加他们的重要性（主动性、技能和资格方面）。这种对权力进行重新分配的方式，或者说以职业自主性来平衡雇佣关系中的保护的方式，具有非常不同的含义，并且需要相应的不同法律应对。这解释了就业合同类型的日益多样化。在真正的从属劳动者和真正的独立企业主之间，正在形成第三种类别——那些在法律上具有独立性（即自营职业者）但是经济上具有依附性的劳动者。虽然目前处于这种情况的劳动者可能还没有占据劳动力中很大的比例，但是他们的数量看起来将要增长。

这些发展对于劳动法和社会保障法对劳动者的保护带来严重的后果。第一是通常会增加个人的不安全感，正如具有经济依附性的自营职业劳动者或者被"要求"不要参加工会的不稳定雇佣的劳动者。第二个后果是在工资雇佣和自营职业之间逐渐扩大的灰色地带。事实上，合法的独立分包人，包括个人和企业，都有可能在经济上依附于单一客户或者主承包商，或者非常少量的客户。反之，一些准确来讲属于工资雇佣的劳动者在实践中正在越来越具有自主性。最后，第三个后果是就业关系需要在企业网络的背景下进行理解，例如，尤其是总承包商对分包商的劳动者的安全健康负有责任，或是对合同劳动者的保护，或是和要遵守法定工作时间的企业承担连带责任。

本次调研报告列出了应对这些发展的两个原则。第一个是基本原则，即雇佣关系的法律性质不由双方当事人自行决定。第二个原则是劳动法的范围扩大到自营职业劳动者的承包。这预示着一种普适的劳动法，其分支可以适应各种就业形态（例如传统的工资雇佣、经济依附性的自营职业）。其根本目的是防止在雇佣合同下享有广泛保护的劳动者与因在其他类型合同下而受到较少保护的劳动者之间的裂痕逐渐扩大。在历史上，劳动法的基本功能之一是为社会凝聚力提供一个基础。并且，如果它要继续实现这一功能，就必须跟上当今社会工作组织的变化。尤其是，它绝不能只局限于那些它最初起源于的、现在正在衰落的工作组织形式。

三、为个人创造新的职业身份

多年来劳动法和社会保障法所建立的相对持续和稳定的职业身份是为了适应福特制生产模式的需要。其原型是为了家庭生计而工作的男性户主，经过较短的初期职业培训，在同一企业或者同一行业内长期从事同一工作或同一类型的工作，并在年老时退休。这一身份的一致性——就劳动法和社会保障法而言——促成了一个劳动者利益共同体的出现，这点自然地体现在工业工会制中。

这一身份从来只适用于部分劳动力，但这并没有阻止它成为参照模型，即使是对于那些未能从中获益的人。这导致各种类型的劳动者（公务员、自营职业者、农民等）都开始为自己主张这一身份，包括直接主张（通过扩张适用于工资雇佣的法规的范围）或者将全部或其中部分法规转换为调整他们自己身份的规则——不仅包括个体方面的收入保障和社会保险，也包括集体方面的团结权、罢工权和集体协商权。然而，这种核心模式，即所有雇佣关系都倾向于参照的模式，并不是劳动者而是雇员的模式——忠诚的雇员将自己的毕生献给一家企业以换取一份“稳定工作”的保障。

在后福特制（post-Fordist）的工作组织模式中，这种稳定性正在消失。企业仍然非常需要劳动者，在技能水平、适应能力和自主工作能力方面，也许甚至比以前更加需要。但是他们不再提供保障作为交换。因此，最初支撑工资雇佣身份的交换条件——即以从属性换取保障——已经破裂，但是新的交换条件仍未形成。我们不能期待劳动者无限期地向一个无法为他们提供前景的企业做出越来越多的承诺，无论是内部的还是外部的。人们期待由国家来解决维持人们工作生涯持续性的问题和承担相应的成本，但国家并不是最佳的主体。花费巨额公共资金的大规模国家干预也只能起到缓解的效果。特别是，它不能解决核心问题，即建立一个能够适应新型的就业关系主导模式的职业身份。

不同于福特模式这种依赖于稳定的、以企业为基础的劳动力组织，这些新的模式依赖于流动性个体的协调过程。因此，有必要（也有难度）设计一个能够适应职业个性化和流动性的职业身份。这种流动性一旦成为工作世界的主要特征，将给劳动法带来艰巨的问题。事实上，雇佣稳定性不仅仅是劳动法的效果，也正是它的目标之一，作为确保劳动者真正职业身份的一种手段。不过，这一目标并没有失去它的重要性，因此今天所面临的问题是如何使劳动法适应变化（而非舍弃劳动法）。

包含着从属性和保障性的“雇员身份”需要被一种以全面的工作概念（即包括非市场的工作）为基础的新的个人职业身份所取代，以调和对自由、安全和责任的需求。当今的劳动法必须切实满足男女平等、持续培训、参与公共利益分配、家庭责任和劳动者的职业自由等要求。这需要更多地基于共性而非差异去理解不同的工作形态。这种方法可能有助于为个人构建一个新的职业身份框架（类似于他们的个人身份）以协调人们职业生涯中的多样性与连续性。

新的职业身份应当保障人生轨迹的连续性而非特定工作的稳定性。第一，这意味着保护在职业转换期内的劳动者。因此，必须特别重视劳动者失业后再就业的权利，身份的转换（如从工资雇佣转为自营职业），培训与就业、失业之间的联系，培训与学校、工作之间的联系，以及获得初次就业和预防长期失业。第二，需要发展新的法律工具以在整个工作与非工作的范围内确保该职业身份的连续性。问题关键就是线型职业模式的终结。职业中断和工作变动必须被视为是一个连续职业身份的标准构成。这种所需的连续性应当由法律或者集体协议来提供。

该职业身份不应再以受限的雇佣概念为基础，而应是一种更加广义的工作概念。劳动和社会保障法再也不能对非市场化的工作形式置之不理。一些作者所主张的“活动”（activity）的概念（如“活动合同”，由法国的 Boissonnat 报告所建议）[①] 由于过于松散而未被本报告采纳。工作的概念不同于“活动”，因为它与自愿或者依法承担的某些义务有关，这些义务的履行是为了对价，或者没有对价而是在某些法定框架内或依据合同约定。工作总是属于某些法律关系的范畴。工资雇佣（雇佣本身）所产生的权利，以及各种就业形式共同的权利（健康、安全等）和非职业工作所产生的权利（照顾受抚养人、自愿劳动、自我培训等），是本文中所设想的个人职业身份所固有的三组权利。第四组权利是普适性的社会权利，这种权利不与任何工作相关（医疗保险、最低社会保障等），并且不属于劳动法的特有范畴。至于男女平等待遇原则，则无差别地适用于所有上述四组权利。

这样定义的新职业身份承载着各种各样的“社会提款权”（social drawing rights）。近年来出现的具体劳动法权利具有两个方面的创新性。第一，它们赋予劳动者某些离开雇佣形式的自由，同时与特定的工作形式相联系（工会代表假、培训假、育儿假等）。第二，这些权利的行使是可以由劳动者自主决定的，并且不受制于前置条件的发生。这些权利为传统的社会和劳动权利提供了补充，向个人提供了一种控制灵活的手段。社会提款权的概念提供了一种协调内在于新的个人职业身份中的自由、安全和责任价值的方法。

---

① See Commissariat général du Plan: *Le travail dans vingt ans* (Report of the Working Group on “Work and Employment to the Year 2015”, chaired by Jean Boissonnat), Paris, Editions Odile Jacob, La Documentation française, 1995. [Ed.: For reference in English, see also Jean Boissonnat: “Combating unemployment, restructuring work: Reflections on a French study” and ILO: “Perspectives: What is the future of work? Ideas from a French report”, both in *International Labour Review* (Geneva), Vol. 135 (1996), No. 1, pp. 5-15 and pp. 93-110 respectively.].

四、从劳动时间到劳动者时间

时间作为对工资雇佣中工作履行的衡量和限制，对于雇佣关系的组织至关重要。事实上，无论是公共领域还是私人领域，工作时间的标准化在劳动力配置和时间的使用安排中都发挥着核心作用，前述两个领域都是在工作时间的模型中被塑造出来的。新的工作组织形式——尤其是灵活工作时间（弹性工时、年度平均工作小时、随传工作、兼职或者非正规就业）——正在产生一种新的工作时间概念，兼具多样化（出现工作时间与空闲时间之间的灰色区域：培训、准备工作、待命、计作工作时间的休假等）和个性化。这些发展带来了一些问题，即如何保留一些“集体时间”（尤其是为家庭生活）以及向人们提供管理个人时间利用的手段。根据本报告，灵活性必须被视为一种赋予劳动者在人类生存的生物性和社会性需求的限度内所享有的特权。

在不影响与工作时间相关的定量问题的前提下——这才是真正重要的，也是目前争议很多的主题——本报告注重分析相关的定性问题。事实上，“社会时间”的观念已经被三个新因素所破坏。第一，福特制时间是一个衡量工作的一般标准。然而，这种标准的妥适性仅限于泰勒框架下的大规模生产。新的生产领域的出现需要其他的工具，不仅是衡量工作，也要衡量其包含的从属性以及所造成的不安全性。尤其是很多职业中越来越具有的类服务性质——包括制造业——导致时间感知方式的质的变化。例如，吊诡的是，过度劳动/总体工作承诺与正式工作时间的减少之间并不冲突。维持纯粹定量的工作时间计算标准，可能会掩盖工作方面的多样性，因此需要新的保护形式。

第二，越来越强调工作组织中的灵活性正在导致时间的碎片化。反之，这需要从两个不同的角度进行审视。从个别劳动者的视角出发，兼职雇佣和灵活工作时间既有可能使其获得更大的自由，也有可能增加从属性。女性尤其容易受到这种影响。从集体视角出发，时间碎片化给协调合作带来了新的问题。集体工作的运转被打破，破坏了社会整合（social integration）的基础。这一点体现在一些欧洲国家关于周日休息的公共讨论中。

第三，时间利用模式的个性化和多样化趋势使得坚持将工作时间视为客观标准或雇佣关系制度既定前提的法律规范无法发挥效用。但是，不干预政策可能会危及劳动者的生存基础，并进一步造成对社会联系（social bonds）的损害。放弃对工作时间的规制最终会对社会带来破坏性的影响。为打破这一困境，时间不应仅仅被视为工作时间，视为劳动力交易的衡量标准，还应当被视为一种主观体验，即劳动者生活中的时间。这种更广阔的视角则要求重新考虑对时间条款的协商和谈判。

因此，这个议题不是工作时间的去规制化，而是改变规制方式。最后，本报告总结了三个主要的指导原则。

法律需要以更广阔的视角看待个人时间和集体时间。工作必须与执行它的劳动者相适应，并非反之。这项一般性原则的所有含义应当被全面理解。因此，在个人层面，重要的是不能只关注于实际执行工作的时间，而应将考虑范围扩大到也包括合同的存续期间。例如，这实际上也关系到劳动者学习基本安全规则的情况。同样，生活时间以及它的各种突发状况，如怀孕、育儿、培训等，应当进行整体保障。在集体层面，法律必须努力确保遵循一定的原则，这些原则提供了社会协调和运作的结构，无论是家庭的还是公共生活的。

这一视角意味着实质性的原则。构成主观（个人）权利基础的若干一般原则必须得到保障，包括在社会层面。例如，私人和家庭生活得到尊重的权利是《欧洲人权公约》第 8 条[①]和国际劳工组织 1981 年《有家庭责任的劳动者公约》（156 号）及其附随的建议书（165 号）规定的一项原则。这比欧洲理事会的 93/104 / EC 指令[②]更进一步，该指令局限于福特制定义下的空闲时间，且只关心劳动者的健康和安全。享有上述权利的前提是协调原则（principle of concordance）的适用，即构成每个劳动者生活的不同时间片段之间的协调。因此夜间工作的问题也可以依据这些原则重新进行评估。

这一视角是通过集体谈判机制来实施的。时间的个性化不能与时间的个别协商相混淆。集体协商为时间的规制提供了最适当的框架。应当系统性地促进集体谈判，如果有必要的话，可以对不合规的行为课以处罚。但这需要对集体谈判的事项范围进行实质性改革，在本报告中也讨论了这一问题。

五、改变劳资关系的面貌

雇佣关系的集体维度总是与企业中盛行的工作组织形式密切相关。事实上，这样的组织决定了劳动力的特征，行动、代表和集体谈判的法律程序以这些特征为基础。工业化前的工作组织是以职业多样性为基础的，因此产生

---

① 该公约此条第 1 段规定："人人有权享有使自己的私人和家庭生活、住宅和通信得到尊重的权利。" See Council of Europe："Convention for the protection of human rights and fundamental freedoms", in *European treaties*, Strasbourg, Council of Europe Publishing, 1998, Vol. 1.

② 1993 年 11 月的 93/104/EC 理事会指令关注了工作时间安排的某些方面，载 *Official Journal of the European Communities*（Luxembourg），No. L. 307，Vol. 36，13 December 1993，pp. 18－24。

了社团形式的行动和代表制。在这一模式中，“集体谈判”实践以产品价格而非工资水平为中心。在工业化模式中，手艺和贸易不再是工作组织的核心。产业合作加剧了专业化分工以满足大规模生产的需要。在这个新的组织里，集体身份认同不再以特定职业为基础，而是以特定企业或行业内的雇佣为基础（集体组织在这两个层面的相对重要性因国家而异）。这种模式现在仍然运转良好，即使它现在与新的工作组织形式并存，而新的工作组织形式正在重构行动、代表和集体谈判框架。

在过去的二十年里，集体谈判一直是主要法律改革的聚焦点。这些改革遵循着两种不同的趋势。第一，集体谈判实践的普遍化。事实上，现在看来这是法律制定过程中必经的过渡阶段。它的规则超出了雇佣劳动法的范围，将那些虽然具有法律上的独立性，但在经济上依附单一客户公司的自营职业劳动者纳入其中。集体谈判也承担着新的功能并追求新的目标，从而扩大自己的适用范围，不再局限于生产率增益的分配和工作条件的确定。如果在某些法定框架内达成集体协议，这些变化会改变法律与集体谈判之间的关系。第二，集体谈判制度正在经历重构过程，也即企业层面分散化(decentralization)的强烈趋势与地方和跨国层面（企业集团和网络、地区）新的谈判单位的出现形成了鲜明对比。除了形式上的多样性，这一重构还引入了一定程度的法律复杂性，这在传统制度中是前所未有的。事实上，后者关于不同层面谈判之间的权力分配，目前还没有任何明确的规则。

雇员和劳动者的集体代表也经历了巨大的变化。很显然，集体谈判制度的重构对既有的工会代表结构提出了质疑。国家层面的全行业代表制正在受到破坏，这是由集体谈判权分散到企业层面和整合为新的更高层面的集体谈判单位（集团、网络、地区和欧洲）两个原因造成的。经济组织的转变催生了各种各样的企业，反过来也创造了就业关系的新范畴，例如，企业集群和集团、实现工作外包和稳定合作关系的企业网络、“依附性”的企业（子公司、分包商）、小微企业等。当然，将集体谈判权分散到企业层面，再加上新的谈判单位（例如集团、网络）的出现也是以企业为基础，得以加强劳动者代表在这些层面上的作用。企业选举产生的劳动者代表机构——即工作委员会（work councils）——事实上是唯一能够挑战工会代表制的选举代表形式。工作委员会巩固了他们在双重代表制（即工会代表和选举产生的职工代表共存）下的地位，双重代表制是大多数欧洲国家都采用的机制。在某些情况下，他们倾向于获得更多的参与权和控制权（信息与磋商）以及一些议价能力。

与此同时，工会组织一直以来的人和社会基础——即男性工业工薪者在典型的全日制无固定期限雇佣合同下工作——已经变得碎片化和多样化，从而破坏了他们曾经代表的利益共同体。全体劳动者和个体劳动者利益的多样性，再加上工作的不稳定性、职业经历的不连续性，业务分包、分散和转移的泛滥，都是导致传统工会代表制弱化的因素。结果是：工会代表劳动者的任务变得极为复杂，促使他们诉诸以代表性为基础的措施。大量的失业也削弱了工会的代表能力和影响力。对于失业的恐惧确实能够有力震慑劳动者参与工会斗争。现有的大量失业劳动力可以用来阻止劳动者积极参与工会所要求的行动。失业现象也导致新组织的建立，它们与工会形成竞争并挑战工会在代表性上的垄断（如非政府组织、为捍卫弱势者和失业者而建立的组织、基金会，等等）。

总而言之，忽视工会制因时间因素、工作组织变化、因循守旧和纯粹的缺陷所遭遇的不利后果是非常危险的。工会必须调整它们的组织结构和工作方法以适应如今工作世界的多样性。虽然这样的调整是必要的，但是绝不能为了维持集体代表体制而掩盖事实。确实存在许多因素，例如工会法的稳定性、对于工会代表的需要和替代机制的匮乏，使得可以更加安全地预判现有的集体劳动者代表形式将会做出一些调整而不会全面改革。

因此，上述分析排除了现行集体代表制发生任何深远变革的可能性和可取性。但是，面对新的工作组织形式出现了两种调整模式。欧洲工会在历史上的功能之一就是防止任何特定行业内的竞争对工资造成抑制效果（这是全行业内集体谈判的基本原理）。在这一功能发挥地最为成功的国家（例如德国），它有利于使企业之间的竞争集中在质量问题和竞争力方面，而不是致力于使劳动者更加贫困。然而，由工会巩固了统一职能的行业层面框架如今正在被新的企业组织形式削弱，特别是使企业能够逃避遵守行业层面集体协议的分包。企业因此得以使一个行业与其他行业竞争，从而降低劳动力成本。这相应地强化了促进企业集团、网络或者地区层面集体谈判单位发展。这并不意味着集中工会制度的终结，而是它们的角色发生了转变。它们的功能不再是决策制定中心，而是对个别企业或者初期谈判单位的要求、行动和协商进行协调。就业和企业形式多样化使得识别“劳动者利益”还是“雇主利益”更加复杂，这种转变将对就业和企业形式的多样化作出有效应对。

六、国家与社会公民资格（social citizenship）

在西方传统中，没有社会认可的法律和制度，就没有持久的社会秩序。中世纪国家的出现，以及一个世纪前福利国家的形成，向西方提供了一个可以参考的制度框架。但是这个框架的轮廓逐渐变得模糊。问题是，正在发生的事情究竟是国家的另一次转变，还是国家本身注定要让位给社会关系的其他参照框架。

自从民族国家模式主导世界以来（至少在形式上），这些国家为所谓的个人“社会资产”（social estate）的构建创造了环境。这种构建的三大支柱——劳动法、社会保障和公共服务——立足于国家制度的基石上。但是国家的这一基本角色明显受到了国际化和区域化两股力量的质疑。国家制度在为人民提供一个体面的生活水平上显得越来越无能为力，这一点通过由失业者和有薪穷人构成的新的下层阶级所占比例的扩大得到证明。随之而来的表现包括日益加剧的贫困、暴力和绝望，它们现在无处不在，在世界上最富裕国家的主要城市中的市场经济核心表现得最明显。

法律和国家无法与经济力量或社会生活完全隔绝。法律既影响着它们，也受它们的影响。任何不考虑经济和社会环境的法律都是无法执行的。反之，国家创设的法律框架是当今世界社会经济秩序的基础。在任何国家，政府、经济和社会都以复杂的方式相互作用，反映出这个国家的历史、文化传统和一直以来的政治分歧。不同国家的立法基础不同，因此塑造出不同的经济和社会期待。这种文化和历史的多样性有时使得为欧洲劳动力市场提供一个统一的法律框架变得十分困难。理解这些市场需要理解政府、经济和社会在国家层面的互动，并考虑由此产生的法律文化的多样性。

在这方面，需要注意普遍倾向于对比关于国家角色的两种广泛观点的局限性——即极简主义国家（minimalist State）（或称宪兵国家*）和保护者国家（protector State）（也被称为社会国家或福利国家）。欧盟的所有成员国都体现了这两种观点的结合体——二者并不必然互斥——并尽力保障公民的自由和安全。所以，在大部分国家，国家的权威来源于保护处于弱势地位者的能力。目前面临的问题一定程度上是因国家无力继续提供这种保护而导致权威的削弱。因此当下政治/法律争议的根本问题不再以 19 世纪的干预与放任困境为中心，而是国家在当今世界保持社会凝聚力的能力。

民族主义和凯恩斯主义国家已经陷入一种危机。第一，国家规制的基本假设不再成立。生活方式和公民期待的日益个性化与福利国家所采取的家长式手段不相匹配。此外，欧洲市场的开放，以及限制预算和抑制通货膨胀的必要性，结束了公共服务的持续增长。第二，国家行动框架正在发生变化。关于公共服务，从经理人国家（manager State）到担保人国家（guarantor State）的转变已经成为一种普遍趋势。这意味着对市民社会的新的干预形式。

---

* 原文中为“gendarme State”，指国家的行政任务仅局限于维护社会治安、社会秩序和保护人身财产安全等狭小的范围之内，是与福利国家相对的概念。——译者注

行政部门也没能幸免。公务员所享有的特殊地位正在被常规的雇佣合同所取代（不同国家的程度有所不同）。第三，一定程度的国家主权已经让渡给了欧盟。

这三项发展可能会缩小政治社会的自决范围。它既不能满足于极简主义国家（新自由主义），也不能完全地维持福利国家。我们需要寻找和发现新的国家干预方式，尤其是在社会经济领域。

本报告建议，所需的变革应当与以团结（solidarity）为基础的社会权利的综合视角相联系。这种团结不能仅仅被视为对个人需求的回应。这将导致只有在证明个人需求的情况下才赋予社会权利，从而导致从福利国家向某种"救助国家"（assistance State）或者甚至是"慈善国家"（charity State）转变。团结的目的也不应被界定为基于特定风险目录而向个人和企业提供被动保护的一种形式。更准确地讲，这项提议是为了建立一种团结的形式，在面对因不可避免的不确定性增长而随时随地可能发生的意外状况时，保障个人和集体安全。

为此，必须找到一种方法来提供两种类型的保障。

程序性保障。社会权利以享有他们的人参与制定过程为前提。但是这种参与不能仅被局限于政治代表性。它需要各种代表和社会协商的恰当机制。法律只能设定原则，而这些原则的具体实施则属于集体合同法的范畴。接着，集体协议也不能再被简单地视为调整双方特定利益的手段，而是由双方当事人共同参与以追求法律目的实现的规范性文件。在确定公共利益的过程中，独立机构也可以发挥有利作用，只要民主讨论不在一些"专家"的影响下离题。

实体性保障。在实体内容方面，欧盟应当优先努力确保欧盟层面的基本社会权利。这些基本原则已经在《欧洲共同体劳动者基本社会权利宪章》中得到部分承认，并被国际劳工组织标准更彻底地采纳，然而它们可以被写入欧洲层面的宪法。这一观点理所当然与现阶段欧盟建设中对社会经济问题的重视相一致。

七、结 论

在整合上述劳动和社会保障法的重组目标方面，社会公民的概念目前似乎比社会保护的概念提供了更好的前景。尽管国家的公民概念存在多样性，这一概念仍然可能成为欧洲层面整个部门法的基石之一。它的优点是具有包容性（它涵盖了社会保险之外的很多权利）；它把社会和劳动权利与社会整合的概念联系起来，而不仅仅是与工作的概念相联系；更重要的是，它传达了参与的理念。事实上，公民身份意味着其所涵盖的人应当参与制定和实现他们的权利。

精选参考文献

Ballestrero，Maria-Vittoria. 1987. “L’ambigua nozione di lavoro parasubordinato”，in *Lavoro e diritto* (Bologna)，Vol. 1，No. 1 (Jan.)，pp. 41 - 67.

Bercusson，Brian. 1996. *European labour law*. London，Butterworths.

Beretta，C. 1995. *Il lavoro tra mutamento e reproduzione sociale*. Milano，Angeli.

Cartelier，Lysiane；Fournier，Jacques；Monnier，Lionel. 1996. *Critique de la raison communautaire. Utilité publique et concurrence dans l’Union européenne*. Paris，Economica.

Chassard，Yves. 1997. “L’avenir de la protection sociale en Europe”，in *Droit social* (Paris)，No. 6 (June)，pp. 634 - 639.

Commissariat général du plan. *Quelles politiques pour l’industrie française. Dynamiques du système productif：analyse，débats，propositions*. Report coordinated by G. Colletis et J. -L. Levet. Paris. Mar.

Coriat，Benjamin. 1994. L’atellier et le chronomètre. Paris，Christian Bourgois.

Crouch，Colin；Streeck，Wolfgang. 1996. *Les capitalismes en Europe*. Paris，La Découverte.

Didry，Claude；Wagner，P. ；zimmerann，B. (eds.). 1998. *Le travial et la nation. La France et l’Allemagne à l’horzon européen*. Paris，Editions de la MSH.

Francq，Bernard. 1995. “Procéduralisation et formation”，in Jean De Munck，Jacques Lenoble and M. Molitor (eds.)：*L’ avenir de la concertain sociale en Europe*. Leuven，Université catholique de Louvain (Centre de philosophie du droit)，Volume 2. Mar.

Freyssinet，Jacques. 1997. *Le temps de travail en miettes*. Paris，Editions de l’Atelier.

Gaudu，François. 1995. “Du statut de l’emploi au statut de l’actif”，in *Droit social* (Paris)，No. 6 (June)，pp. 535 - 544.

Hanau, Peter. 1997. "Die Einwirkung des europäischen auf das nationale Arbeitsrecht—Ein Erfahrungsbericht aus Deutschland", in Juridiska Föreningen i Uppsala (ed.): *Festskrift till Stig Strömholm*. Uppsala. Iustus Förlag.

van der Heijden, Paul. 1998. *The flexibilisation of working life in the Netherlands. Paper presented to the* 15th *Congress of the International Academy of Comparative Law*, held at Bristol. July.

Ichino, Andrea; Ichino, Pietro. 1994. "A chi serve il dirtto del lavoro. Riflessioni interdisciplinari sulla funzione economica e la giustificazione constituzionale dell'inderogabilita delle norme giuslavoristiche", in *Rivista Italiana di Dirtto del Lavoro* (Milan), Vol. 13, No. 4 (Oct. -Dec.), pp. 459 - 505.

Leisering, Lutz; Leibfried, Stephan (eds.). 1998. *Time, life and poverty: Social assistance dynamics in the German Welfare State*. Cambridge, Cambridge University Press.

Lyon-Caen, Antoine. 1997. "Le rôle des partenaires sociaux dans la mise en oeuvre du droit communautaire", in Droit social (Paris), No. 1 (Jan.), pp. 68 - 74.

Mansfield, Malcolm; Salais, Robert; Whiteside, Noel (eds.). 1994. *Aux sources du chômage. Une comparaison interdisciplinaire France-Grande-Bretagne* 1880—1914. Paris, Editions Belin.

Maruani, Margaret; Nicole, Chantal. 1989. *Au labeur des dames: métiers masculins, emplois féminins*. Paris, Syros.

Meurs, Dominique; Charpentier, Pascal. 1987. "Horaires atypique et vie quotidienne des salarié", in *Travail et Emploi* (Paris), No. 32 (June), pp. 47 -56.

Mengoni, Luigi. 1986. "La questione della subordinazione in due trattazioni recenti", in *Rivista Italiana di Diritto del Lavoro* (Milan), Vol. 5, No. 1 (Jan. -Mar.), pp. 5 - 19.

Moreau, Yannick. 1996. *Entreprises de service public européennes et relations sociales*. Paris, ASPE.

Morin, Marie-Laure. 1996. "Sous-traitance et coactivité", in *Revue juridique Ile de France* (Paris), No. 39/40 (Jan. -June), pp. 115 - 131.

—. 1994. "Sous-traitance et relations salariales. Aspects de droit du travail", in Travail et Emploi (Paris), No. 60 (3/94), pp. 23 - 43.

Mothé, Daniel. 1994. "Le mythe du temps libéré", in Esprit (Paris), No. 8 - 9 (Aug. -Sep), pp. 52 - 63.

Mückenberge, Ulrich (ed.). 1998. Zeiten der Stadt. *Reflexionen und Materialen zu einem neuen gesellschaftlichen Gestlatungsfeld*. Bremen, Temen.

Offe, Claus; Heinze, Rolf G. 1992. *Beyond employment: Time, work, and informed economy*. Cambridge, Polity Press.

Olea, Alonso. 1994. *Introducción al derecho del trabajo*. Fifth edition. Madrid, Civitas.

Priestley, Thierry. 1995. "A propos du 'contrat d'activé' proposé par le rapport Boissonnat", in *Droit social* (Paris), No. 12 (Dec.). pp. 955 - 960.

Rodríguez-Piñero, Miguel. 1996. "La voluntad de las partes en la calificación del contrato de trabajo", in Relaciones Luborales (Madrid), Vol. 12, No. 18 (23 Sep.), 1 - 7.

—; Casas, Maria Emilia. 1996. "In support of a European Social Constitution", in P. L. Davies and Antoine Lyon-Caen (eds.): *European Community labour law: Principles and perspective. Liber amicorum Lord Wedderburn of Chariton*. Oxford, Clarendon Press.

Sabel, Charles F. ; Zeitlin, Jonathan (eds.). 1997. *World of possibilities: Flexibility and mass production in Western industrialization*. Cambridge, Cambridge University Press.

Salais, Robert; Storper, Michael. 1993. *Les mondes de production: enquête sur l'identité éconoque de la France*. Paris, Editions de l'EHESS.

Soskice, David. 1990. "Wage determination: The changing role of institutions in advanced industrialized countries", in *Oxford Review of Economic Policy* (Oxford). Vol. 6, No. 4 (Winter), pp. 36 - 61.

Storper, Michael: Salais, Robert. 1997. *Worlds of production: The action frameworks of the economy*, Cambridge, MA, Harvard University Press.

劳动的组织、生产率与福利*①

[日] 荒木尚志、[法] 西尔万·劳洛姆** 著　马进、罗寰昕*** 译

一、引　言

目前，世界各国都面临着共同的问题，包括经济全球化和随之而来的金融危机，前所未有的技术革命（线程间通信、物联网、人工智能等），商业结构改革引发工作场所分裂化②以及劳动者和工作方式的多样化。二战后以稳定标准雇佣关系为调整对象而被称之为"社会契约"③ 的劳动法调整模式正在走向瓦解。如何妥善应对这些问题正成为各国社会政策和劳资关系中日益紧迫的议程。

本文将分别在第二节与第三节讨论以下两个独立的主题：（1）新型工作组织形式对劳动和劳动法的影响；（2）分散化的集体谈判在调节工作组织、生产力和福利方面的作用。但这两个主题亦涉及共同的社会问题，即如何在迅速变化的劳动环境中为多样化的劳动力在灵活性和安全性或社会保护之间寻求更好的平衡。在最后一节，本文将审视新时期国家、法律、社会伙伴和市场的作用，以期更好地平衡灵活性和安全性及促进工作福利等。

---

* 原题：Organization，Productivity and Well-Being at Work。原载 Giuseppe Casale and Tiziano Treu eds.，*Transformations of Work：Challenges for the Institutions and Social Actors*，The Netherlands：Kluwer Law International B. V.，2006，at pp. 317－356。

** 荒木尚志，日本东京大学法学部、大学院法学政治学研究科教授，历任日本中央劳动委员会代理会长、劳动政策审议会劳动条件分科会会长、国际劳动法社会保障法学会副会长等。西尔万·劳洛姆（Sylvaine Laulom），法国里昂第二大学（University of Lyon 2）私法教授。

*** 马进，中国人民大学法学院博士研究生，负责本文第一、二部分的翻译工作；罗寰昕，中国人民大学法学院硕士研究生，负责本文第三、四部分的翻译工作。

① 收稿时间：2019 年 12 月。

② See David Weil，The Fissured Workplace（Harvard University Press，2014）.

③ Wilma B. Liebman and A. Lyubarsky，"Crowdworkers，the Law and the Future of Work：The U. S." in Bernd Waas et al.，Crowdwork-A Comparative Law Perspective. HSI-Schriftenreihe Band 22，32（Bund Verlag，2017）.

二、新工作形态及其对劳动和劳动法的影响

(一) 新工作形态及其对劳动的影响

在所谓的零工经济 (gig economy)、数字经济 (digital economy)、平台经济 (platform economy)、众包劳动 (crowd work) 中，或更广泛地说，在第四次产业革命下，信息通信技术和人工智能的快速发展所诱发的新型工作形态已获得广泛关注。

当下，我们面临两个不同的问题：（1）新技术是否将取代人类劳动；（2）数字经济中涉及新型工作形态的法律和政策问题。

1. 新技术会取代人类吗?

由于人工智能在内的技术的飞速发展，不仅常规任务已实现自动化，而且曾被认为无法自动化的认知性任务如今也处于风险之中。因此，与以往产业革命不同，人们担心在第四次产业革命中，工作本身可能完全为机器所取代。

2013 年，弗雷 (Frey，C. B.) 和奥斯本 (M. A. Osbome) 发表了一篇被广为引用的文章[①]，该文章认为 47%的美国职业将面临计算机化或自动化的风险。通过运用弗雷和奥斯本的模型，其他国家也报告了与之类似替代化的高度风险。例如，野村证券研究所 (Nomura Research Institute，NRI) 联合弗雷和奥斯本作出评估：49%的日本职业或为人工智能或机器人取代。[②]

许多质疑此类评估说服力的观点也被发表。例如，阿恩兹 (Arntz)、格雷戈里 (Gregory) 和齐兰 (Zierahn) 在其世界经济合作组织 (The Organisation for Economic Co-operation and Development，OCED) 所作报告中评估平均仅 9%的工作有高度自动化的风险。(自动化) 风险的数据范围大致由奥地利的约 12%至德国和西班牙的约 6%，该数据在芬兰和爱沙尼亚甚至更低。[③] 同时，与弗雷和奥斯本关于职业将被机器取代的假设不同，阿恩兹、格

---

① Carl B. Frey and Michael A. Osborne，“The Future of Employment：How Susceptible Are Jobs to Computerisation”，Oxford Martin School Working Paper (2013) . https://www.oxfordmartin.ox.ac.uk/downloads/academic/The_Future_of_Employment.pdf.

② 野村研究所 (Nomura Research Institute) 的报告称，49%的日本劳动力可以被人工智能或机器人取代。NRI News Release，2 December 2015. https://www.nri.com/jp/news/2015/151202_1.aspx.

③ Melanie Arntz，Terry Gregory and Ulrich Zierahn，“The Risk of Automation for Jobs in OECD Countries：A Comparative Analysis”，OECD Social，Employment and Migration Working Papers，No. 189，p. 8 (OECD Publishing，Paris，2016) . https://www.oecd-ilibrary.org/the-risk-of-automation-for-jobs-in-oecd-countries _ 5jlz9h56dvq7. pdf? itemId =% 2Fcontent% 2Fpaper% 2F5 jlz9h56dvq7-en&mimeType=pdf.

雷戈里和齐兰认为仅某些特定任务可以被取代。一定程度上，各国工作任务不同，职业各异。因此，根据弗雷和乔斯本德的结论，处于被自动化替代的风险之中的职业实际上被自动化所取代的可能性非常低，因为至少在可预见的将来大多数职业包含的任务仍难以被机器取代。与之类似，《德国白皮书4.0》（German White Paper 4.0）[①] 引用了该研究的结果，即目前德国只有12％的工作处于被自动化的高风险中。[②] 因此关于近一半的人类工作被机器取代的结论或许有些言过其实。

虽然新技术会导致某些工作岗位被取代，但正如我们在过去的产业革命中曾经历的那样，新工作岗位会被创造出来。[③] 根据《德国白皮书4.0》，若政策制定者和商业团体能够把握尖端科技的作用，系统地将教育及基础设施政策与数字化转型（“加速数字化”的情景）结合起来，27个行业（如零售、纸张印刷、公共行政）中将总共减少75万个就业机会。但这将被13个行业（如互联网技术服务、研究和发展）共计100万个工作岗位的增长所抵消。总体而言，到2030年，职业岗位将增加25万左右。[④]

如果能充分创造新的就业机会，科技性失业将进一步受到限制。[⑤] 然而，在数字经济中能否创造就业机会取决于是否采取了恰当的政策。传统职业被替代及职业结构的变化必将发生。根据世界经济合作组织的研究，自动化风险处于50％～70％之间的职业不会被完全替代，但是工人需要适应，因为工作将出现显著变化（见图1）。[⑥] 因此，如何应对科技革新带来的新挑战，包括工作的变化、技能的不匹配以及技能水平可能出现的两极分化则更为重要。

这就引出了第二个问题：如何应对数字经济下的新型工作形态？

---

① Federal Ministry of Labour and Social Affairs, White Paper Work 4.0, 47 (2017).

② Bonin, Holger; Gregory, Terry; Zierhan, Ulrich (2015).

③ See James Bessen, “How computer automation affects occupations: Technology, jobs, and skills” Boston University School of Law, Law and Economics Research Paper (2016); Simon Deakin and & C. Markou, “The Law-Technology Cycle and the Future of Work” University of Cambridge Faculty of Law Research Paper No. 32/2018 (2018).

④ See OECD, “Automation and Independent Work in a Digital Economy, Policy Brief on the Future of Work”, 3 (OECD Publishing, Paris, 2016).

⑤ 目前暂不清楚技术发展（尤其是机器学习和深度学习等人工智能）损害就业的同时能否充分创造就业。这仍需探讨。

⑥ OECD (2016), “Automation and Independent Work in a Digital Economy, Policy Brief on the Future of Work”, 2.

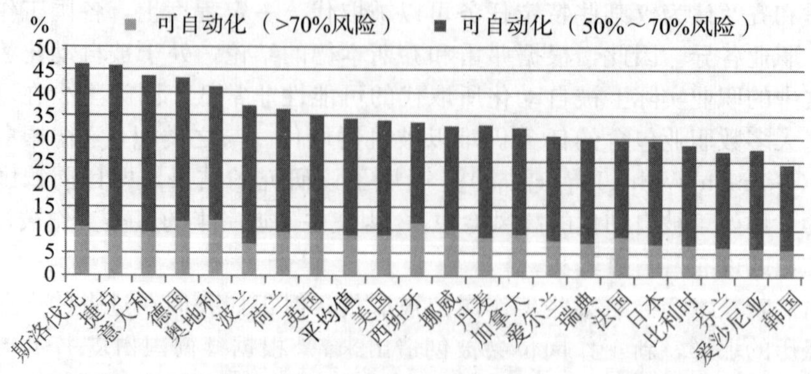

图 1　处于中高度自动化风险工作中工人的百分比

（经济合作与发展组织：《数字经济中的自动化和独立工作——未来劳动政策概要》，经济合作与发展组织出版，巴黎，2016）

2. 数字经济下的新工作形态

(1) 欧洲的新劳动形态

欧洲已经发表了大量针对新型工作形态的研究。① 最新且最为全面的是欧洲改善生活与工作条件基金会（Eurofound）针对新型工作形态作出概述：战略性雇员共享（Strategic employee sharing）②、工作共享（job sharing）③、临时管理（interim management）④、非正式劳动（casual work）⑤、基于信息通信技术的移动作业（ICT-based mobile work）⑥、基于凭证劳动（voucher-

---

① 例如 Eurofound, New forms of employment (Publications Office of the European Union, 2015); IndustriAll, Digitalization for equality, participation and cooperation in industry, Position Paper (2015); European Commission, "A European agenda for the collaborative economy" COM (2016) 356; European Parliament, "The situation of workers in the collaborative economy" PE 587.316 (2016); J. Drahokoupil and B. Fabo, "The platform economy and the disruption of the employment relationship" (ETUI, Brussels, 2016); Austrian Chamber or Labour et al., Frankfurt Paper on Platform-Based Work (2016)。

② 战略性雇员共享，即由雇主团体联合雇用一名雇员以满足不同公司的人力资源需求，从而使该雇员获得永久的全职工作。

③ 工作共享，指雇主雇佣两名或两名以上的雇员共同从事一份特定的工作，将两份或两份以上的兼职工作合并为一份全职工作。

④ 临时管理，即为某一具体项目或解决某一具体问题而临时雇用高技能的专家，从而将外部管理能力纳入工作组织。

⑤ 非正式劳动，即雇主没有义务定期为雇员提供工作，可以根据需要灵活地安排工作（例如，间歇工作和随叫随到工作）。

⑥ 基于通信技术的移动作业，即在现代技术的支持下工人可以随时随地完成工作。

based work)[①]、项目组合工作（portfolio work）[②]、平台工作（platform work)[③]、协作式自雇劳动（collaborative self-employment）[④]（见图 2）。该研究涵盖了 2000 年以来的"新"发展和在国家背景下被认为的"新"发展，包含了非必然由新技术或数字化创造的各种工作形态。

图 2　新型工作形态的九种类型

在针对新型工作形态的分析中，基金会得出结论：工作共享、雇员共享和临时管理似乎提供了最为正面的工作条件及对劳动力市场的影响。基于信息通信技术的移动作业部分带来积极的工作条件，但对劳动力市场的影响某些方面可能是消极的。基于凭证的劳动拥有良好的劳动力市场潜力，然而在工作条件方面尚存在改善的空间。非正式用工的劳动力市场和工作条件最令人担忧。[⑤]

基金会认为除非正式用工外，大多数新型就业形式所固有的灵活性在工作条件上对受其影响的工人更积极——使工人能够实现更好的工作与生活的平衡。

---

① 基于凭证劳动，这种工作中雇佣关系的基础是使用从授权机构购买凭证支付服务费用，凭证覆盖工资和社会保障缴款。

② 项目组合工作，自雇者为大量的客户做小规模的工作。

③ 平台工作，在线平台组织或个人能够访问其他组织或个人，以解决特定的问题或提供特定的服务，以换取报酬。

④ 协作劳动，即自由职业者、自雇者或小微企业以某种方式协作从而克服规模限制和职业孤立。

⑤ Eurofound，Overview of new forms of employment-2018 update，21（Publishing Office of the European Union，2018）.

此外，自主性程度、责任和任务内容的变化也得到了工人的正面评价。[①]

然而，新的就业形式的灵活性衍生出各种社会问题：伴随着更高的压力和工作强度而出现的工作不稳定、社会隔离或职业隔离。工人代表的缺失也可归因于灵活性增强，这造成劳动力分散，工人代表难以认定和接近工人。这类多见于平台工作中的问题引起了世界各国的广泛关注。

（2）平台工作及存在的问题

在2010年代，诸如优步（Uber）、来福车（Lyft）、土耳其机器人（Mechanical Turk）、跑腿兔（TaskRabbit）等平台公司的出现在许多国家变得引人注目，一些诉讼宣扬平台工人应该得到劳动法的保护。据此，新工作形态最常在平台经济、零工经济、共享经济或按需经济的背景下为人所讨论。

平台工作是利用网络平台，联通组织或个人与其他组织或个人，解决特定问题或提供特定服务，以换取报酬的工作安排形式。在相关文章中[②]，平台工作通常被划分为两种形式：（1）"众包工作"（crowd-work），即通过网络平台完成一系列任务的工作活动（如亚马逊土耳其机器人）；（2）"经由应用程序按需工作（work on-demand via apps）"，即通过平台公司（如优步、跑腿兔）管理的应用程序执行传统的工作活动，如交通、清洁、跑腿以及文书处理等。

虽然平台的安排形式多种多样，但可以归纳出平台工作的一些共同特点：（1）通过网络平台组织有偿工作；（2）线上平台、客户（请求方）、工人三方参与；（3）用于执行特定任务或者解决特定问题；（4）运营方式为业务外包或合同外包；（5）"工作"被分解为"任务"；（6）按照需求提供服务。[③]

对于平台劳动者来说，这些特性既有积极的一面，也有消极的一面。[④] 作

---

① 在获得培训和技能发展的机会方面情况复杂。在员工分享、工作分担、平台工作及合作自雇方面有正面效应，而在临时管理、临时工作、以凭证为基础的工作及组合工作方面则存在负面效应。Eurofound, Overview of new forms of employment-2018 update, 19 (Publishing Office of the European Union, 2018).

② See Valerio De Stefano, "The Rise of the 'Just-in-Time Workforce': On-Demand Work, crowdwork, and labour protection in the 'Gig-Economy', Condition of Work and Employment Series No. 71, 1 (ILO, 2016); Antonio Aloisi, "Commoditized Workers: Case Study Research on Labor Law Issues Arising from A Set of 'On-Demand/gig Economy' Platforms", 37 Comp. Lab. L. & Pol'y J. 653, 660 - 661 (2016).

③ See Eurofound, Overview of new forms of employment-2018 update, 15 (Publishing Office of the European Union, 2018).

④ See Eurofound, Overview of new forms of employment-2018 update, 15 (Publishing Office of the European Union, 2018); Alek Felstiner, "Working the Crowd: Employment and Labor Law in the Crowdsourcing Industry", 32. Berkeley J. Emp. & Lab. L, 143 (2011); Miriam Cherry and Winifred Poster, "Crowdwork, corporate social responsibility, and fair labor practices", Saint Louis University School of Law, Legal Studies Research Paper Series, No. 2016 - 8 (2016); The Taylor Review of Modern Working Practices, GoodWork (2017) https://assets.publishing.service.gov.uk/government/uploads/system/uploads/attachment_data/file/627671/good-work-taylor-rev iew-modern-working-practices-rg.pdf.

为积极方面，工人享有自主选择工作时间和地点、工作时长和工作内容的自由，从而更好平衡工作与生活，这为工人从事多种工作获得额外收入提供了更好的机会。

但是，可以指出存在以下消极方面：因劳动被分解成零碎任务导致工资报酬降低或稳定性下降以及拒绝接受工人已完成的劳动成果的可能性；信息不对称，如雇员对雇主和要完成的任务缺乏情报；可能侵犯隐私；由平台工人工作的独立性导致缺乏同事和管理者的支持；缺乏可靠的争端解决机制。

这些负面因素大多源于平台工人通常被认为是自雇者或自由职业者，因此不受公司雇员福利计划和各州劳工保护规定的保障。因此，即使优步司机、优步外卖员等平台工人在工作过程中发生意外也会由于不是雇员而无法得到工伤赔偿保险的赔付。

（二）将劳动法的保护拓展至非雇员劳动者?

综上所述，无论是平台工人还是其他工人在新型工作形态下能否被视为雇员显然是最重要的法律问题。然而，平台工人的优势特征（某种程度上也包括其他新型工作形态下的工人）是其享有自主选择工作时间和地点、工作时长和工作内容的自由。我们设想这些工人在提供工作时有这样的自主权，则传统的雇员概念很难囊括平台工人。[①]

那么，如何保护这些“非雇员”呢?（1）拓展雇员的概念；（2）在雇员与自雇者之间设立中间类别；（3）通过立法扩大对非雇员工人的保护；（4）运用劳动法以外的其他措施。

1. 扩张雇员的概念

第一种方法是将传统的雇员概念扩展到平台工人和其他新型工人。在许多采用雇员与自雇（独立承包商）二分法的国家，这是将劳动法保护扩大到那些尚未被视为雇员的人的最普遍的中间措施。

然而，法官要修正雇员的既定概念并非易事。例如，美国出现数起诉讼案件[②]，优步和来福车司机试图寻求劳工保护法的保障，但这些案件的判决却没有给出任何明确答案。2018 年 4 月 11 日，美国联邦地区法院[③]根据多诺万

① See Bernd Waas et al.，Crowdwork-A Comparative Law Perspective. HSI-Schriftenreihe Band 22，262（Bund Verlag，2017）.

② O'Connor v. Uber Techs. Inc，82 F. Supp. 3d 1133（N. D. Cal. 2015）；Cotter v. Lyft，Inc.，60 F. Supp. 3d 1067（N. D. Cal. 2015）.

③ Razak v. Uber Technologies Inc，U. S. District Court for the Eastern District of Pennsylvania，No. 2：16-cv-00573.

案（Donovan case）[①] 确立的六因素测试，判定优步司机不是《公平劳动标准法》（the Fair Labor Standards Act）中的雇员，并依据优步诉求做出了即决审判。

与之形成对比的是 2018 年 4 月 30 日的一项判决。该判决中加州最高法院[②]采纳的一项[③]引人注目的解释（解释名为 ABC 测试）扩大了涉及加州工资法和工时法适用中雇员的概念。根据 ABC 测试，为证明个人是独立承包人而非雇员，雇主必须证明：（A）雇主不控制个人如何完成工作；（B）个人提供的服务不属于雇主通常业务的一部分；（C）个人通常从事与雇主业务无关的既定业务、贸易或职业。在这起案件中，加州最高法院裁定，优步未能满足 ABC 测试，无法将工人认定为独立承包人，因此，根据加州工资和工时法，优步司机应被视为雇员。

这种用严格标准确认独立承包人的地位从而将举证责任从原告（工人）转移至被告（雇主）的方法可否为美国其他州法院和联邦法院所采纳仍有待观察，但传统的普通法（控制性）测试（对雇员这一概念狭窄的解释）和经济依赖性的测试（《公平劳动标准法》中采纳的宽泛的解释）要求原告确立雇员身份似乎得到了普遍支持。

法国采纳雇员/自雇者二分法，依据近期判决，慢慢吃（Take Eat Easy）公司（骑自行车的）送餐员被认为不是雇员。[④]

日本亦仍存在雇员/自雇者二分法，雇员的地位通过在个体劳动法中使用“利用—依赖性”（从属性）测试确定。目前日本法院对雇员范围的解释较为狭窄。然而，日本最高法院认同《工会法》（the Labour Union Act）或集体劳动关系中的雇员概念比个体劳动法中的雇员概念更为宽泛。[⑤]

德国引入介于雇员和自雇者之间的第三种概念——“类雇员”（employee-like persons）。然而，就雇员的概念而言，德国联邦劳工法院主要

① Donovan v. DialAmerica Marketing，Inc.，757 F. 2d 1376（3d Cir. 1985）. 这六项因素是：（1）被指称的雇主控制工作方式的权力的程度；（2）雇员因经营管理不善有盈利或者亏损的机会；（3）涉嫌雇员投资于其工作所需的设备或物料或雇用佣工；（4）提供的服务是否需要特殊技能；（5）工作关系的持久程度；（6）所提供的服务是否为涉嫌雇主业务的组成部分。

② Dynamex Operations W.，Inc. v. Super. Ct.，No. S222732（Cal. 30 April 2018）.

③ ABC 测试最早由新泽西州最高法院于 2015 年在哈格罗夫（Hargrove）诉斯迪克（Sleepy）一案中确立。LLC. 612 Fed. Appx. 116，2015 U. S. App. LEXIS 7832（3d Cir. N. J.，2015）.

④ E. g.，Paris，pôle 6，2e ch. 20 avr. 2017 n° 17/00511，confirmant une décision du cons. prud' h. Paris，17 nov. 2016.

⑤ Kezuka，K，“Crowdwork and the Law in Japan”，Bernd Waas et al.，Crowdwork-A Comparative Law Perspective. HSI-Schriftenreihe Band 22，187（Bund Verlag，2017）.

维持传统的“依赖性测验”（dependent-test）[①]，该测试（所认定的雇员范围）比罗尔夫旺克（Rolf Wank）提出的风险评估测验要窄。[②]

此处需要明确雇员这一法律概念具有强行性，不取决于双方的协议或动机。[③] 这是劳动法学家的普遍认同，因为劳动法设立强行性规范以平衡劳动合同双方谈判力量的不均衡。从狭窄的控制性测试到更宽泛的经济依赖性测试，客观标准的范围取决于美国的相关立法或日本的个人或集体劳动关系法。一般来说，控制测试、从属测试或依赖测试在许多国家仍然是确定雇员地位的关键概念，因为劳动法往往被定义为保障从属劳动的法律。因此平台工人往往被排除雇员身份。

认定雇员地位时需考虑到围绕这一核心概念的各种要素。结果却是雇员和自雇者之间缺乏明确界限。法律明确性的缺失一方面会导致雇主权利滥用，另一方面也会引起法律纠纷。如果认定雇员身份的要素不适用新型工作形态（新型工作形态的灵活性与自主性不符合雇主在工作地点、时间和方式上的直接控制），寻求新解决措施则不足为奇。

关于劳动者概念的讨论因与以下基本认知的讨论产生重叠而变得更加复杂：劳动者概念是否应在一国劳动法规范围内被视为统一概念（德国式），或者可以在个别法层面上进行独立解读（美国式），抑或应当在个别劳动法和集体劳动法层面上分别做出统一定义（日本式）。[④]

2. 引入介于雇员与自雇者之间的中间类型

另一种备受争论的路径是在雇员和自雇者之间引入中间类别。在一些国家，如德国（类雇员），英国（工人的概念较雇员宽泛），加拿大（独立承包人）已引入了中间类别。[⑤]

其目的是将某些保护扩大到那些不受劳动法保护、但与雇员一样脆弱的个人。从理论上讲，通过解释将劳动保护部分扩大到中间类别的人（非雇员工人）并非不可能，但通常可以通过立法措施将劳动保护明确扩大到这些非雇员工人。

---

① See Bernd Waas et al., Crowdwork-A Comparative Law Perspective. HSI-Schriftenreihe Band 22, 260 (Bund Verlag, 2017).

② Rolf Wank, Arbeitnehmer und Selbständige (1988).

③ See Bernd Waas et al., Crowdwork-A Comparative Law Perspective. HSI-Schriftenreihe Band 22, 261 (Bund Verlag, 2017).

④ 该基础性问题参见 Guy Davidov, A Purposive Approach to Labour Law (Oxford, Oxford University Press, 2016)。

⑤ 根据 Bernd Waas et al., Crowdwork-A Comparative Law Perspective. HSI-Schriftenreihe Band 22, 160 fn. 80 (Bund Verlag, 2017)，奥地利、瑞士和西班牙也存在类似的中间类别。

在英国，工人的定义比雇员的更宽泛。在 1996 年的《就业权利法》中，工人被定义为个人，其从事或者工作于（或者在雇佣关系已经终止的情况下，曾工作于）：

(a) 雇佣合同（="雇员"定义），或

(b) 任何其他合同，无论明示或默示，（如明示）无论是口头还是书面，根据此合同，个人承诺为合同相对方亲自承担或执行任何工作或服务，其身份不能根据个人所从事的任何职业或业务的客户或客户的合同所确定。

因此，工人的概念不仅涵盖根据雇佣合同下的雇员，而且还包括为合同相对方承担或亲自履行任何工作或服务的个人。

1996 年《雇佣权利法》(Employment Right Act)、1998 年《国家最低工资法》(National Minimum)、1998 年《工作时间条例》(Working Time Regulations)、1999 年《雇佣关系法》（Employment Relations Act)、2000 年《兼职工人（防止不利待遇）条例》(Prevention of Less Favourable Treatment）不仅适用于雇员，也适用于（非雇员）工人。[1] 英国政府在 2017 年 7 月发布的《泰勒评论》(Taylor Review）中建议将"工人"重新命名为"附属承包人"(dependent contracter)，并采取措施释明这一概念。[2]

在德国，类雇员被《集体协商协议法》（Act on Collective Bargaining Agreement）第 12a 条定义为类似于雇员且经济上具有依赖性并需要社会保护的人……以服务合同或者劳务合同为基础为他人从事劳动，执行其必须亲自从事的服务，基本上无须与雇员合作并且（a）主要为同一人劳动，或（b）平均看来其有权获取的工作报酬总额的 1/2 以上是由一人支付的。

《集体谈判协议法》、《联邦带薪休假法》（Bundes-urlaubsgesetz)、《工人健康和安全法》(Arbeitsschutzetz)、《一般平等待遇法》(Allgemeines Gleichbehandlungsgesetz）和《劳工法院法》适用于类雇员。

为符合地方性劳动法规定的集体协商资格，加拿大设置了"附属承包人"的类别。其目的是覆盖法律上独立但经济具备依赖性的工人阶层，"以便为经济上（在很大程度上）依赖单一客户的小微企业提供一定程度的保护，这些企业（大多）由个人经营"[3]。

参照上述例证，学者主张在尚未引入第三类工人的国家设置第三类工人

---

① Stephen Hardy, Labour Law and Industrial Relations in Great Bulletin, 93 (3rd. ed., 2007); Deakin & Morris, Labour Law.

② The Taylor Review of Modern Working Practices, Good Work, 9, 32ff (2017).

③ Guy Davidov, "Who is a Worker?", 34 Industrial Law Journal 61 (2005).

的法律类别。[1] 然而，针对引入中间范畴的倡议也存在强烈反对意见。首先，引入第三类别将使当下本就十分困难的工人身份的认定变得更为复杂并难以预测。其次，第三类别可能会导致雇员被错误地认定为依赖性工人，使其失去作为雇员的充分保护。[2]

因此，批评人士提出：应基于最低工时的考量明确默认分类并将其认定为雇佣关系，无须引入第三种类别。[3] 上述 ABC 检测将认定独立承包人身份的举证责任从工人转移到所谓的雇主身上即属于这一立场。

3. 提供必要保护的法律措施

另一种可能途径是直接通过明确的立法措施对特定类别的自雇者、独立雇员或依赖性工人实行必要的保护。区别于上述两种方法以雇员或类雇员的概念来界定劳动法保护的范围，这种方法直接为需要立法保护的劳动者提供或准备保护。

例如，根据日本《工伤补偿保险法》(Act on Workers' Compensation Insurance)，即便中小企业的经营者、汽车运输、土木工程、建筑等行业的个体经营者不是劳动保护法上的雇员，亦可参加工伤保险。原因是独立承包人，例如经营自己建筑业务的独立业主，与在同一建筑工地工作的其他雇员一样面对相同的工业意外风险。因此，法律为独立承包人提供同等机会，使其得到工伤补偿保险的保障。然而参保具有自愿性而非强制性，这取决于独立承建人是否自行投保及缴付保费。

最近法国在 2016 年劳工法改革法案（El Khomri Act）中引入了一些特殊条款，将社会保障延伸到平台独立工人（platform independent workers）。第一，独立工人自愿参加工伤赔偿保险时，平台方承担一定数额以内的保险费。第二，通常《劳动法典》保护的依赖性工人职业培训费用本应由依赖性工人承担，现将由平台公司支付。第三，依赖性工人可以组织或参加工会，

① See Seth Harris and Alan Kruger, A Proposal for Modernizing Labor Laws for Twenty-First-Century Work: The "Independent Worker", The Hamilton Project, Discussion Paper 2015-10 (December 2015); James Surowiecki, "Gigs with Benefits", The New Yorker (6 July 2015), http://www.newyorker.com/magazine/2015/07/06/gigs-with-benefits; also see Andrei Hagiu, "Work 3.0: Redefining Jobs and Companies in the Uber Age", Harvard Business School, Working Knowledge (29 September 2015) https://hbswk.hbs.edu/item/work-3-0-redefining-jobs-and-companies-in-the-uber-age.

② De Stefano, V (2016), 'The Rise of the "Just-in-Time Workforce": On-Demand Work, crowdwork, and labour protection in the "Gig-Economy"', Condition of Work and Employment Series No. 71, 19-20 (ILO, 2016); Bernd Waas et al., Crowdwork-A Comparative Law Perspective. HSI-Schriftenreihe Band 22, 105f, 265 (Bund Verlag, 2017).

③ Miriam Cherry and Antonio Aloisi, "Dependent Contractors' In the GIg Economy: A Comparative Approach", American University Law Review Vol. 66 Iss. 3, Art. 1, 653, 682ff (2017).

利用工会的集体性保护自身权益。此外，他们可以集体性地拒绝提供服务以捍卫其争议权，只要不构成权利滥用则该类行动不应成为解除其与平台的关系或对其施加惩罚措施的原因。①

尽管法案未将平台工人视为雇员，但为平台工人提供了一定的劳动保护，并规定了涉及工人事故、职业培训、集体权利方面雇主应承担的社会责任。法国似乎是采取上述立法措施将必要保护拓展至独立工人而非扩大雇员的概念。②

这种方法往往是零敲碎打的措施。但是，如果为处于灰色地带的独立工人提供必要保护并非普遍要求而是取决于自身情况，则该办法大抵是应对新型工作形态的一种可行路径。该方法与引入中间类别的区别在于是否能依据中间工人的概念将所需保护进行统一类型化，以及是否能对所适用的法律采取统一类型化。如果该统一类型化遭遇困境，则应根据具体需求采取明确立法措施。

4. 劳动法范围外的法律与非法律保护措施

即使很难将平台工人或其他非雇员工人视为雇员并将其纳入劳动法保护的范围，采取其他法律和非法律措施保护其免受自身脆弱性和他人不公正行为的侵害也具有价值。

(1) 由其他法律提供保护而非劳动法

当劳务提供者不具雇员身份而被排除劳动法保护时，其他法律，如民法、经济法或竞争法，可以提供某些保护。

例如，在德国③，根据《德国民法典》中的一般条款（《德国民法典》第134和第138条），违反法律和道德的合同无效，这可能提供某种保护。此外，根据《德国民法典》一般条款（源自合同的附随性条款或格式条款的）中（违反诚实信用原则的）规定和条件无效，“如果违反诚信的要求，条款不合理地使一方相对于合同相对方处于不利地位”（《德国民法典》第307条第1款第1句）。必须假定该“不合理的不利地位”确实存在，当一个条款“基本概念出现偏移，与法律规定不相容或限制合同性质中固有的必要性权利或义务，以致危及合同目的的实现”时必须存疑（《德国民法典》第307条（2））。基于这些民法规定，德国法院可以对合同内容进行审查从而为合同的弱势方提供

① Eri Kasagi, “Uber-gata Rodo to Rodo-ho Kaisei (Uber style work and labor law reform)”, Nihon Roro Kenkyu Zasshi, No. 687, 89 (2017).

② Takashi Araki, Ryuichi Yamakawa and JILPT (ed.), Shogaikoku no Rodo Keiyaku Hosei (Labour Contract Laws in Foreign Countries), 213 [by Kaoko Okuda] (JILPT, Tokyo, 2005).

③ See Bernd Waas et al., Crowdwork-A Comparative Law Perspective. HSI-Schriftenreihe Band 22, 171, 266 (Bund Verlag, 2017).

保护。

在采用雇员/自雇者二分法的日本，当工人或服务提供者不被视为雇员时，他们作为独立的承包人所签订的提供服务的合同受经济法或反垄断法的规制。日本经济法禁止滥用市场优势地位，将其视为一种不公平的贸易行为（《日本反垄断法》第2条第9款第5项）。例如，不公平拒收货物，延迟给付，或减少给付金额，可被视为不公平的贸易行为和非法。同样，适用于分包商的《分包合同程序法》（the Subcontract Proceeding Act）也禁止订购工程公司的不公平贸易行为。该条例包括订购者有义务与分包商签订书面合同，规定向分包商付款的日期，禁止订购者拒绝接收货物，延迟付款，减少付款等。这些条例中有一些类似于劳动法有关劳动合同和工资支付的保护。①

2018年4月26日，欧盟提出《欧洲议会及促进网络互联服务商业用户公平与透明委员会规则》（Regulation of the European Parliament and of the Council on promoting fairness and transparency for business users of online interme— diation services）。尽管源于竞争法政策，并将平台工作者视为“商业用户”②，但该提案关注的是潜在的有害交易行为③以及有效的纠正机制的缺失。因此，它规定了一揽子条款：1）在线中介服务提供者使用的预定义标准条款和条件的明确性、可获得性和修改性（第3条）；2）在线中介服务提供者暂停或者终止业务用户使用其中介服务的原因说明（第4条）；3）确定业务用户排名的主要参数说明（第5条）；4）在线中介服务提供者本身或业务用户对商品和服务的区别对待说明（第6条）；等等。

简言之，合同法或竞争法中保护合同弱势方的规定可以为非雇员个人提供保护。然而，这些规定在工人保护上是否足够有效有待进一步审查。

（2）消除集体劳动法和经济法之间可能存在的矛盾

当经济法（竞争法、反托拉斯法或反垄断法）不仅适用于独立承包人，而且适用于可能受劳动法调整的工人时，将产生一个基础性问题。劳动法创设合法集体协商协议从而确定最低工作条件，而经济法将集体协议视为卡特

① Takashi Araki,“Worker in the Labour Union Act and enterprise in the Antimonopoly Act: A study of the collision and interplay between labour law and economic law” in Kazuo Sugeno et al (eds), Rodo-ho ga mezasubeki mono (What Labour Law should seek for) ', 185 (Shinzan-sha, Tokyo, 2011).

② 该条例草案第2条将“企业用户”定义为“通过在线中介服务向消费者提供与其行业、业务、工艺或专业相关的商品或服务的任何自然人或法人”。

③ 该提案列出了以下交易行为：未经事先通知而在条款和条件方面作出无法解释的变更；无明确理由而将货品或服务除名及暂停账户服务；在商品和服务以及提供这些商品和服务的企业的排名方面缺乏透明度；获取和使用供应商收集的数据的条件不明确；以及对供应商自己的竞争服务和所谓最惠国条款的支持缺乏透明度，这些条款限制了供应商通过其他渠道提供比在线中介服务更有吸引力的条件的能力。

尔加以禁止，在经济法调整下，市场中工会集体行动可能被视为扭曲市场自由和公平竞争的非法行动。

在美国，自劳动法诞生之日起，劳动法与反垄断法之间的冲突就显现出来。从1890年《谢尔曼法》(Sherman Act)、1914年《克莱顿法》(Clayton Act)和1932年《诺里斯拉瓜迪亚法》(Norris-LaGuardia Act)，到1935年《国家劳工关系法》(National Labor Relations Act)，美国劳动法的发展即为确保劳工豁免于反托拉斯法的历史。①

在欧盟，20世纪末因欧盟法院受理的拉瓦尔四案(laval quartet cases)②使欧洲雇员集体行动及协商的基本权、自由行动权与经济活动自由权之间的冲突吸引了大量关注。

在日本，最近最高法院于2010年和2011年作出的裁决表明：《工会法》适用于依据《劳动基准法》(Labour Standards Act)不被视为雇员但组织了工会并要求与所谓的雇主进行集体协商的工人。这些决定引发了关于如何在日本界定集体劳动法与反垄断法的适用范围的法律讨论。在该问题上，公平贸易委员会的研究会在2018年2月发表的《人力资源和竞争政策研究小组报告》明确了一项原则：在适用劳动法时，反垄断法让位适用于劳动法规定，除违反劳动法宗旨的特殊情形外，反垄断法不得施加干预。③

因此，正如许多学者所指出的④，有必要阐明集体劳动法和经济法如何适用于中间类别的劳动者。

---

① Robert Gorman and Mathew Finkin, Basic Text on Labor Law, 886 ff. (2nd ed., 2004); Michael LeRoy, "The Narcotic Effect of Antitrust Law in Professional Sports: How the Sherman Act Subverts Collective Bargaining" 89 Tulane L. Rev. 859 (2012).

② C-438/05 The International Transport Workers' Federation and The Finnish Seamen's Union [2007] ECR I-10779; C-341/05 Laval un Partneri [2007] ECR I-11767 C-346/06 Rüffert [2008] ECR I-1989; C-319/06 Commission v. Luxembourg [2008] ECR I-4323.

③ See Takashi Araki, "Hataraki-kata no tayoka to rodo-ho to dokusen-kinsi-ho no Kosaku (Diversified work style and the collision and interplay between labor law and antimonopoly law)", Kosei Torihiki No. 811, 21 (2018).

④ Valerio De Stefano, "The Rise of the 'Just-in-Time Workforce': On-Demand Work, crowdwork, and labour protection in the 'Gig-Economy'", Condition of Work and Employment Series No. 71, 23 (ILO, 2016); Bernd Waas et al., Crowdwork-A Comparative Law Perspective. HSI-Schriftenreihe Band 22, 269 (Bund Verlag, 2017); Seth Harris and Alan Kruger, A Proposal for Modernizing Labor Laws for Twenty-First-Century Work: The "Independent Worker", The Hamil- ton Project, Discussion Paper 2015-10, 15 (December 2015); Takashi Araki, "Hataraki-kata no tayoka to rodo-ho to dokusen-kinsi-ho no Kosaku (Diversified work style and collision and interplay between labour law and antimonopoly law)", Kosei Torihiki No. 811, 21 (2018).

（3）利用软法和市场声誉

涉及众包的问题，一些人主张采用软法的方式，如平台企业的社会责任或众包伦理。[①] 德国所采纳的《行为准则：更好的有偿众包——公司、客户和众包工作者之间繁荣和公平合作的指导方针》（以下简称《行为准则》）目前已为九家公司或组织签署。[②]《行为准则》阐释的原则包括法律状况明晰化、薪酬公平化、任务和时间安排合理化、自由和灵活性、建设性的反馈和公开的沟通、审批流程和返工规范化、数据保护和隐私。

在英国，泰勒（Taylor）倡导非法律措施："实现更好工作的方式非由国家规定，而是有责任感的公司治理，良好的管理和组织内部稳定的雇佣关系，因此公司严谨处理业务，开展开放性实践，让所有工人都充分参与并倾听（其意见）是非常重要的。"[③]

工人方面，如果建立合适的网站，工人可以通过该网站分享请求方（客户）的声誉，则可以选择良好的请求方服务，避开糟糕的（请求方）。[④] 2008年，西尔伯曼和伊兰尼为亚马逊土耳其机械公司（AMT）的工人设计了一个名为"Turkopticon"的网站和浏览器插件，主要依据薪资水平、报酬支付速度、公平性评估和沟通等一系列标准审查请求方。经济学家发现，Turkopticon 上声誉"良好"请求方的实际工资比声誉"中性"或"糟糕"请求方的实际工资高出约 40%，且声誉好的请求方吸引工人执行任务的概率近乎两倍于声誉差的请求方。[⑤] 因此，通过声誉共享，市场似乎起到了保护工人的作用。[⑥]

工会也被期待能在提供有效机制以监测新工作形态的公平运作方面发挥重要作用。毛塚（Kezuka）建议工会负担平台管理并监督平台工作安排的透

① 例如，Miriam Cherry and Winifred Poster，"Crowdwork，corporate social responsibility，and fair labor practices" Saint Louis University School of Law，Legal Studies Research Paper Series，No. 2016-8，299ff（2016）advocate fair wages，transparency and disclosure as well as due process as an agenda for ethical crowdwork. See also Alek Felstiner，"Working the Crowd：Employment and Labor Law in the Crowdsourcing Industry"，32 Berkeley J. Emp. & Lab. L，143，201ff（2011）。

② http://crowdsourcing-code.com.

③ The Taylor Review of Modern Working Practices（2017），Good Work，9.

④ See also Sangreet Paul Choudary，"The architecture of digital labour platforms：Policy recommendations on platform design for worker well-being" ILO Future or work Research Paper Series 3（2018）.

⑤ M. Six Silberman and Lily Irani，"Operating and employer reputation system：Lessons from Turkopticon，2008—2015"，37 Comp. Lab. L. & Pol'y J. 505，507（2016）.

⑥ 然而 Turkopticon 的创建者西尔伯曼（Silberman）和伊拉尼（Irani）承认该网站存在严重问题，时而会演变为骚扰、侮辱、性别歧视、种族主义、亵渎、毫无根据的指控和威胁的网站，困扰其他网络社区。同前。

明度和运作的公平性。[①]

不鼓励这些非法律措施毫无理由。但是应仔细审查这些措施是否足够有效，以及采取该类措施是否会导致放弃那些可以取得更优平衡的更为有效的措施。当然，决策取决于各个国家的国情。

(三) 国家、法律、社会伙伴的角色和政策选择

一些耸人听闻的观点声称几近所有的人类工作都可以自动化并为机器人所取代，但该观点并未计入新经济创造的新就业岗位。因此自动化引发的失业规模估计比所宣称的有限得多。然而这取决于国家能否有效落实适当、协调的政策来应对数字经济。尤其是促进终身教育和支持正在变化的工作岗位，这对于应对技术迅猛发展必不可少。

即便政策得当可以弱化该影响，技术发展某种程度上仍必将造成工作更迭和职业结构改变。更多工人将被迫更换工作或适应变化的工作环境。数字经济下的工作模式远不同于传统的工作模式。各项研究表明，新型工作形态的灵活性不仅得到雇主的肯定，也得到工人的认可，因为它使工人能够更好地平衡工作和生活，增加自主性，提升责任感，丰富任务内容。然而，灵活性可能带来职业不安全感、更高的工作压力和更大的工作强度，以及包括工人代表缺失在内的社会/职业隔离。

大多数社会问题源于一个现实，即从事平台工作和其他新形式工作的工人不被视为雇员，不受劳动法保护。为保护这些非雇员工人，四种手段被检视：(1) 扩大员工的概念；(2) 在雇员与自雇之间引入中间类别；(3) 通过立法扩大非雇员工人的保护；(4) 利用其他法律、软法和非法律工具。

这四种方法并不相互排斥。扩大雇员 (1) 的概念，以及在此基础上，在雇员和自雇 (2) 间引入中间类别，或通过立法增加特别保护 (3)，都具备可行性。是否采取措施 (2) 或 (3) 取决于工人的保护是否能通过工人的中间概念被恰当分类。关于方法 (4)，适用劳动法以外的法律，尤其是适用经济法，可能与保障工人集体权利相冲突，重要的是要厘清法律适用对象。软法措施和非法律工具，如市场声誉，当然与其他方法兼容。

选择单一手段还是综合手段取决于各国的具体情况，包括法律体系[②]、立

---

① Katsutoshi Kezuka, "Crowdwork no rodohogaku jo no kento kadai (Labor law issues on Crowdwork)" Kikan Rodo-ho No. 259, 53, 65 (2017).

② 在不同劳动法规对雇员有分别定义的国家，关于每一部劳动法规的选择需要在考虑到立法目的的情况下进一步加以讨论。

法的可行性①、雇佣制度②、劳资关系③、争端解决机制等。

针对上述手段的讨论基于一个前提，即当个人的法律身份被确定（雇员、中间工人或自雇者）时，对其适用的法律和规则亦会明确。纵观现行劳动法，随着雇员的多元化，法规也越来越多样化。一方面，劳动法本身引入了灵活性规范（例如灵活安排工作时间，如弹性工作时间计划）和决定权下放（derogation）机制（在社会伙伴或集体协议各方同意的情况下，允许对最低劳动标准作出不利的偏离）。另一方面，劳动法也规定了适用普遍性最低标准不恰当时的例外和豁免（管理人员例外或白领例外）。对白领工人引入豁免与对中间工作者的讨论重叠。在这两种情况下，与普通员工相比，存在疑问的工人在工作方面拥有更大的自由裁量权，也拥有更大的不受雇主制约的自由。

因此，对雇员概念的探讨将决定劳动法的适用范围，理应同如何使劳动法规定适应并有效适用于多元化的劳动力的探讨同步进行。当代劳动法的内容并不完全由立法机关确定，往往授权给部门级别（sector level）的社会伙伴，有时也授权给企业（company level）或机构（establishment level）一级的劳工和管理人员，以适应各自行业和工作场所多样化的现实。这就引出了第二个主题：集体谈判分权化。

三、集体谈判分权化

集体谈判分权化（Decentralization of collective bargaining）与集体谈判分散化（decentralized collective bargaining）是两回事。一方面，集中化的（国家或部门级别）谈判制度早已根植于欧洲社会之中，分权化意味着从集中的集体谈判到分散的集体谈判之转变，这是一个重大变化。2000 年年末金融危机后，国家大力倡导分权化集体谈判。然而，如此剧烈的变化可能对各国的劳资关系产生重要影响。

另一方面，有许多国家从未经历过集中的集体谈判，集体谈判从一开始就是在较低（企业）级别进行的。这些国家所经历的不是分权化，而是工会密度的下降和集体谈判覆盖范围的收缩。

---

① 如果对非雇员工人增加特别保护立法的可行性很低，这些国家就不得不采取解释性措施（方法（1））来扩大雇员的概念。

② 一个（雇员）流动性非常高的国家，可能会通过降低员工流动成本和提供再培训而非扩大雇员的保护来支持员工流动。

③ 在存在部门一级工会的国家，集体谈判的覆盖范围很广（见本报告第 2 段）。通过与经济法或竞争法（方法（4））的适当协调，部门或国家一级的集体谈判协议可为所有工人提供适当的保护。对比之下，这样的措施对于那些拥有分散的集体谈判制度的国家来说不会奏效。

毋庸置疑，分散的谈判愈发普遍，由于其不仅能为雇主和雇员带来一些好处，又能满足工作场所的需求。但是，如下所述，无论是在具有集中谈判制度的国家还是具有分散谈判制度的国家，劳资关系“去集体化”的共同风险均浮出水面。

(一) 欧洲的集体谈判分权化

在许多西欧国家，集体谈判以集中化制度为特征，部门级别集体谈判普遍存在。该一般性特征不意味这些国家具有统一性——因为各国实施不同的劳资关系体制，存在各种级别的集体协议或集体谈判。然而，通过梳理2008年来欧洲劳动法的发展，一个普遍趋势得以凸显：劳资关系体制的分权化。[①]相较于美国，我们能从欧洲经验中学到什么呢?

欧洲的集体谈判分权化趋势明显，这一时期的全球研究者都注意到该现象。

“一旦剧烈反应阶段结束，各国情况就开始出现分化，并根据危机规模或应对危机观念的区别而表现得大不相同。尽管如此，一些实践或措施仍具备一定程度上的普遍性。公务员的薪酬冻结或削减屡见不鲜，伴随性失业时有发生。各种手段被用于降低社会福利水平或持续时间，增值税时有增加。危机有时会产生加速效应，被用来为已颁布的改革背书。养老金改革即为典型示例。在劳动法改革方面，三种非常普遍的措施可能对国家中的社会权利产生重大影响（尽管并非所有国家都受到这些变化的影响)。首先是对公务员制度的全面改革，这使适用于这类就业之规则的特殊性质受到质疑。其次，欧盟国家的就业现状显然无法依赖就业保护立法，该项立法正受到多方面的挑战。部分措施已经出台，其他措施也在酝酿之中，包括避免裁员的措施，避免纠纷诉诸法院，延长裁员规则适用前的服务期要求，降低补偿性赔偿，对恢复原职原则上作为不公平解雇的处罚方式提出质疑，提高用于界定裁员中具体义务的门槛等。最后，在一些国家，危机导致劳动法规则之间适用了新的关系，相当于集体谈判分权化。企业级别的集体谈判取得了一定的进展，而部门级别集体协议的规范作用也变得不再那么重要。”[②]

这结果是由其他几位作者完成的。恰如肖曼（I. Schomann）和克劳瓦特（S. Clauwaert）提出的：“在许多国家，可以确定一项明确的政策和/或目标：将集体谈判分散，从国家/部门级别转移到企业级别。”这一公开宣称的目标

① 参见S. Laulom (ed.)，Collective Bargaining in Time of Crisis，Bulletin of Comparative Labour Relations，99，2018，本部分主要以此为基础。

② S. Laulom，E. Mazuyer，Ch. Teissier，C.-E. Triomphe，P. Vielle，How has the Crisis Affected Social Legislation in Europe?，ETUI Policy Brief (2/2012)．

是为了给予企业更大的灵活性，帮助它们适应劳动力市场状况。①

这种分权化的趋势并不新鲜，早在2008年经济危机之前就存在。二战后，在许多欧洲国家，专业部门级别被确定为规范劳资关系和构造劳资关系空间的首选级别②；集体谈判分权化的第一个趋势，特别是在调整工作时间方面，出现于1980年代，此后趋势加强，从2008年起尤甚。

就此而论，尽管广为传播的论调强调了劳动力市场改革以应对危机的必要性，但实际上，其本质是一种手段，以使2008年之前已经广泛进行的程序合法化。这种分权的另一方面在这一期间是明显的：此后的重点是以牺牲控制性分权为代价，对劳资关系制度进行非控制性分权。已执行的新劳动法基准赋予企业级别的协商标准以优先地位。③ 法国法上，众所周知的"高姆丽法"（El Khomri）特别揭示了这一趋势，法国通过《马克龙法令》（"Macron" ordinances）进一步加剧了这一趋势。④

欧盟广泛鼓励这些国家的发展，特别是在"欧洲学期"的背景下。因此，下一步是考虑集体谈判分权化背后的现实。比较研究表明，集体谈判分权化的形式千差万别，结果也迥然相异。但是，可以看出，"分权化"一词往往掩盖了一种劳动关系去集中化的情况，即企业级别是缺乏或缺少对劳动关系的集体监管的。

1. 欧洲背景：集体谈判分权化的目的

欧洲国家在发展过程中强烈支持集体谈判分权化。⑤ 历史上，特别是1980年代以来，在雅克·德洛尔（Jacques Delors）的领导下，欧盟开始支持社会伙伴（social partner）的行动，特别是欧盟的社会伙伴。《里斯本条约》（TFEU Treaty）第154条将"欧盟管理"和"劳工参与"加入到欧盟决策制

① S. Clauwaert, I. Schömann, The Crisis and National Labour Law Reforms: A Mapping Exercise, ETUI Working paper 04 (2012). also see N. Brunn, K. Lörcher, I. Schömann, The Economic and Financial Crisis and Collective Labour Law in Europe (Oxford: Hart Publishing 2014).

② A. Jacobs, Collective Labour Relations, in B. Hepple and B. Veneziani (eds), The Transformation of Labour Law in Europe, 201-231 (Oxford: Hart Publishing 2009).

③ A. Jacobs, Decentralisation of Labour Law Standard Setting and Financial crisis, in B. Hepple and B. Veneziani (eds), 同上。

④ 2016年8月通过的关于工作的法律，第1088条，关于劳动关系的现代化和就业路径的保障。See Ordinances of 22 September 2017, ratified by the ratification Law No. 2018-217 of 29 March 2018.

⑤ 亦可见本节，P. Loi, Decentralisation of Wage Setting Mechanisms and Statutory Minimum Wage: Towards the End of Sectoral Collective Bargaining?, in S. Laulom (ed.), Collective Bargaining in Time of Crisis, 同上。

定过程中，尤其体现了这种支持。然而，欧盟在实施这种经济治理手段[①]的过程中几乎没有与欧洲社会伙伴进行任何磋商，在此背景下，欧盟委员会（以下简称“欧委会”）2013 年发表一份通讯特别呼吁加强社会对话（social dialogue）。[②] 最重要的是，这些治理机制本身已显现出其为国家间政策融合的强大工具。采用新型经济治理手段的后果之一是集体谈判制度被大规模介入，集体谈判分权被鼓励。简而言之，欧元区国家的政策未能利用传统的货币机制来支撑国民经济，而欧盟则强调采取限制工资或降低劳动力成本的手段来确保企业竞争力。集体谈判分权化的目的正是：对薪酬谈判施加影响，降低劳动力成本。

欧洲学期是经济政策协调的年度周期，也是上述新型治理手段的主要支柱。欧委会正是在欧洲学期的框架内明确鼓励各成员国为集体谈判分权化做出贡献。

每年，欧委会都会详细分析成员国的宏观经济和结构预算改革计划，并为它们提供之后 12 到 18 个月的改革建议。在这一框架内，欧元区国家将承担明确的义务，如果国家不尊重作为警报机制的建议，欧委会将对其采取制裁措施。对于欧盟财政援助不可或缺的国家则存在着更大的限制。作为财政贷款的对价，这些国家有义务采取重大改革，在“谅解备忘录”中列出由欧盟、欧洲央行（ECB）和国际货币基金组织（IMF）组成的三驾马车（希腊，爱尔兰和葡萄牙）或列出国际货币基金组织的“备用信贷安排”（Stand-by

① 欧洲新型经济治理手段指的是自 2008 年以来，特别是 2010 年以来制定的一系列规则和程序，旨在实施对国家经济政策更严格的协调。这些新制度已在“六项规则”（Directive 2011/85/EU，of 8 November 2011，on the requirements for budgetary frameworks of the Member States，JOUE，L 306 of 23/11/2011，p. 41），“两项新规”（Regulation（EU）no. 473/2013，of 21 May 2013，on common provisions for monitoring and assessing draft budgetary plans and ensuring the correction of excessive deficit of the Member States in the euro area，JOUE，L 140 of 27/05/2013，p. 11），以及《欧洲经济与货币联盟稳定、协调和治理条约》（the TSCG is an intergovernmental agreement，signed by 25 Member States excluding the United Kingdom，the Czech Republic and Croatia）中通过。欧盟“六项规则”加强了《增长公约》，并引入了一种新的宏观经济监督工具：解决结构性失衡的程序。这两份报告书要求欧元区成员国在下一年的 10 月中旬提交预算计划草案，因此可以在早期对预算政策进行审查，并可以在通过国家预算之前考虑到欧盟委员会的指导。

② COM（2013）690 final，Strengthening the social dimension of the economic and monetary union，Brussels 2. 10. 2013：“欧盟层面的社会对话在推进我们的社会市场经济，为雇主、工人以及整个经济和社会创造福利方面发挥着至关重要的作用。在加强经济治理时，关键是让社会伙伴参与政策辩论和决策过程。这不仅是为了增加政策的权威性和确保有意义的政策实施，而且是为了提高欧元区一级政策协调的有效性。因此，我们投入加强欧洲和国家层面的社会对话至关重要。”

Arrangements)（匈牙利，立陶宛和罗马尼亚）。[①] 同样受益于援助以支持其财政部门的西班牙则有义务承诺在欧洲学期的背景下落实具体的国家建议。

因此，所有成员国都受到欧盟的限制，虽然限制程度可能有所不同，但对于欧盟的建议不再具备完全自愿的性质。对这些建议的主题[②]进行分析，可见其中大多属于社会政策范畴。因此，尽管《里斯本条约》明确将工资置于欧盟权限范围之外[③]，但由于工资是应对经济失衡和提高竞争力的主要调整变量，因此工资政策仍是欧洲学期持续关注的问题之一。[④] 而采取与工资有关的行动基本上就是对集体谈判采取行动，集体谈判分权化是成员国被要求进行劳动力市场结构性改革的核心部分。这意味着，必须鼓励区别于部门级别集体谈判的企业一级集体谈判。

通过列举几个例子，说明欧盟在重组集体谈判方面所承受的压力，就可以引出欧委会在欧洲学期背景下向成员国提出的具体建议。[⑤] 例如，欧委会对于法国 2016 年的判断是："最近进行的改革只是给雇主提供了一些选择来减损部门级别集体协议的效力。"[⑥] 在意大利的现状中，欧委会发现"二级集体谈判在意大利还不够广泛，这阻碍了企业级别采用创新的解决方案，这些解决方案可以提高生产率并强化工资对劳动力市场状况的反映"[⑦]。由于一些国家从未有过或不再于部门级别进行集体谈判，且有些国家已经对制度进行了改革，因此欧委会不提供或不再提供任何在这一领域进行改革的激励。如此一来，欧委会于 2014 年发现西班牙 2012 年的劳动力市场改革有助于"赋予企业更大的内部灵活性并抑制失业，同时优先考虑企业级别的集体协议，并

① D. Natali, B. Vanhercke (eds), Bilan social de l'Union européenne 2012, 14th Annual Report, 190 (Brussels: ETUI, 2013)

② S. Clauwaert, The Country-Specific Recommendations (CSRs) in the Social Field. An Overview and Comparison Update Including the CSRs 2014—2015 (Brussels: ETUI, 2014).

③ 我们应在此重新讨论 TFEU 第 153 条第 5 款，其中规定，"本条款的规定不适用于薪资，结社权，罢工权或实行封锁的权利"。根据《马斯特里赫特条约》(Maastricht Treaty) 的《社会议定书》(Social Protocol)，这一条款将薪酬政策排除在欧洲政策之外，而此时正是经济与货币联盟建立的关键时刻。

④ D. Natali, B. Vanhercke (eds), Bilan social de l' Union européenne 2012, 14th Annual Report, 192 (Brussels: ETUI, 2013).

⑤ 所有这些文件都可在欧洲委员会网站"欧洲 2020"上查阅。https: //ec. europa. eu/info/publications/2017-european-semester-country-specific-recommendations-commission-recommendations _ en, accessed 5 June 2017.

⑥ COM (2016) 330 final, Brussels, 15. 05. 2016, Recommendation on the 2016 national reform programme of France and delivering a Council opinion on the 2016 stability programme of France.

⑦ COM (2014) 410 final, Brussels, 2. 06. 2014.

为企业提供更多的机会来减损集体协议的效力”①。

尽管很难在欧盟的建议（或更笼统地说，欧盟在欧洲学期背景下确定的目标）与国家立法政策之间建立直接因果关系，但应该指出的是，大多数国家将签署这一欧盟计划，并提出旨在以劳动关系体制为对象的结构性改革，其目的正是促进集体谈判分权化。②

2. 促进集体谈判分权化

国家经验的比较（其中一些是准永久性变革）并未挑战集体谈判分权化的普遍趋势。实际上，经验比较强调集体谈判制度的分权化形式不同将导致截然不同的后果。从这一角度出发，可以区分出三类国家：第一，集体谈判从未集中化或不再集中化的国家无须考虑集体谈判分权化；第二，部门级别的集体谈判仍然强大的国家；第三，国家大力参与以助力推动集体谈判分权化的国家。在这三类国家中实行集体谈判分权，结果迥异。有时将第二组与第三组区分开来是由于国家的角色不同，因为一个国家可能在部门级别保持强有力作用的同时，实施旨在集体谈判分权化的改革。这一对比突出了另一种趋势，该趋势经常掩盖对“分权化”一词的理解：劳资关系体制去集体化的趋势，在这种情形下，现实中缺乏能在企业级别进行的谈判主体。

（1）集体谈判分权化的缺位

“分权化”这一术语经常用于描述国家劳动关系制度，可能涉及两种不同的情况。一方面，该术语唤起了将集体谈判重新定位于企业级别这一制度改革设想；另一方面，这个术语还使人联想到那些集体谈判主要是在企业一级进行的国家。显然，这是一个非常简单的描述，改革的程度、各级别的清晰度和谈判单位的定义可能出现在各国的各种配置中。出于各种原因，土耳其、英国、匈牙利和波兰可能不会被用作集体谈分权化的制度范例。这是由于，首先，这些国家的产业或部门级别的集体谈判停留在最低限度，有时甚至不存在；因此，这些制度中不存在集体谈判分权。其次，企业级别劳动条件的集体监管程度仍然较低。

① COM (2014) 410 final, Brussels, 2. 06. 2014.

② M. -C. Escande-Varniol, S. Laulom, E. Mazuyer, P. Vielle (eds), Quel droit social dans une European crise? (Brussels: Larcier, 2012) . S. Clauwaert and I. Schömann, 同上; A. Koukiadaki, I. Tavora, M. Martinez Lucio, The transformation of joint regulation and labour market policy in Europe during the crisis, Comparative project report (University of Manchester, 2014) . http: //www. research. mbs. ac. uk/ewerc/Portals/0/Documents/Social% 20Dialogue% 20and% 20Collective% 20Bargaining%202015%20Comparative%20report%20-%20final%20version. pdf, accessed 10 January 2019. See also, Conseil d' orientation pour l' emploi, Les réformes des marchésdu travail en Europe (5 November 2015), http: //www. coe. gouv. fr/Detail-Nouveaute. html%3Fid _ article=1275. html, accessed 20 July 2017.

因此，在英国，20 世纪 80 年代发生的对更集中的集体谈判制度的挑战并没有真正导致私营部门中企业集体谈判的发展，这些企业的工会化率正在下降。进而，劳动条件越来越多地由雇主单方面定义，甚至有可能发出这样的疑问："集体自由主义"（collective laissez-faire），即卡恩·弗洛因德（O. Kahn Freund）用来描述英国劳资关系制度的著名说法[①]，是否已经让位于"自由主义"（laissez-faire）或劳动力市场规律？[②]

在土耳其，国家对集体谈判制度进行了广泛的建构和发展，自 1982 年以来，集体谈判只在企业一级（机构、企业或集团机构）进行。最后一次改革发生在 2012 年，基本上是由于整合国际劳工标准的需要，即国际劳工组织第 87 号和第 98 号公约以及 1996 年修订的《欧洲社会宪章》（European Social Charter）的第 5 条和第 6 条。与大多数欧盟成员国不同，土耳其的改革没有援引经济形势来为其辩护："在过去 30 年中，集体协议既没有被视为经济危机的原因，也没有被视为解决经济危机的办法。这一结果与集体协议覆盖面狭窄有关。"[③] 除了一些罕见的例外，集体协议并未作为一种劳动条件灵活化的工具出现。集体协议也可能受到相当严格的管理，例如，当立法禁止集体协议改进法律规定时。因此，自 2003 年法律生效以来，集体协议中不得提高立法规定的不公平解雇补偿金额。这项立法的隐含目的是保障工会会员人数仍然很高的上市公司的公共预算。类似的，2012 年第 6356 号条例（Law no. 6356）的一个条款禁止集体协议增加针对工会歧视案件的法律赔偿。这些规定越来越多，以致它们成为社会伙伴集体自治的主要限制。

波兰和匈牙利的情形存在许多共同特点。在这两个国家，与中欧和东欧十个成员国一样[④]，劳资关系体系的特点是集体谈判分权化、集体协议覆盖率低和工会入会率低。这些制度真的可以被称为分散的集体谈判制度吗？一方面，它们从来没有真正的集中化，部门集体谈判非常罕见。另一方面，企业一级的集体谈判率仍然很低。同样，在这两个国家，立法进行了干预以发展集体谈判，特别是为了引入更大的灵活性，尤其是在工作时间方面。但是，

① O Kahn-Freund, Labour Law in M Ginsberg (ed.), Law and Opinion in England in the 20th Century (Stevens 1959).

② R. Dukes, The Labour Constitution: The Enduring Idea of Labour Law (chapter: From Collective Laissez-Faire to the Law of the Labour Market) (OUP, 2014).

③ Dogan Yenisey and B. Ceylan Ataman, Decentralized collective bargaining: a solution to economic crisis? The case of Turkey, in S. Laulom (ed.), Collective Bargaining in Time of Crisis, supra.

④ See T. Gyulavári, Chasing the holy grail? Stumbling collective bargaining in Eastern Europe and the Hungarian Experiment, and L. Pisarczyk, The Impact of the Economic Crisis on Collective agreements in Poland, Ibid.

执行这些新的集体谈判空间存在困难。与此同时，立法已经授权非工会参加者参与上述协议的谈判，这种谈判具有较大的不确定性，而且很可能会削弱工会的代表性。但是，到目前为止，与这些新员工代表进行的集体谈判也未能取得进展。

可见，在波兰，集体协议的规定仅涵盖一小部分雇员。因此，波兰制度的特点是法律发挥着重要作用，而集体协议在劳动条件的监管中处于更边缘的地位。进而，正如皮萨尔奇克（L. Pisarczsyk）所观察到的，对于波兰来说，经济危机始于21世纪初，当时失业率达到20%，伴随着集体谈判的严重危机。

立法者能够通过某些条款以支持签署“反危机”集体协议。这些措施可能会在工作时间等劳动条件暂时恶化，甚至引入部分失业机制的领域引入新的灵活性。因此，在企业经济状况需要的情况下，社会伙伴*可能会在劳资状况危如累卵时签署集体协议。根据协议的约定，允许中止集体协议的适用条款，并重新审视雇佣合同中确定的劳动条件。协议的期限不得超过3年。协议中没有规定企业负有保障工作的义务，即使签署了协议，雇主也可以采取集体裁员措施。这样一来，根据皮萨尔奇克的说法，“修改个人就业标准的（集体）协议直接涉及与单个雇员签订雇佣合同时所产生的条件。因此，其可能被批评为对雇佣关系各方意思自治产生长远干涉”。

不同层次的集体谈判的衔接也发生了变化。然而，减损（劳动者利益）谈判的发展仍然有限：“波兰法律对偏离法定标准规定了非常有限的空间。可修改的立法条款的清单是封闭的，仅涉及选定的事项。在经济危机期间，该清单主要在涉及工作时间规定（例如更长的试用期）上得到了扩展。关于集体谈判的结构，该立法允许暂停在机构一级缔结的多机构集体协议。由于部门谈判的实际重要性非常有限，这种允许并没有发挥特别重要的作用。”

这些新的谈判领域不仅向工会参与者开放，而且在没有工会的情况下也可以采用非典型协议的方式进行。在这种情况下，必须由“临时”（ad hoc）代表来谈判这些协议。即便立法没有给予这些“临时”代表促使谈判能够平衡进行的足够保证，劳资委员会（Works councils）自身也不能参与谈判。

匈牙利的情况相对类似。2012年，随着新劳动法典的通过，劳动法成为

---

* 在集体劳动法中，社会伙伴（social partner）主要由政府、雇主组织、雇员组织组成。社会伙伴理论强调雇主、雇员与政府相互之间的认可、共同参与企业决策、雇主与雇员在政府协调和支持下平等协商等阶层互动，从而解决相互之间的利益冲突，保证社会生产能够在相对稳定的环境中有序运转。——译者注

重大改革的主题。新劳动法的目标是实现世界上最灵活的就业市场。[①] 增进就业条件灵活性的机制之一是促进集体协议在劳动法规中发挥作用，这使企业集体协议在很大程度上有可能偏离法律，这种偏离甚至是不利于劳动者的。因此，改革目标是在集体协议规范（甚至是在企业级别的集体协议）罕见的国家，如波兰，发展企业集体谈判。这项激励措施包括法律授权的减损："立法者期望，在法律上减损（……）的充分可能性将扩大集体协议的覆盖范围，由于雇主会被激励订立此类协议。"[②]

新劳动法典对不同级别的集体协议之间的关系也进行了改革，这些关系之前受到"优惠原则"的制约。现在，如果某一部门协议授权，则部门内的企业协议可以减损该部门协议的效力。尽管如此，部门协议很少见，因此不应实施此机制。

Tamás Gyulavári（塔玛斯·久拉瓦里）表示，如果工会能够就让步条件（quid pro quo）进行谈判，那么新劳动法典最终可能能够加强工会的作用。然而，工会组织将冒着入会率不能达到10%的风险，而这是签订协议所必需的。同时，改革可能会削弱工会组织的作用。最后，赋予劳资委员会签署此类协议的可能性的事实代表着一种真正的风险，因为这也可能导致工会在企业中的影响力减弱。

（2）维持集中的集体谈判制度

国家劳动关系制度的发展以及在集体谈判分权化方面存在的主要诱因，不能掩盖某些国家没有或仅在非常有限的程度上发生过这种发展的事实。

在研究的国家范围中，奥地利、德国、比利时、瑞典和荷兰处于这种情况，尽管它们的制度可能承受或多或少的压力。这些国家的特点是，它们保持了很高的工会化水平（这一比率可能会下降），而且国家方面表现出持续的"不干涉主义"（abstentionism）。最重要的是，现有的分权过程仍然受到集体谈判的高标准控制，部门的工资谈判仍然至关重要。

奥地利无疑是劳资关系制度看起来最稳定的国家。部门协议仍然代表集体谈判的主要层面，这一层面涵盖了95%的员工且最低工资是固定的。劳资委员会协议只能在法律规定或者部门协议授权的情况下才可以签订，并且不得违反部门协议的规定。伊丽莎白·布拉默斯休伯（Elisabeth Brameshuber）证实了这一点，"事实证明，奥地利的部门集体谈判制度相当成功。这导致了

---

① Tamás Gyulavári，Gábor Kártyás，The Hungarian Flexicurity Pathway? New Labour Code after Twenty Years in the Market Economy（Budapest：Pázmány Press，2015）.

② T. Gyulavári，Chasing the holy grail? Stumbling Collective Bargaining in Eastern Europe and the Hungarian Experiment，in S. Laulom（ed.），Collective Bargaining in Time of Crisis，同上。

工资的卡特尔化(cartelisation),目前几乎不存在全职职位最低工资低于1 500欧元/月的部门。卡特尔化工资的监管功能也不应被低估,从长远来看,这实际上会导致业绩不佳的公司倒闭。通过为一个部门而非仅为一个雇主就工资和工作条件进行谈判,雇主的地位尤其得到加强,从而导致罢工率相对较低。如此,奥地利制度提供了一种非常独特的和平功能。另一个重要特征是它的创新功能,这在过去几年的危机中尤为明显,在该危机中,稳定劳动力市场的重要决定是在部门集体谈判的层面上做出的。尽管当前的政治发展正在威胁着集体谈判制度的稳定,但在可预见的将来,这种局面似乎不太可能改变"①。虽然紧张形势可能会出现,但到目前为止,解决方案均已出台,并且不会威胁到集体制度的稳定性。

传统上,瑞典的集体谈判制度也被描述为一种集中式制度,尽管当今的集体谈判,特别是与薪资有关的集体谈判,可能会在分散的层面上进行,但这种描述仍然有效。"传统上称瑞典的集体谈判是高度分散的,此说明至今仍然有效。尽管如此,集体谈判结构也包含着很大程度的分散要素,特别是关于工资的谈判。在瑞典,有关集体谈判部分分权化的决定性步骤并不是在危机期间实施的,而主要是在20世纪90年代初期。此外,集体谈判制度这种部分过渡并不是通过立法执行的政治决定的产物。相反,这一发展发生在劳资关系领域,其成果已在集体协议中得到实施。"②

最后,在德国,部门级别仍然重要。但是,"退出条款"(opt-out clauses)的发展和扩展程序的减少导致该级别的集体谈判削弱。与机构,也就是雇主和劳资委员会相关的部门协议中规定的"退出条款",通过将重心向企业调整,逐步改变了集体协议的结构。在实践中,根据现行法律,工会已经接受了在部门协议中更频繁地签署"退出条款"的必要性。这些"退出条款"诞生于20世纪80年代,并通过雇员和劳资委员会就薪酬和工作时间问题达成的协议进行了授权修改。到20世纪90年代末,"退出条款"正在向经历重大财务困难的企业蔓延,这可能引发裁员。这些协议基本上与工资和工作时间有关,并且能够不利地降低部门协议的标准。再者,虽然在20世纪八九十年代,这些"退出条款"主要针对的是陷入困境的企业,但如今,这些条款可以存在于那些还没有遇到问题的企业中。另一个发展是,现在部门协议可能不再包含关于工资和工作时间的条款,从而导致谈判的范围缩小。最低工资的实行在一定程度上证明了部门协议的这种削弱。

---

① E. Brameshuber, The Importance of Sectoral Collective Bargaining in Austria, in S. Laulom, Collective Bargaining in Time of Crisis,同上。

② J. Julén Votinius, internal report on Sweden, INLACRIS VS/2014/0532.

(3) 立法干预，以帮助推动劳动关系制度的分权化

第三组国家（意大利、西班牙、葡萄牙、希腊、罗马尼亚、斯洛文尼亚）① 的特点是或多或少地进行立法干预，目的是分散劳资关系制度。集体谈判分权化运动本身并不是最近才出现的现象。新的变化是各监管者都希望将企业级别置于部门级别之上。

值得注意的是，这些公司之间的共同点是政府的干预，有时是规模性干预，有时是重复性干预。一些改革是在欧盟机构的要求下实施的，特别是在谅解备忘录的背景下。例如葡萄牙和希腊就是这种情况。社会伙伴有时与这些改革有关；然而，在大多数被研究的国家中，主流的工会组织一直反对它们。

为了发展企业的集体谈判所采取的措施是多种多样的，往往会采取并形成一系列措施。尽管存在着某些特定的国家特征，但也能总结出一些共同点。

一国的法律可以变更部门一级签署集体协议的条件。例如，葡萄牙和罗马尼亚的情况就是如此，新的代表性条件已导致在这一级签订的协议数目减少。法律允许审查旨在扩展部门协议的程序，并减少扩展选项；也允许对更高级别的协议期限进行限制。“优惠原则”可能会受到质疑，或其适用范围会缩小，并且，监管机构可以通过授予企业一级以不利于雇员的方式减损高层协议效力的权限来审查谈判层次的衔接。在企业一级发展集体谈判的期望还涉及对集体谈判新参与者的认可。这样一来，民选或临时代表也可以选择对企业协议进行谈判。

因此，国家对管理集体协议和雇佣合同之间衔接的法规进行了干预，以确定企业协议的优先次序。

这种国家干预是对社会伙伴集体自治的一种质疑。当监管机构试图在集体协议标准之间强加某种类型的规定时，情况尤其如此，此时企业协议优先于部门集体协议。这种干预有时甚至被认为与国际劳工组织的基本标准背道而驰。2012 年，国际劳工组织结社自由委员会（ILO Committee on Freedom of Association）在回应某些希腊工会组织的要求讨论在希腊进行的改革时，发现“针对自由缔结的集体协议不可侵犯的原则进行了大量的重大干预”，并且存在大量的社会对话。“程序的制定系统性地支持排除条款（exclusionary provisions）的集体谈判分散，这些条款不如较高级别的条款有利，如此可能导致全球范围内集体谈判机制以及工人和雇主组织的不稳定，并在这方面构成对

① See A. Koukiadaki, I. Tavora, M. Martinez Lucio, Continuity and change in joint regulation in Europe: structural reforms and collective bargaining in manufacturing, 22 European Journal of Industrial Relations, 1 (2016).

结社自由和集体谈判自由的削弱，这违反了第 87 号和第 98 号公约的原则。”①

改革对这些集体谈判制度的影响是多种多样的。回顾阿里斯蒂娅·库基亚达基（Aristea Koukiadaki）的研究结果，我们可以揭示出三类国家：集体谈判制度已经瓦解的国家（希腊、罗马尼亚）；该制度正在被侵蚀的国家（葡萄牙、西班牙、爱尔兰、斯洛文尼亚）以及该制度展现出连续性或弹性的国家，例如意大利或直到现在的法国。

这些改革的主要后果之一是由于部门协议的适用领域和谈判主体范围缩小而导致的部门集体谈判水平的急剧下降。因此，在葡萄牙，“参与集体协议的雇员数量从 2008 年的近 190 万人降至 2014 年的约 246 643 人”②。葡萄牙得出的结论是：“在财政援助期间，集体谈判法律框架的变化并没有促进有组织的集体谈判分权，而是对部门谈判和集体协议覆盖范围的严重侵蚀。”罗马尼亚的结论仍然更加悲观：“缺少社会伙伴参与的立法干预是残酷的，并且破坏了社会对话，破坏了社会伙伴在共产主义垮台后的二十年里设法建立的体制。集体谈判分权到最低水平削弱了迄今为止工会在国家和地方两级所取得的社会成就，并影响了部门集体谈判。它还降低了迄今为止被认可的权利标准，这些标准是以更高层次的集体协议为基础的。”③

另一个普遍和广泛后果是，企业级别集体谈判并没有（与改革）同步和如预想中的发展。我们可以以西班牙举例，2012 年后，该国法律赋予企业协议优先地位。但在企业级别进行谈判这一选择尚未付诸实践。原因之一与西班牙产业基地的特定特征有关，其产业基地主要由中小型企业组成。企业的规模意味着很难在这一级别上进行谈判。部门层面上谈判空间的消失或削弱导致雇主单方面决策权的扩大。④ 在葡萄牙也存在同样的现象。

还可以看出，在集体谈判制度遭侵蚀的国家中，最近的发展表明，部门一级集体谈判可以坚持下去。在葡萄牙，自 2015 年以来，政府一直在寻求加强部门谈判，而该国签署此级别的协议数量也在增加，但自 2012 年以来还未曾出现过这种情况。在法国，直到 2016 年 8 月 8 日《劳动法》通过之前，企

① 365th report of the committee on freedom of association，GB316-INS _ 9-1 _ [2012-11-0030-01] -Web-Fr. docx. http：//www. ilo. org/wcmsp5/groups/public/---ed _ norm/---relconf/documents/meetingdocument/wcms _ 193264. pdf，pp. 286 et seq，accessed 20 July 2017.

② T. Coelho Moreira，The Revival of Sectoral Collective Bargaining：the Portuguese Experience，in S. Laulom，Collective Bargaining in Time of Crisis，同上。

③ F. Rosioru，Collective Bargaining in Romania：the Aftermath of an Earthquake，in S. Laulom，Collective Bargaining in Time of Crisis，同上。

④ Y. Maneiro Vázquez，J. María Miranda Boto，The Spanish Example，in S. Laulom，Collective Bargaining in Time of Crisis，同上。

业一级集体谈判的发展基本上没有对企业和部门一级谈判标准的协调衔接提出质疑。这是孔布雷克塞尔（Combrexelle）报告的发现："2004 年 5 月 4 日的法律效果允许企业协议减损更高层次协议的效力，包括优惠原则之外的情形，但这一法律效果似乎是有限的。"① 对 2008 年法律进行的审查表明，社会伙伴实际上具有一种趋势，即"限制"（lock）企业减损部门协议效力的权力，正如法律所授权的那样。在接下来的几年里，无论是社会伙伴还是国家都没有进行任何监督，从而无法对"贬损性"企业协议的重要性进行评估。2016 年 8 月 8 日的《劳动法》旨在超越此范围，并确立了新的劳动法架构，企业协议必须优先于部门协议和法律。该法律仅针对工作时间领域，马克龙的决定和应在 2017 年夏季实施之改革的目标是超越此范围。②

（二）美国和亚洲的分散化集体谈判

1. 美国

美国的集体谈判制度是分散的，缺乏国家或部门层面的谈判实践。随着工会密度的下降，美国似乎是典型的去集体化的例子。

尽管大多数工会是全国性和国际性组织，但是大多数集体协议是由全国性或国际工会的当地组织在单个工厂单位级别上谈判的。多雇主谈判被允许进行，但只有在工会得到雇主的雇员的多数支持并且每个雇主和工会同意受多雇主约束的情况下，这才是合法的。③

多数决定原则（the majority rule），即排他代表制是美国集体劳资关系的一个特殊特征。为了获得集体性谈判的强制执行权，工会必须由谈判单位的大多数雇员选举作为唯一代表，或由雇主根据工会公开投票结果予以认可。工会一旦被选为独家代表，其代表单位中的所有雇员，而不论雇员是否为工会成员。

排他制同样适用于其他工会和个人。因此，雇主不仅被禁止与任何其他劳工组织就雇用条款和条件进行谈判，而且被禁止与个体雇员达成与集体谈判协议不同的协议。因此，被协议所涵盖的雇员不能单独就改善聘用条件（employment package）进行谈判，由于雇主有义务只与独家代表谈判。

---

① J.-D. Combrexelle，La négociation collective，le travail et l' emploi，Rapport au Premier ministre（France Stratégie 2015）http://www.gouvernement.fr/sites/default/files/document/document/2015/09/rapport_combrexelle.pdf，accessed 20 July 2017.

② Ch. Vigneau，Negotiating Working Time in Time of Crisis：The "El Khomri Law"，in S. Laulom，Collective Bargaining in Time of Crisis，同上。

③ Douglas E. Ray，"The Role of Collective Bargaining in Labor Law Regimes：United States National Report"，submitted paper for the XXth Congress of the International Academy of Comparative Law in Fukuoka，July 2018.

因此，在美国，在集体谈判协议和个人协议之间没有关于优惠原则(Günstigkeitsprinzip) 的讨论。当雇主和工会同意订立集体谈判协议时，他们可以统一而迅速地修改雇佣条款和条件，而无须取得个别雇员的同意。

但是，这种基于多数原则的排他性代表制正在减少。在 2016 年，只有 12%的雇员（私营企业为 6.4%）由工会来代表。最近扩大的“工作权州”(Righttoworkstates) 禁止工会向其代表的非工会成员收取工会会费或同等数额的款项，也促进了这一趋势。①

如果雇员没有被工会代表，就业条款和条件将委托给个人谈判。美国是少有的仍将任意雇佣原则（employment-at-will doctrine）作为默认原则的国家②，因此员工在谈判工作条件方面通常处于较弱的地位。由于国家或部门级别的集体谈判在美国并非主流，因此工会密度的下降导致了真正的去集体化。

2. 东亚

在东亚，尤其是在日本、韩国③和中国台湾地区④，分散的集体谈判占据了主导地位。日本代表了分散体制的最典型模式。⑤ 截至 2015 年，日本所有工会中有 93.5%是基于企业的工会，占所有职工的 88.7%。因此，日本的集体协议是在企业一级订立的。但是，法律既不要求也不鼓励企业工会主义或是分散制度。因此，根据《工会法》，不仅企业工会是合法的，产业工会、手工艺工会和在某些地区跨企业组织工人的地方工会都是合法的。

除了一些历史原因外⑥，企业工会主义至今仍占主导地位的主要原因是其

① 2018 年 6 月 27 日，在 Janus v. American Federation of State, County, and Municipal Employees, Council 31, No. 16-1466, 585 U.S. (2018) 案中，美国最高法院判决，从公有部门的非工会成员处收取集体工会费违反了《宪法第一修正案》(言论自由)，从而推翻了 1977 年 Abood 诉底特律教育委员会案（Abood v. Detroit Board of Education）的裁决，该裁决此前曾允许这种收费。

② 当然，判例法的发展已经以各种方式修改了经典的任意雇用原则。但是，美国法学会、《法律重述（第三版）》及《雇佣法（2015 年）》确认任意雇佣原则仍是美国的默认规则。

③ Kiu Sik Bae, “Collective Bargaining in Korea”, ILO-Japan Multi -Lateral Project (2006).

④ Chin-Chin Cheng, “The Role of Collective Bargaining in Labor Law Regimes in Taiwan” submitted paper for the XXth Congress of the International Academy of Comparative Law in Fukuoka, July 2018.

⑤ See Takashi Araki, “Japan's Decentralized Industrial Relations, Internal Flexicurity, and Challenges Japan Faces” in Adalberto Perulli & Tiziano Treu (eds), Enterprise and Social Rights, 173 (Wolters Kluwer, 2017); Tadashi Hanami, Fumito Komiya and Ryuichi Yamakawa, Labour Law in Japan (2nd.), 177ff (Wolters Kluwer, 2015).

⑥ 从历史上看，日本在第二次世界大战之前几乎没有全行业工会主义的经验。战时政权的经验可能动员了所有工人进入企业级部门。战后，当盟军总部（GHQ）鼓励工会成为日本社会民主化的工具，并且雇主无法再压制工会活动时，工人便自由地使用企业级工作场所设施作为最方便的组织单位。Tadashi Hanami, Fumito Komiya and Ryuichi Yamakawa, Labour Law in Japan (2nd.), 45 (Wolters Kluwer, 2015).

在日本就业体制中发挥着出色的功能（灵活性、适应性和对工人基础需求的响应）。

在长期雇佣制下，固定工的就业保障得到了高度重视。另一方面，固定工也可以灵活调整工作条件。这些工人在企业内部调动，并接受内部教育和在职培训。每位固定工的晋升和工资主要取决于个人的服务年限和工作能力。在一个内部劳动力市场如此发达的企业，产业或国家层面的谈判几乎没有意义。因此，以企业为基础的工会和企业一级的集体谈判是最有效的机制，其可以正确、迅速和灵活地响应雇主和固定工的需求。因此，尽管20世纪50年代的工会主义者努力将企业工会转变为行业工会，但企业工会主义仍然是日本劳资关系的标志。

然而，建立在企业工会主义基础上的制度也存在一些缺陷，例如（劳动者）谈判权力弱小，缺乏对产业或国家的广泛影响力，以及缺乏对国家劳动政策的社会和政治影响。为了弥补企业工会主义下劳动者谈判能力的不足和缺乏对行业或全国性集体谈判的影响，自1955年以来，日本工会开发了一种独特的工资决定制度，称为"春斗"（Shunto，Spring Offensive）。在"春斗"制度下，每年春天，企业工会的工业联合会（industrial federations）都设定了工资增长的目标，并协调规划各企业和行业的企业级别的谈判和罢工。根据规划，在一个繁荣的行业中，强大的企业工会将被选为模式制定者，其首先开始谈判并确定当年的市场价格。其他工会随后效仿。"春斗"中建立的市场价格也反映在公有经济和地区最低工资中。

另一个重要的补偿机制是在厚生劳动省设立的三方劳动政策委员会（tripartite Labour Policy Council）及其小组委员会。这些机构中包括公共利益（学术界）、工会和管理性组织的代表。按照惯例，政府的《劳动法》草案内容是由这三个机构审议和决定的。从某种意义上说，这些机构的商议是国家级别的准集体谈判，由政府和学者担任调解人和和解人。

日本的分散制度中争议最大的问题之一是决定权下放制度。与欧洲的决定权下放制度不同，日本法律赋予被分散一方在企业中缔结减损协议的权利，这一权利赋予企业中组织多数雇员的工会；如果不存在这样的工会，则选举一名雇员作为企业中的多数代表。据报道，在没有多数人组成的工会的情况下（中小企业通常如此），雇主会滥用职权与多数人代表签订减损协议，多数人的代表往往无力抵抗来自雇主的压力。因此，日本正在讨论改进决定权下放制度，例如加强选举多数代表的程序和引入劳资委员会制度。

3. 从集体谈判分权化到劳资关系体制的去集体化

在许多欧盟成员国，这场危机为政府对劳动关系的监管提供了罕见的干预水平，并具有明确的目标：集体谈判的分权化。这场运动早在危机之前就开始了，但毫无疑问它是从2008年开始愈演愈烈的。这种演变使人对国家在劳动关系领域能够或必须发挥的作用产生质疑。从这种角度来看，我们描述的英国、匈牙利、波兰和土耳其的情况与智利、墨西哥、加拿大和美国的情况非常相似，即谈判主要发生在公司或企业一级。[①] 在这些欧洲和美洲国家，集体谈判的覆盖率仍然很低，而该覆盖率只有在至少存在某些形式的部门级别谈判的国家才较高。如果没有部门级别的集体谈判，集体谈判覆盖范围往往与工会会员相关，因为工作场所存在工会或工人代表是能够谈判达成协议的必要条件。[②]

其他美洲国家也经历了劳动法的重大改革，这些改革与欧洲经验有一些相似之处，特别是在国家干预以支持集体谈判分权化方面。例如在巴西，传统上集体谈判协议是在部门级别上达成的。2017年，巴西通过了一项重要的劳动法改革[③]，引入了几项修正案，这些修正案统称为“劳动法改革法案”(labour law reform)。就此，有关危机的言论在很大程度上被用于证明对劳动法进行大刀阔斧的改革是合理的。改革的官方目的是使巴西劳动法典现代化。改革应该通过实施更灵活的规则来创造新的就业机会并降低失业率。[④] 集体谈判分权化是所使用的手段之一，随着“2017年法案”的实施，在某些问题上，集体谈判协议和工会协议将优先于法律，例如：(1) 工作时间（遵守宪法限制）；(2) 每年的银行办公时间；(3) 影响薪酬开支的公司条例；(4) 商品或服务的激励性奖励，最终以激励性项目的形式发放；(5) 利润分成方案等。现在评价这部法律对劳资关系的影响还为时过早。

这一对比强调的是国家在集体关系中的角色转变。传统上，国家通过各种措施进行干预，以支持集体自治，并营造有利于集体谈判发展的环境。正如我们所看到的那样，国家干预主义（state interventionism）可能会特别激烈，而现在又采取了新的形式。如今，与其说这是一个支持谈判行动者和推动集体协议制定的问题，不如说是一个允许企业缔结某种类型的协议并就集体谈判的结构和内容采取行动的问题。国家没有（或很少）采取措施促进企业级别的集体谈判，也没有在谈判权力方面在各方之间取得更好的平衡。一

---

① OECD（2017），Collectivebargaininginachangingworldofwork，inOECDEmploymentOutlook 2017，Editions OECD，Paris，https：//doi. org/10. 1787/empl _ outlook-2017-8-en.

② 同上，p. 167。

③ 14 July 2017，Brazil’s Law 13. 467/2017.

④ L. Correia Da Silva，*L’instrumentalisation de la négociation collective vers la flexibilisation du droit du travail en France et au Brésil：une analyse comparative à l’aune des réformes mises en place en 2017*，Mémoire de Master 2，Université Lumière Lyon 2，July 2018.

般来说，改革只对允许企业一级的集体谈判感兴趣，而没有采取具体措施来提高参与者的谈判能力。对谈判主体采取的唯一措施是允许雇员代表代替工会进行谈判。

这些政策所产生的后果并不一致。与希腊、葡萄牙和罗马尼亚一样，集体协议的覆盖面可能会急剧下降。主要的教训是，专业部门减少对工作条件的监管并未与企业级别的集体谈判发展相结合，而且未部门化的分权通常会导致集体协议的缺乏，即劳动关系的去集体化。今天，波兰和匈牙利的处境就是这样。

由此而论，比较分析表明，国家政策可以采取另一途径，即考虑如何最好地发展和支持部门级别的集体谈判。目前在生产组织中发生的变化，如小微型企业、互联网企业和平台企业等的发展，同样表明这是一个正确的方法。匈牙利和波兰的情况显示需要重构集体谈判制度。毫无疑问，这种（重新）构建需要复杂的措施。因此，在没有对劳动条件进行集体监管的情况下，必然会提出关于劳动权利改革的问题。分权的过程往往会导致雇主单方面权力的延伸，即工资和劳动条件更频繁地由雇主和雇员之间的直接谈判决定，国家成为保护劳动者的唯一保障。与此矛盾的是，除了进一步扩大雇主的单方权力外，无法确定企业所寻求的灵活性是否必然会实现。

四、结　论

总的来说，本报告涉及两个独立的主题：新型工作形态和集体谈判分权化。然而，这两个不同的主题是由一个共同的驱动因素引出的：在雇佣关系中引入灵活性。

由于雇主和/或雇员对提高灵活性的需求增加，新型工作形态已经出现。[①]新型工作形态使雇主能够高效地使用即时劳动力（just-in-time workforce）。新型工作形态还为工人提供更多的赚钱机会和自主的工作方式，以更好地平衡工作与生活。然而，这种灵活性会导致工作不安全性增加、社会/职业隔离、较高的压力及工作强度、缺乏集体代表和争端解决机制等。

为了应对金融危机，尤其是在2008年之后的欧洲，政府通过把企业级别的谈判放在优先地位以推动集体谈判分权化。这使工作条件能够被更灵活地调整，以应对公司的经济状况和工人的基础需求。例如，在不利地调整工作条件有助于避免经济性裁员和确保就业的情况下，这种让步型谈判可以同时

① Eurofound, Overview of new forms of employment-2018 update, 18 (Publishing Office of the European Union, 2018).

满足劳资双方的需求。但是，正如上一节所述，在没有国家或部门级别谈判实践的国家，集体谈判往往导致劳资关系的去集体化。[①] 在这种情况下，灵活性可能只会增加雇主对雇佣关系的单方面控制。

因此，引入灵活性本身不一定是问题。[②] 问题是应该引入何种灵活性，以及如何在灵活性与安全性及劳动者保护之间取得平衡。传统意义上，决定灵活性模式并在灵活性和安全性之间取得平衡需要国家和法律发挥作用。但是，由于雇员和工作模式的多样化，并且雇员和自雇者之间的界限模糊不清，统一的法规或一刀切的标准已不再适用。

本报告讨论了应对新型工作的四种方法（见图 3）。从某种意义上说，这四种方法是应对多元劳动力的一种尝试。例如，讨论引入一种中间类别的雇员：类雇员，就是试图提供三套法规来应对多样化的劳动力。一套是针对雇员的，另一套是针对类雇员的，但没有为自雇者提供劳动法保护。然而，这种方法并不反映雇员群体或类雇员群体内的多样性。当我们审视现行适用于雇员的劳动法，可发现其中已经纳入了各种措施，以适应多样化的雇员和灵活性的需要，例如弹性工时制度、对拥有自治权或自主裁量（discretion）雇员的豁免，以及尤为明显的减损机制（图 4）。

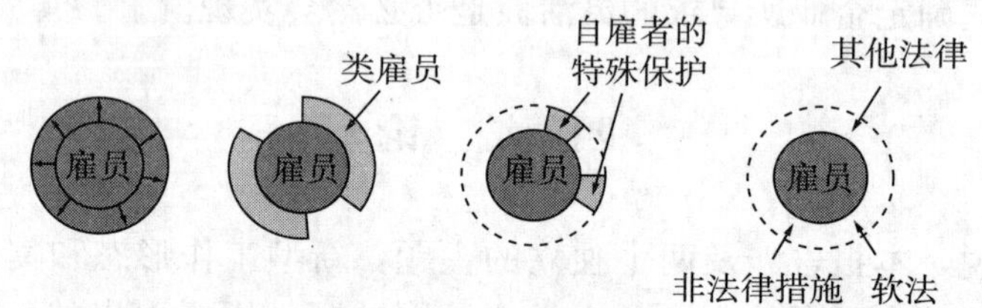

图 3　应对新型工作的四种方法

决定权下放机制允许集体协议的当事人同意不利地背离法定最低标准。[③] 许多国家经常采用的典型示例是工时制度。在达成集体协议的条件下，允许超出最高工时的限制。德国有着悠久的决定权下放传统，被称为“经集体谈

① 相似观察可参见 L. Correia Da Silva，L'instrumentalisation de la négociation collective vers la flexibilisation du droit du travail en France et au Brésil：une analyse comparative *à* l' aune des réformes mises en place en 2017，Mémoire de Master 2，Université Lumière Lyon 2，July 2018。

② 根据欧盟关于透明和可预测工作条件的指令提案（COM（2017）797 final)，新形式就业带来的灵活性一直是创造就业和劳动力市场增长的主要动力。自 2014 年以来，已经创造超过 500 万个工作岗位。

③ 在德国和法国，众所周知，立法机关有权决定是否在劳动保护法中采用决定权下放机制，但《宪法》或欧盟法不允许的事项除外。参见 Yumiko Kuwamura，Rodo-sha Hogo-ho no Kiso to Kozo（Toward a New Framework for Labour Protection Laws），319ff（Yuhikaku，Tokyo，2017）。

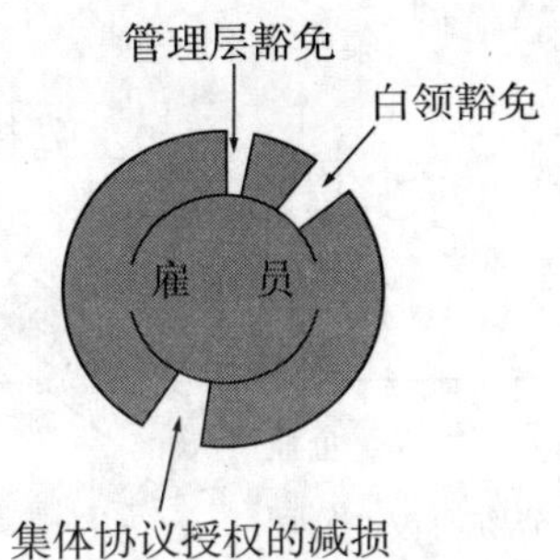

图 4　当前劳动法

判一致同意可以处分的法律”（Tarifdispositives Gesetzrecht）。自 20 世纪 80 年代以来，作为分权化趋势的一部分，减损协议已在集体谈判协议各方控制下的劳资委员会协议中开放。最近，法国经历了决定权下放机制的重大发展，特别是 2016 年 8 月 8 日的劳动法（“Loi Travail”）。[①] 为了引入灵活性，开放条款（Open clauses）也正在德国蔓延，这些条款允许通过企业或机构级别的集体协议不利地减损部门级别集体谈判协议的效力。[②]

“决定权下放机制”指，将规范制定的分权从国家级别（法律）转移到部门级别（部门级别的集体谈判协议），并进一步下放到企业或机构级别（企业级别集体谈判协议或劳资委员会协议）。

这里会出现两个法律问题。首先，决定权下放机制颠覆了由所谓的“优惠原则”（“favourability principle”）建立的传统规范。传统上，较低级别的协议只能在对劳动者有利的前提下突破较高级别的规范进行规定（规范强度顺序：法律＞CBA＞WCA［劳资协议］＞个人合同）（参见图 5）。但是，对于分散的较低一级缔结的集体协议，决定权下放机制容许不利的偏离。因此，基于何种原因以及在什么程度上允许减损是第一个关键问题。

第二，在分权化的情况下，相对于集中，劳动者一方的谈判能力变得更

① 艾曼纽·马祖耶（Emmanuelle Mazuyer）认为，对法律的减损不是例外，而是法国法的原则。法国正在从一个必须明确授权才能使减损成为可能的体制，转向一个必须明确禁止才能使减损不发生的体制。Emmanuelle Mazuyer，“The Role of Collective Bargaining in Labour Law，French Report.”该论文提交于 2018 年 7 月在福冈举行的第 20 届国际比较法学会大会。

② 伯恩德·瓦斯（Bernd Waas）将企业级别贬损协议的扩散描述如下：“集体协议的缔约方越来越多地利用所谓的‘开放条款’，这些条款允许达成具有减损性的协议，从而使协议具有更大的灵活性……如今，集体协议通常效仿普福尔茨海姆协议（Pforzheim accord，确立了减损规则），例如，如果集体协议的双方都同意，可以在经济困难时期完全推迟，减少或取消特别付款。”参见伯恩德·瓦斯（Bernd Waas），“The Role of Collective Bargaining Agreement in Germany” submitted paper for the XXth Congress of the International Academy of Comparative Law in Fukuoka，July 2018。

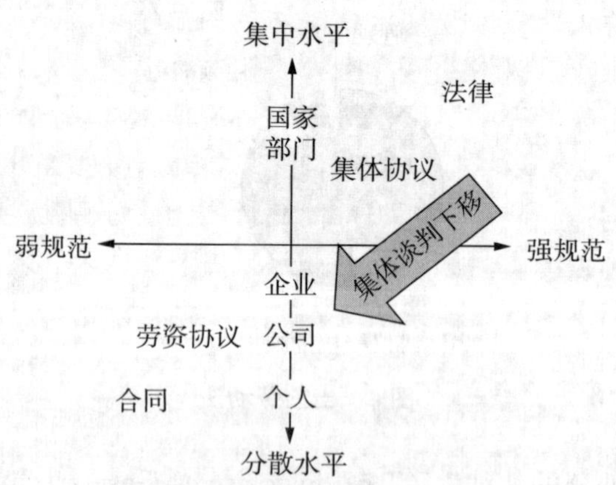

图 5 规范序列及集体谈判分权化

弱。因此，另一个重要的问题是，应赋予何者减损权力。

因此，基于何种原因，多大程度上和对谁来说，应该赋予决定权下放权力是这里的关键问题。在日本，决定权下放不仅可以委托给机构一级的多数人工会，而且可以委托给机构中工人的多数代表，对此，发生了一些滥用决定权下放的情况。在这方面，德国只有在部门级别的工会原则上同意的情况下才允许决定权下放。这种有控制的下放（有控制的灵活性）可能是在灵活性和保护之间取得良好平衡的一种手段。然而，只有在存在部门级别劳资关系的国家才能适用这种措施。对于集体谈判一直分散的国家，还应探讨其他选择，例如引入劳资委员会制度，以帮助减损协议的当事方。

正如在最后一节所讨论的，无论是在具有集中谈判制度的国家，还是谈判分散化的国家，人们更担心去集体化。这是因为工会密度正在普遍下降，在分散化体制的国家，工会密度下降与集体谈判覆盖面缩小直接相关。如果任由这种去集体化发展，且不采取相应的对策，在这样一个技术日新月异的时代，就不可能保护雇员及保障劳动福利。

那么，如何采取相应对策以保护多样化的雇员和工人呢？第一，调整劳动立法，使之更适合多样化的劳动力，例如适当的决定权下放体制，包括实质性和程序性法规的结合。但是，必须建立一个能够公平代表劳动者多种利益、足以抵御雇主控制和干预的合法机制。第二，鉴于工会密度普遍下降的趋势，应该考虑引入新的集体机构来代表工作场所的多样化工人，例如代表所有工人的劳资委员会，而不论工人是否为工会成员或标准用工。第三，当工作场所去集体化，雇主的单方行为占上风时，可以选择从社会合理性的角度对雇佣合同进行司法审查。例如，在日本，法院会审查雇主单方面修改的工作规则的合理性，只有在法院认为修改是合理的情况下，这些工作规则才具有约束力（《劳动契约法》第 10 条）。① 第四，软法是另一种选择，它与给予激励和利用市场声誉一起发挥作用。例如，软法可以设定一个特定的社会目标，如工作与生活的平衡或劳动力多样化，政府可以对达到社会期望目标的优质公司给予奖励，或者允许它们在业务中使用认证标签；相反，软法也可以公开那些既不遵守劳动法也不尊重社会目标的劣质公司。这只是几个例子，它们绝不是相互排斥的；事实上，它们是相互兼容的。

我们面临的挑战是在灵活性与安全性及保护日益多样化的工人之间寻求更好的平衡。尽管我们在全球化经济中面临着共同和相似的挑战，但政策选择将因各国国情而异。在设想最佳策略选择时，作为劳动法学者应该牢记于心的是：劳动法政策只有与社会保障法②，税法、竞争法、消费者法、教育和职业培训政策以及市场运作政策等其他相关政策相协调才能有效运作。③

然而，与此同时，考虑到实行预期社会目标的效力，我们应审查和明确劳动法在其他相关政策方面应该发挥的特殊作用。例如，正如我们在第二部分所讨论的那样，竞争法可以提供与劳动法类似的保护，但自雇者协会或独立承包人协会不得参与罢工或其他集体行动。在竞争法中难以获得有效的争议解决机制，如劳动监察或劳动法庭制度。因此，与其他法律政策协调的任务要求我们确定和确认劳动法的作用和职能，而不应转移和委托给其他法律体系。我们认为，以上提出的许多社会问题仍然属于劳动法的应对范畴，可以通过劳动法自身的发展和提升其有效性加以解决。

---

① See Takashi Araki, "Japan's Decentralized Industrial Relations, Internal Flexicurity, and Challenges Japan Faces" Adalberto Perulli & Tiziano Treu (eds), Enterprise and Social Rights, 173, 187ff. (2017).

② See Christina Behrendt and Quynh Anh Nguyen, "Innovative approaches for ensuring universal social protection for the future of work" ILO Future of Work Research Paper series research paper 1 (2018).

③ See the "European Pillar of Social Rights", jointly proclaimed by the European Parliament, the Council and the Commission at the Social Summit for Fair Jobs and Growth in Gothenburg on 17 November 2017.

青年法苑

从长期照护保险法到长期照护服务法：体系性联结之视点①

袁少杰*

目次

[摘要]　老龄化危机已经成为世界范围内面临的重要难题，其中更以高龄、失能老人之养老保障问题更为严峻。德日等国先后采取社会保险的方式予以因应，创设了长期照护保险制度，我国目前也正在进行相关试点。就各国经验来看，长期照护保险之保险仅为其形式，最终保障之落实仍应以给付提供即配套服务之完善为着眼点。长期照护保险之立法构建，需要从一般法到特别法形成一套完备体系，以照护需求性之解决为核心，以给付提供为重点，确保服务提供中各种问题的规制，才能真正保障老年经济安全。

[关键词]　长期照护保险；长期照护服务；照护需求性；特别法

一、引言：解决高龄化问题的长期照护保险

老龄化危机已经成为世界各国共同面临的问题，唯各国所面临之老龄化问题情况各不相同。老年人口的传统经济安全保障为具社会保险性质的以老

---

* 袁少杰，清华大学法学院博士研究生，德国明斯特大学访问学者。本文为 2018 年国家社科基金重点项目“养老保险立法研究”的阶段性研究成果。

① 收稿时间：2020 年 2 月。

年年金为形式的养老保险，于退休年龄到达时符合前置条件者便可按月请领。然而人的老化不仅伴随着退休带来的工作机会终止，还伴随着身体机能的退化与丧失，故养老问题远非单纯解决经济问题即可，还面临着“养”的问题，其中更以高龄、失能老人之养老保障问题更为严峻。

失能、高龄老人从数字上来讲，已经具有了显著规模，而问题解决之棘手之处在于，传统的家庭养老模式正随着家庭模式的变迁而崩塌，父母与子女通常无法居住在一起；并且即便居住在一处，高龄、老人所需要的可能是全天候、全方位的照护，对于目前尚无法定家庭护理假的我国而言，要满足这一点并不现实。① 情况严重者甚至要求子女只能抛弃工作全职看护，而曾实行过三十年的独生子女政策使得年轻世代背负着上下多代的经济压力，自然有心无力。② 此外，目前市场上之公立或私立养老机构或者价格畸高，或者只接受有自理能力之老人入住，使得该问题成为家庭需自力解决的难题。

世界范围内各国所采取手段各不相同，但较有成效的是先后采取社会保险的方式予以因应的德、日等国，开办了独立的社会保险子项目——长期照护保险，并由专门立法予以确保实施和完善。制度创设本身不足以解决问题，但法律的实施不仅落实了人民对经济安全的追求和社会风险的应对，更重要的是以此为形式对市场进行了规范和活化，使得从机构到从业者，从标准到技术、从认定到给付的各个环节均有保障。

长期照护保险之制度构建虽然已经纳入国家考量，甚至有部分地方试点，然而目前不仅迟迟未有下文，且观各地试点之保险模式仅取其形式，对核心制度内容设计尤其是照护需求及其解决尚显空洞。本文就长期照护保险法律关系的架构进行提炼，接着对作为核心的照护需求性进行分析，并且总结出长期照护保险法律关系之实质在于落实社会保险之类型给付，最后提出应形成各项专门长期照护服务法律作为配套落实之根基。

二、长期照护保险法律关系之提炼：三方与两阶下的公私法融合

长期照护保险法律关系的脉络可以从私法中法律关系的一般化分析过渡到国家责任下基于行政给付行为而延伸出的行政法律关系，最终在社会法的特殊语境下基于社会预护的宗旨建构起社会保险法律关系，针对长期照护保

① 参见林嘉、陈靖远：《家庭护理假的法理分析与制度构建》，载《华东政法大学学报》，2019年第4期。

② 参见郑尚元、袁少杰：《老龄化之因应与长期照护保险法制之展望》，载《深圳大学学报（人文社会科学版）》，2017年第3期。

险这一相应时代变迁并专门因应老年人失能这一社会风险而设立、通过立法构建起专门的法规范进行规制、旨在保障老年人独立与尊严生活、并对具有多种给付类型的社会保险项目进行特殊化。

(一) 长期照护保险法律关系的三个方面

概言之，长期照护保险法律关系，是指长期照护保险法律制度所规范调整的，在长期照护保险参与者之间形成的权利义务关系的总和。[①] 正如一般法律关系之核心架构皆至少包括主体、客体与具体内容，长期照护保险法律关系也有长期照护保险法律关系的主体、长期照护保险法律关系的客体和长期照护保险法律关系的内容三个方面。主体包括被保险人、保险人、第三方机构或个人；客体为主体之间权利义务指向的对象，如保险给付；内容包括保险人与被保险人之间的法律关系（基于社会保险制度下的保费收缴、管理、给付和相关附随义务）、保险人与第三方服务提供者之间的法律关系（服务购买与提供之供给契约关系）以及被保险人与第三方服务提供者之间的法律关系（纯私法上之照护服务契约关系）。

此外，其还涉及一些其他关系，如保险人或第三方机构为保障受照护者之安全可能还与特约医院、医护人员之间有特别委托关系(Auftragsverhältnis)、保险人与第三方机构甚至第三人之间的代偿关系(Ersatzechtzsverhältnis)，还有最为特殊的，因强制保险责任落实在非自雇劳动者身上而引入的“财务处理第三人”角色——雇主因其所需负担被保险人之部分保费而所参与、引发的各种关系。这些虽不属于长期照护保险的主干内容，但对于长期照护保险的具体实施有着举足轻重的作用。

(二) 长期照护保险法律关系的两个阶段的联结：公私法融合之分析

一个完整长期照护保险法律关系的实现，需要先有法律规范，并基于制度设计而产生代表国家意志而进行社会预护功能的保险人，与符合保险范围之被保险人先构建起基于保费缴纳而产生的单方义务关系，并同时与第三方合意筹措、安排照护服务，在被保险人保险事故发生之时经过照护认定而发给准予给付之决定，被保险人从而受个人或机构照护享受实际给付，保险人承担相应报销项目与内容并由被保险人承担相应自付部分，直至照护保险法律关系变更或消灭。

然而，作为社会保险法律关系，抛开第三方主体不谈。其核心主体为保

① 参见李志强：《长期照护保险法》，载郑尚元主编：《社会保障法》，275页以下，北京，高等教育出版社，2019。

险人与被保险人这两极体系（bipolaren System）[①]，其核心权利义务关系为保费征缴与保险给付这两大关系，由于社会保险法律关系的人身属性与延续性，其保险事故发生之节点仅仅为权利义务关系转换的瞬间。其间引入之私法关系，并不影响社会保障性与保险性两大公法属性。

虽我国有学者认为将此二者从时间点为界限分离出来，独立研究保费征缴与给付提供两个法律关系，有助于认定行政行为的性质和要素的确定。[②] 但是社会法本身就是公私法融合之法，公法或者私法属性之强弱与消长本身不影响对法律关系的具体理解。同时，公法关系和私法关系在以权利义务为内容上具有共通性，并且在权利义务的内容和种类上大致是相通的；即便是将保费缴纳理解为更具公法意义的“保费征缴”，将给付请领理解为“给付提供”，抽象出的权力服从关系也不足以说明公法的特质；因为国家和人民间的关系亦是互相地享受权利负有义务的关系，遑论公法与私法均是一样。[③] 同时，法律现代化的过程中，公法与私法的融合本就是所有法律部门所共同面对的现象，在社会法这一本就具有公私法二元属性之“第三法域”更是不足为奇。[④] 同时，社会保险制度中法律关系之属性本身就呈现多元化之样态，在梳理法律关系时应当具体情况具体分析，避免单极之考量而忽视了法律关系本身的统一性。[⑤] 社会保险关系本身所涉及的就是一个复杂的联结体，正是透过社会保险这一精密的制度设计将所有关系包罗其中，从而成为严密的“社会安全网”（参见图1）。

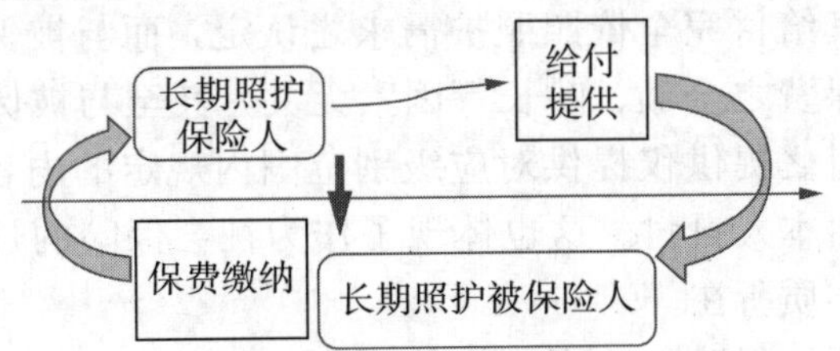

图1　长期照护保险法律关系的两个阶段

① Brose：Von Bismarck zu Crowdwork：Über die Reichweite der Sozialversicherungspflicht in der digitalen Arbeitswelt，NZS 2017，7.

② 参见林海权：《社会保险法律关系分析》，中国人民大学法学院2007年博士学位论文，172页。

③ 参见［日］美浓部达吉著，黄冯明译：《公法与私法》，72～89页，北京，中国政法大学出版社，2003。

④ 参见李文静：《医疗保险法律制度研究》，82页，北京，中国言实出版社，2014。

⑤ 河野 正輝：「社会保険の法律関係」，载ジュリスト增刊『行政法の争点（新版）』，有斐閣，1990，297-299页。

三、长期照护保险法律关系之核心：基于照护需求性之保障

长期照护保险法律关系的多重主体之间所发生之权利义务关系，如同其他社会保险关系一般，其有一个鲜明的被保险人和保险人权利义务地位转化的时间点，那便是保险事故（Versicherungsfall）的发生。包括我国在内，除长期照护保险外，其他几个社会保险分支都是经典社会保险的领域，并已经标准化、法制化[①]，且保险事故之判断均有其成熟的依据、标准与流程。如失业保险为针对“失业”这一事故、工伤保险为保障“因工伤亡”之事件，唯长期照护保险之保险项目为一空泛之“老化风险”甚至“失能风险”之应对。社会保险立法的原则性、抽象性在解析法律关系之时必须经过规范性、严密性之展开，尤其是针对“保险事故”这种直接关系到给付请领的判断时更需明晰。在已经实行长期照护保险法的德国、日本，针对具体保险事故提出了“照护需求”这一概念，作为法律关系之核心；其不仅作为请求权之基础，亦在变化中为社会安全网的缜密增加“织料”，值得借鉴。

（一）照护需求性：请求权之基础

1. 照护需求性作为给付提供之根据

长期照护保险法律关系之最核心部分内容为其保障请求权之指向，即只针对照护需求性进行给付。其给付相较于商业保险及其他社会保险之显著不同之处就在于：其给付完全依照照护需求之认定，而与被保险人之身份、收入之高低、缴纳保费之金额、时长等因素无关，甚至与被保险人本人之期望亦无关，保障给付之提供仅提供对应级别范围内规定的内容，除此之外，一应特殊化需求均由本人自付。这也体现了作为社会保险的长期照护保险仅作基本保障原则的实质所在。[②]

以德国长期照护保险立法观之，其法律名称即为“因应长期照护需求性之社会风险的社会保险法”（Gesetz zur sozialen Absicherung des Risikos der Pflegebedürftigkeit），将“长期照护需求性”直接作为法律风险之概括而放入法规名称中，与事故、医疗等保险别无二致。相较于“长期护理保险”之名称，值得认清的是它保障的并非“长期护理”这一服务，而是“长期照护之需求风险”。长期照护保险给付之提供，必须具有长期照护之需求[③]，这是德

---

① Wagner，“Sozialversicherung，Versicherungszweige” in BeckOK Sozialrecht，Rolfs/Giesen/Kreikebohm/Udsching，54. Edition，Stand：01. 09. 2019，Rn. 3.

② 久塚 純一，山田 省三編：「社会保障法解体新書（第 3 版）」，123 页，法律文化社，2011。

③ § 14 Abs. 1 SGB XI.

国法上的明文规定。虽说给付之最终提供，除了长期照护需求性的具有之外，尚需构成一定的护理需求等级，甚至在给付前还应遵循一定的等待期间①，同时申请之效力及被保险人之配合义务也都对给付实现产生影响，但其根据一定是照护需求性。在日本，由于其介护保险之法律构造并非全民参保，因而甚至直接将申请给付之被保险人分类为“要介护者”和“要支援者”两类，相应的依据即为“要介护状态”和“要支援状态”②，完全根据需求性进行认定并发给“被保险人证”，作为给付请领的凭据。

2. 照护需求性作为权利义务地位变化之分野

如果说长期照护保险之开办是因应照护风险之存在而设立，那么照护风险之保险事故发生时间点即为照护需求性的产生。照护需求性之概念关乎被保险人在长期照护保险中两个阶段的身份转变，即从单一的保费缴纳义务阶段转为给付请领的权利阶段。要想引起长期照护保险的给付，其时间截面上的分界点就是能引起照护给付的事件，也就是具有长期照护需求性。这一点德国社会法第 11 编长期照护保险的第 14 条中做了规定并给出了相应的定义。③ 德国学者更是直接指出，德国长期照护保险中的保险事故就是照护需求性。④

一般来说，照护需求之出现，必将意味着被保险人照护服务需求之产生。若被保险人不请领给付而自己有经济实力进行服务购买则无须照护给付环节，毕竟并不是所有缴纳保费之被保险人在具结照护需求性时均会请领照护给付。即照护给付之有效申请的构成，在长期照护保险的两个阶段转化中，是对应保险事故发生（照护需求出现）的真正分界。照护需求出现，被保险人仅具有请领给付之权利之可能；照护需求之给付申请作成后，被保险人方由单一缴费义务地位转化为请领权利地位。

对比而言，退休作为年金（养老金）请领的时间点，其根据法定自然作成，退休年龄之时间点一到则劳动关系自动解除，年金请领权自动成立；而长期照护保险则要求退休者都需自己负担一半的保费直到照护需求之出现⑤，其权利义务转化仅因照护需求之出现而发生，若终生未发生照护需求，则终生无权利义务转化之可能，这也是符合社会保险的概率性原理的。

此外，照护需求性之概念还产生了如下的关系转变，即由个人责任向国

---

① §33 SGB XI.

② 増田 雅暢．「わかりやすい介護保険法」，有斐閣，2000，19 页。

③ §14 SGB XI.

④ BSGE 82，27，276；BSG SozR3 - 3000 §14 Nr. 9；另参见［德］Eberhard Eichenhoffer 著，林谷燕等译：《德国社会法：第 11 版》，283 页，台北，新学林出版，2019。

⑤ §20 Abs. 1（11）SGB XI.

家责任（社会责任）的转变，须知在照护需求性界定之前，即便是社会保险之被保险人，并不马上得请领给付，而是需承担个人责任①，即自力承担照护的同时，在照护需求性确认之前，确保保费缴纳之义务的完成。即权利义务地位的变化也带来了个人责任与国家责任分担的不同。进入长期照护保险保障范围后，虽然不意味着个人责任的消灭，但仅需承担原本个人责任的微小部分；通过照护需求将责任转移到国家，也正是因为社会保险法律关系中“国家”承担保障义务的设计初衷所在。

3. 照护需求性之量化作为实领给付之标准

照护需求性除了界定给付能否发生，作为权利义务转化之分界点外，最重要的就是其并非虚无之抽象存在，而是可以经过法律明确规定而量化的度量衡。长期照护保险之立法难度远胜医疗保险，就在于照护需求性之应对更难衡量：因为对于医学上已经类型化之疾病，其检查、处理、开药、手术等均可做流程化处理，费用与耗材均为可视化之物价规定；而照护需求者所罹患之疾病、身体失能之情况、造成需要护理之项目可能各不相同，需要照护介入之时长、类别、人工亦难以作统一化规定，不能简单规定失能者多少小时、失智者什么频率，而需要一方面做类型化处理，另一方面通过对各种具体情况之实地走访与判断，这都对立法技术有很大的考验。此外对于各种需求给付之金钱标准亦难以衡量，以协助洗澡事项为例，虽然被保险人接受在宅服务时间实际可能是半小时的工作，但计算护理人员薪酬时就居家照护时护理人员往返之在途时间如何计算，推论都纳入人力成本则总金额之飙升在所难免，对保险基金之可持续发展提出挑战。

目前通行的做法，是在成文法中以实定法的形式将其确认下来，如给付种类之明确、对应等级之给付限额，等等。② 虽然法律存在之规定并非就一定是最合理、最完备的，但是照护需求作为申请给付的请求权基础，若无专业性、技术性之认定标准，实难界定给付待遇的组成与金额。在德国和日本，甚至有以时间计算照护需求性等级之量化方向，虽已经逐渐改进，但仍可供法律制定者借镜（参见表 1）。需要注意的是，2017 年后德国照护需求性的评估已经由基于身体缺陷状态所需要的照护时间为导向转变为基于生活独立性量表的评估③，但无论评价基准如何选择，对照护需求性进行量化从而确定实

① Utz Krahmer/Caroline von Kries “1. Eigenverantwortung vor Pflegebedürftigkeit (Abs. 1) ” in Krahmer/Plantholz, Sozialgesetzbuch XI , SGB XI § 6 Rn. 5 , 5. Auflage 2018.

② § 36 – § 43 SGB XI.

③ 评价标准详见德国 SGB 第 15 条，但需注意，德国自 2017 年 1 月 1 日开始，对法律进行了修订并重新设计了照护需求性的评估标准，参见 Richter: Die neue soziale Pflegeversicherung-Ein leistungsrechtlicher ÜberblickNJW 2016, 598。

领给付之额度为长期照护保险法律关系落实之“度量衡”。

表1　日本与德国以照护需求时间界定之照护需求性认定标准表

日本		德国	
需要照护程度	需要照护时长（每日）	需要照护程度	需要照护时长（每日）
要支援状态 1	25 分钟以上 32 分钟未满		
要支援状态 2	32 分钟以上 50 分钟未满		
要介护状态 1	32 分钟以上 50 分钟未满		
要介护状态 2	50 分钟以上 70 分钟未满		
要介护状态 3	70 分钟以上 90 分钟未满	照护等级Ⅰ	90 分钟以上（基本照护至少 45 分钟）
要介护状态 4	90 分钟以上 110 分钟未满	照护等级Ⅱ	180 分钟以上（基本照护至少 120 分钟）
要介护状态 5	110 分钟以上	照护等级Ⅲ	300 分钟以上（基本照护至少 240 分钟）

注：按总照护时间计算，德国之照护等级Ⅰ与日本要介护状态 4 相当，照护等级Ⅱ、Ⅲ与日本要介护状态 5 相当，但按基本照护时间计算，则其对照性大致如上表。①

（二）照护需求性：概念变化下的老年安全保障

照护需求性作为法律保障之风险，作为请求权基础之依据，其与其他社会风险一样，都不是一成不变的。观诸德国、日本等国家的长期照护保险，其内容之细化、规定之缜密让人思考：为什么作为一部法规范性文件，要考虑如此之多的细节，甚至连一些生活起居之细节都做了学术化之处理，变为法语言在法律中进行规制？究其原因，就在于长期照护保险所保障内容并非“工伤”“失业”等事实之简单，其认定本身就复杂且困难，加之实际情况之变化也会影响给付之最终形态与数量。德国、日本均修改过对于“照护需求性”的判定，足以证明其量化并不容易。法律虽然不可能完备，但法律之走向却是朝着完备性前进的。先进行规定，再对规定作出补充、修正或者调整，是社会安全法规之一大特色。

照护需求性变动之因素主要包括两类：一类为主观变化，亦即立法与概念上的变化，也就是官方对于“照护需求性”定义的改变，导致法规范之覆

① 本表为作者自制，参考了宣賢奎：“日本・ドイツ・韓国の介護保険制度の比較考察.”，载『共栄大学研究論集』第 8 号，2010 年 3 月 31 日版，1-18 页；另参见“要介護認定はどのように行われるか”，载日本厚生劳动省官网“政策について ＞ 分野別の政策一覧 ＞ 福祉・介護 ＞ 介護・高齢者福祉 ＞ 要介護認定 ＞ 要介護認定はどのように行われるか”，https：//www. mhlw. go. jp/topics/kaigo/nintei/gaiyo2. html，访问日期：2020 年 2 月 21 日。

盖范围与群体的改变；另一类为客观变化，是客观事实上的需求变动，主要指个人照护需求的变化，如照护需求的加重，照护需求的减轻与照护不变之维持，等等。

就立法与概念变化来说，相比于在医疗保险法律关系中解释什么是疾病或者患病状态，要解释清楚什么是长期照护需求性显然困难得多。在德国法中也是如此，其社会法第五编法定健康保险法（SGB V）中对于疾病的概念仅仅提到了这种大家日常生活中认为属于“常识”的情况，但是第 11 编中对长期照护需求性的概念做了细致的梳理和规定。并且近年来还修改了这一规定，自 2017 年 1 月 1 日起其概念的措辞发生了重大变化。[①] 从时间维度过渡到综合维度的鉴定依据，同时将“照护需求”在法律上的定义做了重新界定。

定义带来的变化自然引起照护衡量维度上的变化，德国社会法的修法将照护分级由先前的 3 个级别（Stufe）修正为 5 个等级（Grad）。日本介护保险法的修正则是将“要支援状态”细分为“要支援 1”与“要支援 2”，从而整体分级由 6 个转为 7 个。法规之细化虽然有财政因素之原因，但更多是为了保障覆盖的全面化的设计。

值得注意的是，法律规范制度和概念上对于评价标准的修订，至少应当对过渡期间的人群适用专门的过渡政策。如德国在修改照护需求性标准时，为了明确修法前给付申请人的权益，特别在法典中规定了过渡性的解释规定。[②] 该条文的设计有两个主要目标[③]：第一个目标是，通过引入新的长期照护概念，现有的受益人所得之给付不应比以前更糟。也就是说对于个人来说，向新的标准的过渡通常是在与每个长期照护保险受益人的原先给付相同或更高水平的护理给付上进行的；从而在法律上确保了自修法实行日期起有资格获得给付的人所享有的给付请求权不比在转换为新法律之前要低。通过各种获取保护条例，应尽力确保对避免不利变更原则（Prinzip der Vermeidung von Schlechterstellungen）的适用，以避免可能的不利益以及当前尚未出现的不利益情况。当然，例外情形，如住院服务的引入[④]则不能认定为需要避免不利变更。第二个目标则是，新级别与旧级别在法律上的自动衔接与切换，主要目的是避免对已经做出鉴定者重新进行大量新的评估，以避免在过渡期间医事服务鉴定机构（MDK）超过工作负荷。[⑤]

---

① §31 Langzeitpflege，Igl/Welti，Gesundheitsrecht，3. Auflage 2018，S. 278. Rn. 2.

② § 140 II SGB XI.

③ Richter：Die neue soziale Pflegeversicherung-Ein leistungsrechtlicher ÜberblickNJW 2016，598.

④ § 43 SGB XI.

⑤ BT-Drs. 18/5926，140.

针对个人情形的变化，主要是自身状况变化所引起的照护需求度加重，即要求照护介入的情况更深，照护给付相应增多的情况。需要注意的是，如果没有依申请之行政决定予以确认[①]，则即便情况变化但照护需求性之认定不变。换言之，照护需求性之实际情况因衡量远非精确所能及，因此个人身体之实际状态与社会法规定之照护需求度之级别可能会有不尽符合之处，此时若被保险人及其家人不服，则可进行法律程序之确认。唯个人情况之变化并不必然引起照护需求性之判定，自然并不必然意味着给付额度的提升或者给付类型的变化，这再次与社会保险"保基本"的属性相印证。至于通过预防康复手段阻却或推迟给付的发生或者升级，则是"预防与康复优先原则"的实践。

四、长期照护保险法律关系之实质：社会保险之类型给付

长期照护保险法律关系的最终实现，依托于基于保险给付之法律关系的履行。社会保险属性是长期照护保险独立于其他社会保险支柱的重要属性。如在德国，长期照护保险之所以成立的主要原因，就是其无法在社会保险项目中予以因应。[②] 机构式的照护仅限于工伤保险因应，对于非因工伤导致之老化或失能，年金保险与法定医疗保险均无法覆盖。[③] 虽然从流程上来看，给付之最终提供，除了长期照护需求（§14 Abs. 1 SGB XI）和一定的护理需求程度（§15 Abs. 1 SGB XI）认定之外，给付的先决条件[④]还包括构成有效申请和保险前等候期的完成（§33 SGB XI），相较于其他社会保险的条件更为复杂；但其给付当然地属于社会行政给付的范畴。

就长期照护保险而言，其给付之主要类型为非现金的（nichtmonetäre）与现金的两种形式，但其特性在于此类社会保险请求权的实现，原则上以提供非现金性质的给付作为优先[⑤]，而金钱给付作为替代性选项。德国长期照护保险的特殊之处还在于，就人力给付来说，分为专业照护人力与普通居家照护者两类，后者主要指被保险人的亲人、朋友等。普通居家照护者提供照护

① 参见［日］伊藤周平著，林倖如译：《日本介护保险改革及其发展》，载《月旦法学杂志》，2016年第10期。

② 参见［德］Eberhard Eichenhoffer著，林谷燕等译：《德国社会法：第11版》，279页，台北，新学林出版社，2019。

③ BSGE 49，216；47，83.

④ §31 Langzeitpflege，Igl/Welti，Gesundheitsrecht，3. Auflage 2018，S. 282. Rn. 25.

⑤ Kemmler：Rechtliche Vorgaben für die Rationierung medizinischer Leistungen im System der gesetzlichen Krankenversicherung，NZS 2014，521.

服务时，请领的便是金钱给付，名为“照护津贴”（Pflegegeld）[①]，鼓励被保险人自力寻求（Selbstbeschaffe）照护人力，从而鼓励亲友进行居家为主的照护。

除了上述金钱给付外，尚有实物给付（Sachleistung）之存在，且德国社会法典第 11 编直接对二者进行了区分规定。[②] 关于长期照护保险给付提供之实物给付，亦有学者进一步区分为现物给付（物质给付）与包含劳务、服务给付在内的福利给付两种。[③] 德国法上，对于长照服务提供主要包括照护人力之居家服务、照护辅具与住所修缮改进（例如消毒器具、助步器械、卫浴改建）、半机构式之日间或者夜间照护、短期照护服务及全机构（住宿型）照护服务等。以照护保险需求程度 1 级以上（höherem Pflegegrad als Pflegegrad 1）为例，所能接受的照护服务如下。

“护理水平高于 1 级的，提供 17 项给付以及预先的护理咨询（§ 28 Abs. 1，Abs. l a SGB XI）：

—护理实物给付（§36 SGB XI），

—自雇护理人员的护理津贴（§37 SGB XI），

—现金给付和实物给付的结合（§38 SGB XI），

—预防照顾者的家庭护理（§39 SGB XI），

—护理辅助和家庭改善措施（§40 SGB XI），

—日间护理和夜间护理（§41 SGB XI），

—短期护理（§42 SGB XI），

—全机构护理（§43 SGB XI），

—为残疾人提供全套机构护理服务（§43a SGBXI），

—全机构护理的补充照看和复健（§43b SGBXI），

—照顾工作者的社会保险给付（§44 SGB XI），

—护理时间和短期工作障碍的补充给付（§44a SGBXI），

—亲属和志愿者的护理课程（§45 SGB XI），

—转换门诊的实物给付（§45aSGBXI），

—救助金（§45bSGBXI），

—个人预算服务（§17Abs. 2-4，SGB IX），

—为在门诊护理中照顾的住宿群体中需要护理的人提供额外给付

① § 37 SGB XI.

② § 28 SGB XI.

③ 参见钟秉正：《社会保险法论》，58～59 页，台北，三民书局，2019。

（§38aSGBXI）。”[①]

由以上可知，照护给付之提供所覆盖之维度与广度，不仅体现着社会保险保障基本的属性（没有过度医疗和超额给付），也体现着社会保险社会安全给付的属性。其间，长期照护保险给付中甚至包括了照护从业者的社会保险给付。社会保险非保一人之险，而为保全民之险，由此可见一斑。长期照护保险给付类型化之实际提供，是法律关系实现之落点。

五、长期照护保险到长期照护服务：由一般法到特别法之建构

观目前有立法之诸国（地区），“长期照护保险法”之颁布仅为解决问题之一环，除此之外最首要的是配套法律制度需当紧随其后，其次便是本身制度之修订，各国长期照护保险法之修法频率也多维持在五年一度的检视中[②]，体现关乎社会安全之法应随着其在现实中的不断适用而发生变化。其间，就被保险人与保险人之间所构成之保费缴纳与给付请领两大关系外，涉及第三方介入之照护服务之具体给付实践则很难在社会保险法这一具纲领性、保障性之规定中进行面面俱到之刻画，则势必引入长期照护服务相关法。

有趣的是，我国台湾地区刻画之“长期照护保险法”历经数年而未能通过，其“长期照顾服务法”竟先行通过并正式立法，如今已有 9 个配套子法规范[③]，现将其列举如下：“长期照顾服务法施行细则”“长期照顾服务机构设立标准”“长期照顾服务机构设立许可及管理办法”“长期照顾服务机构评鉴办法”“长期照顾服务资源发展奖助办法”“长期照顾服务机构专案申请租用公有非公用不动产审查办法”“长期照顾服务人员训练认证继续教育及登录办法”“外国人从事家庭看护工作补充训练办法”“长期照顾服务机构投保公共意外责任险保险范围及金额认定标准”。此 9 个子法仅为核心子法，子法下之法规范更是不胜枚举。可见在社会保险立法的过程中，万事开头难：难便难在社会保险子项目本身所需采行之财政制度、给付制度等核心框架，至于配套法规，既可以沿用医疗卫生护理行业的经验，又可以总结试点地区的问题，还可以在长照保险法实行之后再根据具体情况，有的放矢地进行修补。

再如德国之长期照护保险法 1995 年便实施，但其从业人员法于 2000 年才通过，到现在却形成了众多且密集的法规范。目前德国仅针对照护专业从

① §31 Langzeitpflege，Igl/Welti，Gesundheitsrecht，3. Auflage 2018，S. 282. Rn. 29.

② 高畑柊子.「介護保険の制度・実態・理論」.東北法学.2016 Mar（45）。

③ 参见“長照法規—《長期照顧服務法》子法”栏目，见我国台湾地区“卫生福利部”官方网站，https://1966.gov.tw/LTC/cp-3984-42413-201.html，访问日期：2019 年 12 月 26 日。

业人员之法规范就有《疾病照护行业法》(Gesetz über die Berufe in der Krankenpflege)、《老年人照护行业法》(Gesetz über die Berufe in der Altenpflege)两部。其他配套之行业规范，诸如从业人员之《老人照护培训与考试规章》(Altenpflege-Ausbildungs-und Prüfungsverordnung) 不胜枚举。对于照护品质之维持，德国 2001 年便通过了《照护品质维护法》(Pflege-Qualitätssicherungsgesetz；PQsG)；2008 年通过改革，进一步通过了《长期照护可持续发展法》(Pflege-Weiterentwicklungsgesetz；PfWG)；同时有拘束力的还有根据长期照护保险法第 114 条 A 款第 7 项规定制定的“照护机构服务内容与品质审查标准”(Qualitätsprüngfungs Richtlinien；QPR) 等多项规定。

观之我国，目前部分地方之“长期照护保险法”已经开始试点，但是长期照护服务类相关制度仍依托民政部门之政策，有时不仅失之专业，且多管之一分则过紧，易导致本属寡营利型之行业凋敝；少管之一分便有“15 张床位可开养老院”之流①，易产生向无序发展之市场乱象。社会问题的产生，是社会法产生的根源。法律渊源自上而下，有序展开，由上位法到下位法，再到层层规章、制度之构建，方为解决问题之根本思路。我国法律构建中，亦应当一步一步，由“长期照护保险法”之纲领性确立到“长期照护服务法”之铺陈展开，才能对事关无数老年人晚年生活尊严与稳定的事业织起新一张“社会安全网”。

① 束蓉：《10 张以上床位就能设养老机构?》，载《银川晚报》，2017 年 3 月 13 日。

拉德布鲁赫社会法差异性理念的评述与启示[①]

王 健*

目次

［摘要］ 对拉德布鲁赫丰富且深邃的社会法思想进行评述可以发现，差异性理念是其社会法思想的核心，主要体现在：其一，实质平等思想，是对“形式平等”掩盖下的“实质不平等”的修正；其二，具体人像思想，是对个人作为社会性生物的确认，并且拉德布鲁赫这种集体人的人像范畴仍然是个人化的取向，是个人在抽象集体中的再现，其本质是对“孤独的权利”的保障。因此，梳理拉德布鲁赫社会法差异性理念，对我国当前社会法的理论研究有重要的指导意义。

［关键词］ 拉德布鲁赫 相对主义 实质平等 具体人像 差异性理念

一、引 言

对于社会法学界来说，2019年是具有特别意义的一年，这一年不仅是标志着社会法开始走向成熟的《魏玛宪法》[②]（1919年）颁布100周年，也是德国著名法律思想家古塔夫·兰贝特·拉德布鲁赫（1878—1949年）逝世70周

* 王健，武汉大学法学院博士研究生。

① 收稿时间：2019年10月。

② 《魏玛宪法》被誉为第一部现代意义上的宪法，因为它第一次把基本生活保障等社会权利写入了宪法文本，体现了国家积极干预社会经济文化、照顾国民基本生存的社会国思想。由此，私人的权利开始走向社会的权利，权利不再仅仅被视为是私人的，其行使还关涉整个社会。权利的社会化，以及由此形成的社会权利第一次被写入宪法，是社会法开始走向成熟的重要标志。

年。虽然拉德布鲁赫没有专门的著作和文章来论述社会法，且对社会法的法哲学思考也较为分散，但他对差异性理念的阐述为社会法的发展奠定了深厚的理论基础。[①] 诚如拉德布鲁赫的关门弟子阿图尔·考夫曼所言，“拉德布鲁赫在劳动法兴起的过程中观察到新生法产生的一个特征：某些迄今具有纯粹社会学特性的事实，被上升而具有法律意义”[②]，“对这些新的法哲学的阐述清晰地透露出拉德布鲁赫思考的实质化、转向义务思想和公共福祉等方面的迹象”[③]。

关于什么是社会法？拉德布鲁赫有一个经典的描述，他指出，“社会法使人们清楚地认识到个人的社会差异性和他们的社会强势与弱势地位，并由此首先通过法律照顾弱势群体，使对社会弱势群体的救济和对社会超强群体的限制等成为可能”[④]。对拉德布鲁赫丰富且深邃的社会法思想进行评述可以发现，差异性理念是其社会法思想的核心，主要体现在：其一，实质平等思想，是对“形式平等”掩盖下的“实质不平等”进行修正；其二，具体人像思想，是对个人作为社会性生物的确认，且拉德布鲁赫这种社会人的人像范畴仍然是个人化的取向，是个人在集体中的再现，其本质是对“孤独的权利”的保障。因此，在斯人逝世70周年之际，对拉德布鲁赫的社会法核心思想进行评述，一是纪念其对社会法理论所做的贡献，二是以期对我国社会法的理论发展有所裨益。

二、相对主义：拉德布鲁赫社会法差异性理念的法哲学基础

要理解拉德布鲁赫的社会法差异性理念，首先要理解的是构成其法哲学思想基础的相对主义。相对主义，是西方思想在近代发展的产物，它与一种精确无误的几何式的数学理念相抵触。这种精确无误的理念，即理性主义的

---

① 在德国已有大量的文献在研究拉德布鲁赫的社会法思想，如托马斯·森·维尔腾贝格：《论古斯塔夫·拉德布鲁赫的“社会法”理念》，载阿图尔·考夫曼编：《古斯塔夫·拉德布鲁赫追悼文集》，200页及以下页，哥廷根，1968；库尔特·赛尔曼：《古斯塔夫·拉德布鲁赫的社会主义和社会法》(博士论文)，慕尼黑，1973；埃伯哈德·艾兴霍弗尔：《古斯塔夫·拉德布鲁赫：社会法的理论家》，载《社会改革杂志》，总第29卷（1983年），393页及以下页。参见［德］阿图尔·考夫曼著，舒国滢译：《古斯塔夫·拉德布鲁赫传——法律思想家、哲学家和社会民主主义者》，161页，北京，法律出版社，2012。

② ［德］阿图尔·考夫曼著，舒国滢译：《古斯塔夫·拉德布鲁赫传——法律思想家、哲学家和社会民主主义者》，160页，北京，法律出版社，2012。

③ ［德］阿图尔·考夫曼著，舒国滢译：《古斯塔夫·拉德布鲁赫传——法律思想家、哲学家和社会民主主义者》，108页，北京，法律出版社，2012。

④ ［德］拉德布鲁赫著，王朴译：《法哲学》，129页，北京，法律出版社，2005。

价值一元论或价值绝对论，相信“世上存在着某些客观的、始终如一的、固定不变的、能对每个人都普遍适用的实体或形式”①。在这样的理念下，不同的人会对同样的东西感到幸福，因而会存在一种独一无二的可以固化成推广至世界各地的生活模式。与此不同的是，相对主义基于这样的理由而产生：由于每个人的自我经验、感觉和生活方式是不一样的，因此不同的人不会为了同样的东西感到幸福。如，启蒙运动的典型代表孟德斯鸠就非常强调土壤、气候等地理条件的差异性对不同的民族性和政治制度的重要影响。② 马萨格塔人共妻，希腊人则不然；西里西亚人乐于做海盗，希腊人则不愿意做。③ 因此所谓的“正义”或“非正义”也就因人因事，甚至因地域气候等因素而异。

拉德布鲁赫相对主义观的法哲学背景来源于新康德主义，其核心论纲是：在实然和应然、现实和价值之间存在着一个范畴的鸿沟，不可能从“什么是”中得出，什么是富有价值的，什么是正确的，什么应该是。④ 例如，从“一朵红色的花”这个事实范畴中不能直接得出“这朵红色的花是美的，或者对所有人来说它都是美的”这样的价值范畴。因此，拉德布鲁赫认为，作为文化现象和价值关涉的法律，在进行价值判断时应认识到现实的差异性。正是基于这样的相对主义思想，拉德布鲁赫不相信终极式的价值判断，他一再标榜自己信奉的是，“不同的思维方式建立在人的差异性基础之上，不可能存在一个普适的、形式相同的信仰”⑤。另一方面，拉德布鲁赫并不对现实生活中众多的价值做评判，而是努力在一定的价值范围内寻求占主导地位的法律价值。根据拉德布鲁赫的看法，法律可分为三种（而不是唯一）最高目的或价值：个人主义的（自由）、超个人主义的（集体或国家）、超人格的（文化）。⑥ 虽然这三种价值之间不存在科学上可以证成的位阶高低，但由于人的不完善性使这三种价值在法律中不能总是和谐统一，从而需要立法者进行权衡。

---

① ［英］以赛亚·伯林著，吕梁等译：《浪漫主义的根源》，37页，南京，译林出版社，2001。

② 参见北京大学哲学系外国哲学史教研室编译：《西方哲学原著选读（下卷）》，46～49页，北京，商务印书馆，2018。

③ 参见叶秀山、王树人：《西方哲学史（第2卷）》，1047页，南京，凤凰出版社，2005。

④ 参见［德］拉德布鲁赫著，王朴译：《法哲学》，7页，北京，法律出版社，2005。

⑤ ［德］拉德布鲁赫著，王朴译：《法哲学》，13页，北京，法律出版社，2005。

⑥ 个人主义的价值认为，个人价值是无穷大的、不可再乘积的价值，文化知识是人格养成的手段，国家与法律必须是保障和维持个人发展的制度安排。但这里的个人是一种孤立的个人，他只能通过法律才与另一个人发生联系，因此这里的自由也不过是一种拟人化的自由。超个人主义的价值认为，国家绝对不是理性的构造物，而是活生生的超个人的有机体，甚至国家全体就是个体，个人对国家而言就像是有机生命体中的细胞一样。因此个人价值和文化价值都应当让位于、服务于国家。超人格的价值则认为最终起作用的是文化作品，它使个人和国家得以诞生，因此个人和国家都应当为文化服务。参见［德］拉德布鲁赫著，王朴译：《法哲学》，53～58页，北京，法律出版社，2005。

正是在坚持相对主义的法哲学基础上，拉德布鲁赫开始了对传统私法的批评，认为那种将人抽象统一看待的私法观念，是明显忽略人的现实差异性的，因此社会法应当从实质平等的视角对形式平等进行修正，在此基础上，拉德布鲁赫进一步深入阐述了社会法上的具体人像思想。

三、差异性理念之一的实质平等：对形式平等的修正

关于平等，拉德布鲁赫认为，“平等在这个世界上是不存在的，存在的只有如此不同的东西，‘就像一个鸡蛋和另一个鸡蛋’，平等只是对既存的不平等的抽象，平等不可避免地是对生活的丰富多彩的一种扭曲”①。然而为追求充分自由的市场经济，自由资本主义时代对法律进行了一场极为精致的形式化的建构与包装：一方面，通过消除个体之人的差异，将所有人放置于“法律面前人人平等”的理念之下，以形成一种形式上的人人平等。这种平等将富人和穷人、工人和资本家、弱小的个人和强大的团体在经济能力和发展机会上等同视之，统一考虑一切人的法律平等与经济自由；另一方面，通过确立绝对的私人财产神圣不可侵犯和契约自由，从而将私法作为自由主义时代所有法律的基础与核心，同时将公法限制为一个狭小的保护性框架，并把公法的目的设定为维护抽象的形式平等，即维护私权和私有财产。对此，拉德布鲁赫的看法是，如果没有这种形式上的平等，资本主义的私法就是不可思议的，“因为私法属于平均交换成果的领域，而只有在交换成果的主体被平等对待的情况下，成果才可能用同一单位计量”②。

然而，在肯定形式平等作用的同时，拉德布鲁赫也一针见血地指出，这一切的平等都只是起跑线上的平等。他说：“如大家所知，起跑线上的平等在进一步奔跑的过程中很快就变成了不平等。仅仅法律形式上的平等，实际上意味对社会事实不平等的掩盖和加深。对一切人一律平等的财产自由，对生产资料的所有者而言，不过是从纯粹对物的统治变成对人的统治，而对无财产占有的阶级而言，则不过是一无所有的自由。”③ 随着工业革命的发展而不断兴起的劳工阶层将这种形式平等的天然缺陷凸显出来。对所有的个人在法律上以均等的对待，并保障私人自由活动的所谓形式平等（机会平等），其结

---

① ［德］拉德布鲁赫著，米健译：《法学导论》，21页，北京，商务印书馆，2016。

② ［德］拉德布鲁赫著，王朴译：《法哲学》，133页，北京，法律出版社，2005。

③ ［德］阿图尔·考夫曼著，舒国滢译：《古斯塔夫·拉德布鲁赫传——法律思想家、哲学家和社会民主主义者》，90页，北京，法律出版社，2012。

果却是产生了事实层面上的不自由、不平等。[①] 工人和雇主之间订立的契约虽然在表面上表现为两个独立主体之间的自由平等交换，但这是骗人的表象。应当看到，二者的平等有着实质的不同。虽然工人和雇主同样苦恼，但工人是为自己的生存而苦恼，资本家则是为他的死前财产的盈利而苦恼。[②] 因此在这样的交换关系中，作为单个的现实的工人仅仅在形式上有广阔的自由选择的空间，但在实质上，他们享有的自由和平等十分有限。究其缘由，“法律面前人人平等”以及私有财产神圣不可侵犯等形式平等对工人来说只是象征意义上的空话。在实质上，拥有私人财产的雇主就意味着拥有充分的选择自由，他们可以一直等到不拥有财产的工人最终接受对自己有利的工作条件，工人迫于生计早晚会按前者给出的条件出卖自己的劳动力。并且，更严重的是，雇主充分自由选择的结果往往并不是“权利”，即并不是与工人等价交换和平等协商，而是类似于国家机构的“权力”，是对工人非正义的剥削、命令和监管。与此相对，这些雇主权力所指向的对象却弱势无力。可见这种形式的平等，实质上是工人无力反抗的被迫服从，因此必然会产生大量的弱势群体，社会失衡和不平等所导致的社会问题日益增加。

沿着拉德布鲁赫这样的逻辑，可以得出的结论是：形式平等的法律实质上是强化强势群体的地位而更加弱化弱者的地位。对此，拉德布鲁赫认为，一个社会的法律秩序本质应是为了经济上的弱者利益[③]，为了达到通过实质平等修正形式平等的目的，法律应该包含以下三个方面的要素：第一个要素，作为平等原则的正义。它要求法律不仅应当“平等地对待平等”，而且应当“不平等地对待不平等”。虽然平等这个理念内涵绝对有效，但也只能是形式意义上的。因此，它还需要第二个要素，即“合目的性”（也称“公共福祉”），它是实质内容的范畴。也就是说，对弱者利益的倾斜保护和对强者利益设置的障碍，要符合公共福祉这一重要的公共利益，才具有目的上的正当性。但由于人们很难在科学上准确地认识到：形式价值还是实质价值对法的形成具有决定性的作用，因而需要第三个要素，即法的安定性，也就是说，一种力，它对法律的内容有着绝对的决定作用。[④] 只有通过这种内在自洽的方

① 参见［日］芦部信喜著、高桥和之补订，林来梵等译：《宪法》，215页，北京，清华大学出版社，2018。

② 参见［德］马克思：《1844年经济学哲学手稿》，中共中央马克思恩格斯列宁著作编译局译，10页，北京，人民出版社，2004。

③ 参见［德］拉德布鲁赫著，米健译：《法学导论》，100页，北京，商务印书馆，2016。

④ 需要说明的是，拉德布鲁赫从不把这三个要素的互相关系看作是固定不变的，而总是把它们看作是运动变化着的。参见［德］阿图尔·考夫曼著，舒国滢译：《古斯塔夫·拉德布鲁赫传——法律思想家、哲学家和社会民主主义者》，23～24页，北京，法律出版社，2012。

式，才能真正给弱者以对抗强者的特殊权利，同时对强者权利的行使设置一定的障碍，如要求私人财产权适当地向社会共同体权利屈服。

四、差异性理念之二的具体人像：集体人及其个体性的再现

1927 年秋，拉德布鲁赫在海德堡发表题为《法律上的人》的就职演讲。[①]这篇文章集中体现了拉德布鲁赫的社会法思想，它对法律和人性的关系做了深入的剖析。在这篇文章中，拉德布鲁赫将人类社会的历史大致分为三个阶段，即古代礼俗社会时代，近代自由权利时代和现代社会法时代，与之对应的三种法律类型是民俗法、官吏法和社会法。同时，每个时代中人的属性也在不断变迁，具体来说，是从古代尚无权利意识的家族型人，如家父，发展到近代的非常自私精明且崇尚自由平等的单个人，如商人、“经济人”、法律人，再到现代的兼具私心与社会责任心的集体人，如雇主、工人、社会组织等。在自由资本主义时代，私法主要勾勒呈现的是一种个人主义价值观的人像。个人主义价值观认为，个人价值是无穷大的，因此个人主义将社会中的人视为原子化的孤独的“经济人”，是抽象的人格人，是被抹去个体差异的人，拉德布鲁赫形象地将这种人像称为“离群索居的鲁滨逊或亚当”。这种人在身份上是自由的，他们脱离了传统社会的束缚，他们追求的是在所有的生活领域中都能实现个人独立、自我负责和自我决定，他们不再把义务，而是把自身单个的利益作为法或权利的出发点。与此同时，个人主义价值观认为，“国家的所有尊严都来自个人的封授，国家除了因个人而具有的价值之外不可要求其他价值”[②]，在个人利益面前，无论怎样的多数，也无论多么大的利益，国家都应该让步。

然而事实上，“人类的大多数并不是自私自利、老谋深算和机制灵活的，而是心肠软弱、憨厚老实和懒散随意的”，个人主义主张的这样精明自由的、同时非常自私的“经济人”，在行使自己的权利时“必定会使人的另一半同种并生的类群陷入灭绝”[③]。因此，拉德布鲁赫认为这种单纯孤立的人像，是片面的，它把复杂的社会简单化了，不能应对瞬息万变的社会现实。他指出：“我们必须重新意识到这样一个简单的事实：根本不存在什么个别化的人，个

① 参见严存生：《法治社会中的“法律上的人”的哲理思考——读拉德布鲁赫〈法律上的人〉有感》，载《华东政法学院学报》，2004 年第 6 期。

② ［德］拉德布鲁赫著，米健译：《法学导论》，29 页，北京，商务印书馆，2016。

③ ［德］拉德布鲁赫著，舒国滢译：《法律智慧警句集》，148 页，北京，中国法制出版社，2001。

人从其所有关系和特征上看都是社会化的人。”[①] 基于此，拉德布鲁赫开始反复强调一种新的具体的法律人像，这种人像“更加接近生活的类型，在此同时考虑的是法律（权利）主体的智识的、经济的和社会的实力状态。自此以后，法律上的人不再是鲁滨逊或亚当，不再是离群索居的孤人，而是一个社会中的人，一个集体人”[②]。因此，社会法上的社会人不是生活在孤岛之上，而是生活在社会中，社会塑造了每一个人，一旦离开社会也就无所谓真实的个人。拉德布鲁赫对这一点进行了详细的阐述，并认为这种人像最典型的体现是在社会法中。社会法不再只看到抽象的人格概念，而且揭示出人类个体特性：雇主和雇员、工人和职员……由此社会的强势地位和弱势地位，即人格的差异性昭然若揭。[③] 也正是如此，单个的私人权利开始走向集体的社会权利，权利不再被仅仅视为是私人的，还关涉整个社会，个人的主观权利也被深深地打上了社会义务的烙印。社会或国家这种超越个人利益之上的实在的集体利益被人们发现，这种与集体人像相对应的集体利益不是单个人自由选择的结果，它需要国家的干预和强制来维护。

在处理私法上的单个人与社会法上类群化的集体人或社会人的关系上，拉德布鲁赫并未把社会价值设定为最高的法律价值，他曾明确地说，一项法规，“如果只想为公共利益服务，却拒绝为个人利益作任何辩护，那它也就根本不可能要求获得法之名分”[④]。在经历过纳粹的残酷统治后，晚年的拉德布鲁赫开始反思，并在《社会主义文化论》后记中透露出的观点是：法律不仅是服务于每个人的尊严、价值及其安全的制度，而且从终极性的意义来说是为了“孤独的权利”而服务的制度。[⑤] 也就是说，在拉德布鲁赫看来，社会法的目的虽然是要促进实质正义与实质平等以增进社会整体利益，但其出发点仍然是在保护个人权利，在强调个人社会性的同时，仍然要重视个人的权利和自由。拉德布鲁赫的具体人像理论兼顾了人的社会性与个体性，而不是一个被社会性去人格化的人，其本质是反思个人主义与自由主义的结果，因此

---

① ［德］古斯塔夫·拉德布鲁赫，米健译：《社会主义文化论》，55 页，北京，法律出版社，2006。

② ［德］拉德布鲁赫著，舒国滢译：《法律智慧警句集》，114 页，北京，中国法制出版社，2001。

③ 参见［德］阿图尔·考夫曼著，舒国滢译：《古斯塔夫·拉德布鲁赫传——法律思想家、哲学家和社会民主主义者》，23～24 页，北京，法律出版社，2012。

④ ［德］阿图尔·考夫曼著，舒国滢译：《古斯塔夫·拉德布鲁赫传——法律思想家、哲学家和社会民主主义者》，91 页，北京，法律出版社，2012。

⑤ 参见［日］铃木敬夫：《论自由社会主义——论拉德布鲁赫〈社会主义文化理论〉的现代意义》，载《比较法研究》，2004 年第 5 期。

它依然“是一种个体化的取向”[①]，是抽象集体中人的个体性再现。

五、拉德布鲁赫社会法差异性理念对我国的启示

立基于相对主义法哲学的思想，拉德布鲁赫相信法律作为人类的一种文化现象，只能从现实的个人出发，而不能从一个先验的或抽象的标准出发。拉德布鲁赫深知社会法独立于私法的核心就在于看到了现实生活中个体公民之间以及个体公民和社会集体之间的差异性。从这个理念出发，拉德布鲁赫以实质平等修正形式平等，建构起尊重和保护人性尊严的社会法律制度。正如有学者总结的那样，拉德布鲁赫社会法思想的重要意义就在于，“它主张的是差异性和主体的创造性”[②]，这正是社会法体系开放的关键；同时，它不是取向于抽象的先在性，而是取向于具体的现实性。因此立法者在制定、修改有关人民福利方面的社会法律时要谨小慎微地考虑到抽象集体中每个人之间不同的实际差异与实际需要，不能为了追求最终的单一的价值而抹去个体之间以及个体和集体之间的差异。

我国改革开放40多年以来，为配合经济体制改革和维护社会稳定，作为社会法核心领域的社会保障制度开始被动转型，即由原来的计划经济时代由国家全面承担的高福利型社会保障模式向国家—社会—个人分担型社会保障模式转变。[③] 这种从抽象集体到实质个体的被动转型，必然具有滞后性、残缺性、修补性特点。为加速我国社会法立法的进程，提高立法的品质，党的十九大报告提出了坚持以人民为中心的发展理念，全面建成覆盖全民、城乡统筹、权责清晰、保障适度、可持续的多层次社会保障体系，并且同时要求坚持全面推进依法治国，深化法治国实践。在这样的背景下，梳理与评述拉德布鲁赫社会法差异性理念，对我国社会法建构的方向与目标具有重要的启示意义，主要体现在以下三个方面。

其一，我国的私法与社会法几乎同时产生[④]，而不像西方的社会法是在经过长期的对传统私法继承与超越的基础上产生而最终独立存在的。西方的社会法从绝对的私人利益中逐渐发现并证成了独立存在的社会利益，因此其法

① 沈建峰：《社会法、第三法域与现代社会法——从基尔克、辛茨海默、拉德布鲁赫到〈社会法典〉》，载《华东政法大学学报》，2019年第4期。

② 吕世伦、徐江顺：《略评拉德布鲁赫法哲学》，载《北京行政学院学报》，2013年第5期。

③ 参见郑成功：《中国社会保障制度变迁与评估》，2～9页，北京，中国人民大学出版社，2002。

④ 《中华人民共和国民法通则》于1986年4月12日颁布，《中华人民共和国劳动法》于1994年7月5日颁布。

律人像的变迁轨迹如拉德布鲁赫所言，是从非常精明自私且崇尚自由平等的单个人到兼具私心与社会责任心的集体人。恰恰相反的是，我国改革开放后，从计划经济转向市场经济的40年过程中，法律人像逐渐从高度社会责任心的集体人向非常自私精明且越来越崇尚自由和“实质不平等”的单个人变迁。在这样的背景下，必然会使社会人之间的差异性加剧，从而导致弱势群体的利益被牺牲。我国社会法应该看到这一点，在强调社会整体利益和实质公平的基础上，防止自私且精明的个体人的过度发展，通过给强者设置一定的障碍和给弱者更多的倾斜性保护，在注重起点平等、形式平等的同时，也注重机会平等、过程平等和结果平等，以防止经济优势者在充分自由地行使自己权利时将“权利”变成“权力”的现象发生。

其二，当前我国同时存在工业化、城镇化、市场化、信息化和全球化现象，这导致社会法的建构不得不面对个体之间极为显著的差异性。这些差异性体现在：数量庞大的农民工与城镇职工、国企正式工与非正式工、网约工与传统劳动者、跨国劳动者和国内劳动者等群体之间的差异并存；经理、高级管理人员、技术人员、一般职员、劳务派遣工、外包工等多重用工模式导致的主体差异性在同一企业中并存；诸如律师、自由职业者、个体工商户、微商等大量自雇劳动者与受雇劳动者之间的差异性并存；不仅有生理层面导致的弱势群体间的差异，如妇女、儿童、老人等群体间的差异，还有并非由于自身生理层面的而是由于社会层面原因导致的弱势群体，如国企下岗工人、结构性失业人员、农民工等；此外，在流动的信息化时代，每个人的工作生涯和经济能力越来越充满了不确定性和不稳定性，这将更加加剧个体间的差异性变化。这些个体间的差异性特征对我国社会法的建构提出了巨大的挑战。例如，目前我国劳动法对劳动者不分类别、统一适用的模式就明显不符合社会法的这种差异性理念，导致劳动关系认定的僵化，使得大量弱势劳动者（如网约工）游离在劳动法的保障体系之外。[①] 我国劳动法对劳动者这种不分类别的适用模式仍然是简单地将劳动者定位于阶层整体弱势的理念中，是一种宏观的整个团体或阶层的差异化取向，而不是一种精细化的差异性建构，也并未在这些抽象团体中再现个体的差异性。因此，如何将社会法上的社会人进行精细化的梳理和区分是我国社会法理论中的重点和难点课题。

其三，西方资本主义社会经历过一个较漫长的极端个人主义时期，因而需要一种与市场逻辑相反的社会或国家干预机制来平衡不断涌现的社会问

---

① 参见王健：《APP平台用工中网约工身份认定与劳动关系重构》，载《兰州学刊》，2019年第6期。

题。[①] 因此，西方社会法中社会集体人像的发现与证成并非对个人本位的否定，而是对个人权利可能滥用的抑制。与西方社会不同的是，我国历来没有个人主义的传统，更不用说经历过极端的个人主义时期。由于社会法上以追求实质平等为目的的社会人，着力强调的是“社会”、“公共”、“忘我”和“互助”等理念，本质上具有抹杀甚至取代个人自然属性的倾向。[②] 因此，在我国社会法的建构过程中，要尽量避免以社会平衡和分配正义（实质正义）抹杀甚至取代个人自由和交换正义（形式正义），从而将个人降格为集体之附庸的倾向。对此，应从根本上将我国社会法的功能定位于拉德布鲁赫所言的对“孤独的权利”的保障，即社会法只能通过公的手段来保障和实现私人的利益，而不是相反。质言之，在社会平衡和社会连带中如何尊重和再现基础性的个体权利与自由，应成为我国社会法理念的重点偏向。

① 参见王健：《论“双向运动”与现代社会法的兴起》，载《重庆工商大学学报》，2018 年第 5 期。

② 参见胡玉鸿：《社会本位法律观之批判》，载《法律科学》，2013 年第 5 期。

劳动者责任的双重豁免[①]

孙鸿亮*

目次

[摘要] 劳动者侵权责任为一种替代责任，体现了劳动者责任豁免的理念，该理念应当贯穿于整个劳动者侵权规范的解释。为此，须从外部关系和内部关系两方面着眼，构建劳动者责任的内外双重豁免体系。在外部关系中，他人决定性背景下对劳动者的倾斜保护是用人单位承担替代责任的理论基础，劳动者享有外部责任豁免的抗辩权。替代责任原理是劳动者侵权领域的基本原理，而非构成过错责任原理（原则）的例外。在内部关系中，当且仅当劳动者主观上具有故意或者重大过失时，用人单位才享有追偿权。即使追偿权得以成立，还应对其数额进行司法酌定。劳动者享有向用人单位逆向追偿的权利。劳动者主观上具有故意或者重大过失时，原则上不享有双重责任豁免的保护。在外部关系中，劳动者应当与用人单位承担连带责任，企业的组织过失理论为该连带责任的成立创造了条件；在内部关系中，劳动者须分担较大的份额，甚至承担终局责任。

[关键词] 劳动侵权 责任豁免 替代责任 用工者责任 追偿权

一、引言

用人单位应当对劳动者在执行职务过程中给他人造成的损害承担损害赔

* 孙鸿亮，武汉大学法学院硕士研究生。

① 收稿时间：2019年10月。

偿责任，该情形所规定的用人单位承担替代责任属于《侵权责任法》第 34 条所规定的用工者责任[①]的调整范围。从法律关系的角度来看，用人单位承担替代责任涉及用人单位、劳动者和受害人三方主体。整个法律关系进一步可细化为用人单位和劳动者一方与受害人一方形成的外部侵权损害赔偿之债的法律关系以及用人单位与劳动者之间的内部法律关系。

在外部法律关系中，虽然受害人可基于用工者责任的条款请求用人单位承担损害赔偿责任，但基于自己行为、自己责任的过错责任基本原理（原则)[②]，根据劳动者所实施的具体的侵权行为类型，受害人也可以基于《侵权责任法》第 6 条第 1 款请求劳动者承担一般侵权责任抑或基于《侵权责任法》第五章至第十一章的规定请求劳动者承担特殊侵权责任。[③] 当用人单位与劳动者成立《侵权责任法》第 8 条规定的共同侵权行为时，受害人则可以请求劳动者与用人单位承担连带责任。[④] 内部法律关系除劳动关系外，还可能因用人

---

① 用工者责任也叫用人者责任、使用人责任、用工责任，在比较法上对应的术语还有雇主责任。美普通法传统上用“主人”（master）与“仆人”（servant）来指代存在雇佣关系的当事人双方，“雇主”（employer）与“雇员”（employee）是现代的称谓，且该称谓出现在美国《第三次代理法重述(the Restatement（Third）of Agency）》中。See Edward J. Kionka., *Torts*, 6th ed.（St. Paul: West, 2010), 295.《侵权责任法》调整用工者责任的规范还有第 35 条。在我国现有民事法律体系中，雇主责任的意涵较狭窄，特指个体工商户、农村承包经营户、合伙组织以及自然人个人对其雇佣的人员在进行雇佣合同规定的生产经营活动中造成的他人损害须承担责任。参见《最高人民法院关于适用〈中华人民共和国民事诉讼法〉若干问题的意见》(已失效）第 45 条、《最高人民法院关于审理人身损害赔偿案件适用法律若干问题的解释》第 9 条。因此，从我国现有的民事立法以及司法解释的表述来看，除自然人雇主外，用人单位的概念包含了雇主概念的其他所有情形。域外立法例中的雇主与雇员的概念大致对应于我国法律体系中的用人单位与劳动者的概念，前者还包括自然人雇主与雇员。除雇主责任外，用工者责任在我国还包括法人或者其他组织对其负责人和工作人员执行职务致人损害承担的民事责任和被帮工人对义务帮工人致人损害承担的民事责任。参见《最高人民法院关于审理人身损害赔偿案件适用法律若干问题的解释》第 8 条、第 13 条。由此可知，在我国现有的民事法律体系中，用工者与被用工者这一组概念的外延较之用人单位与劳动者这一组概念更为宽泛。此外，法人对其法定代表人在执行职务过程中致人损害承担的责任为《民法总则》第 62 条规定的法人侵权责任，是法人的自己责任，非属于用工者责任的范畴。

② 李永军教授指出：“过错责任原则是契约自由（意思自治）的另一种表达，即是契约自由的行为界限。”（李永军：《民法总论》（第二版），34 页，北京，中国政法大学出版社，2012。）德国学者 Flume 指出：“正如人们长期以来已经意识到的，自负责任（Selbstverantwortung）属于意思自治的一部分。”（［德］维尔纳·弗卢梅著，迟颖译：《法律行为论》，70 页，北京，法律出版社，2013。）因此，自己行为、自己责任可以被认为是意思自治原则的内涵，亦可以被认为属于过错责任原则的应有之意。

③ 参见［荷］J. 施皮尔主编，梅夏英、高圣平译：《侵权法的统一——对他人造成的损害的责任》，403 页，北京，法律出版社，2009。

④ 从诉讼法的角度看，受害人既可以直接对劳动者提起诉讼，也可以只对用人单位提起诉讼，还可以以劳动者和用人单位为共同被告提起诉讼。参见曹艳春：《雇主替代责任研究》，271～272 页，北京，法律出版社，2008。

单位向劳动者行使追偿权而与劳动者形成追偿关系。[①] 一旦劳动者在执行职务过程中造成他人损害，其既可能在外部法律关系中被受害人请求承担损害赔偿责任，又可能在内部法律关系中面临用人单位的追偿。此外还涉及劳动者向受害人垫付的赔偿费用能否向用人单位逆向追偿的问题，这一问题在受害人受伤严重、急需救治的情形下尤为突出，司法实务已经走在了侵权法与劳动法理论的前面[②]，理论应当就此给出回应。

较之用人单位，劳动者在经济上处于弱势一方，且劳动者对用人单位有很大程度的人身（人格）从属性（依附性）。[③] 现代工业社会以来，大规模用工背景下劳动者保护的立法与司法需求对传统侵权法中用工者责任单一规定的立法体例提出了挑战。如果立法与司法实践对劳动者可能面对的内外双重赔偿责任之窘境予以漠视，则难谓对劳动者尽到了周全的保护。

德国法上为了减轻劳动者的负担，提出了所谓的劳动者的豁免（Freistellung des Arbeitnehmers）。[④] 这一理念是德国帝国劳动法院和联邦劳动法院的法官采取法官造法（Richterrecht）的方式通过判决逐渐形成的，其意在纠正《德国民法典》有关用工者责任的规定因贯彻民事主体地位平等的理念而导致的结果上的不公平，是劳动法对侵权法进行矫正的产物。[⑤]

我国民法学界通说认为，用工者就被用工者在执行职务过程中实施的侵

---

① 《侵权责任法》有关用工者责任的规定并未对用工者的追偿权作出规定。《最高人民法院关于审理人身损害赔偿案件适用法律若干问题的解释》第 9 条第 1 款第 2 句规定："雇主承担连带赔偿责任的，可以向雇员追偿。"但其所谓的"雇主"为非用人单位类型的雇主，对应的"雇员"也并非本文所讨论之"劳动者"的范围。《中华人民共和国民法典（草案）》第 1191 条第 1 款第 2 句规定："用人单位承担侵权责任后，可以向有故意或者重大过失的工作人员追偿。"

② 参见安徽省合肥市中级人民法院（2017）皖 01 民终 8170 号民事判决书。下文将对此案进行讨论。

③ 2017 年 4 月 1 日修订的《德国民法典》第 611a 条（劳动合同）第 1 款中明确使用了人格从属性（persönlichen Abhängigkeit）的表述。该条文的德文原文参见：http://www.gesetze-im-internet.de/bgb/index.html，访问日期：2019 年 12 月 5 日。中文介绍参见娄宇：《民法典的选择：劳动合同抑或雇佣合同》，载《法律科学（西北政法大学学报）》，2019 年第 5 期。

④ Vgl. Otto/Schwarze/Krause，Die Haftung des Arbeitnehmers，4 Aufl.，Berlin/Boston 2014，S. 359，Rn. 1. 也有学者将其译为"劳动者的解放"，参见班天可：《雇主责任的归责原则与劳动者解放》，载《法学研究》，2012 年第 3 期。亦有将 Freistellungsanspruch des Arbeitnehmers 译为"雇员的解放请求权"。参见［德］克雷斯蒂安·冯·巴尔著，张新宝译：《欧洲比较侵权行为法（上册）》，240 页，北京，法律出版社，2004。这两种译法均较抽象。王泽鉴教授将其译为"劳动者免责""劳动者免责请求权"，更为通俗易懂。参见王泽鉴：《侵权行为》（第三版），526 页，北京，北京大学出版社，2016。笔者将其译为"劳动者（责任）的豁免""劳动者的（责任）豁免请求权"，因为这样可直观表达劳动者在特定情形下享有的责任可以被豁免的特权（privilegierte Arbeitnehmerhaftung）。

⑤ Vgl. Otto/Schwarze/Krause，Die Haftung des Arbeitnehmers，4 Aufl.，Berlin/Boston 2014，S. 359，Rn. 1.

权行为承担替代责任[①]，其已经彰显出被用工者责任豁免的价值判断。举轻以明重，对于经济上依赖于用人单位支付的劳动报酬、人身上受到用人单位指挥权约束的劳动者来说，劳动者责任豁免的价值判断更应当贯彻于侵权法中劳动者侵权相关规范的解释与适用之中。

受该劳动者责任豁免理念之启发，针对劳动者可能面临的双重责任窘境，本文结合我国现有的司法实务状况，借鉴比较法的素材，意在侵权法中涉及劳动者侵权责任的规范的解释、适用中引入劳动者豁免的理念，尝试在我国现有的法律制度框架内建构起劳动者责任的内外双重豁免体系，从而更好地维护劳动者的利益。

需要指出的是，本文所探讨的劳动者侵权责任仅涉及《侵权责任法》第34条规定的用人单位的工作人员在执行职务过程中致他人损害，范围更进一步限缩为用人单位所雇佣的劳动者在执行职务过程中致他人损害的情形。[②]

二、外部损害赔偿责任的豁免

（一）外部损害赔偿责任豁免的理论依据

1. 替代责任与过错责任基本原理之调和

劳动者在提供劳动的过程中因自己实施的不法行为致他人损害，单从理论上讲，其本应当以自己的责任财产作为一般担保而向受害人承担损害赔偿责任。[③] 受害人可基于《侵权责任法》第6条第1款所规定的一般侵权责任条款抑或其他特殊侵权责任条款而对实施不法行为的劳动者享有损害赔偿之请求权。依据自己行为、自己责任的过错责任基本原理，受害人本仅可向劳动者请求损害赔偿。[④] 但《侵权责任法》第34条第1款规定了“用人单位的工作人员因执行工作任务造成他人损害的，由用人单位承担侵权责任”这一类型的替代责任（vicarious liability），令包括劳动者在内的用人单位的工作人员在执行职务过程中导致的损害赔偿责任得以转嫁给用人单位。

---

① 参见王利明：《侵权责任法研究（下卷）》（第二版），70～71页，北京，中国人民大学出版社，2016；张新宝：《侵权责任法》（第2版），145页，北京，中国人民大学出版社，2010；张民安：《侵权法上的替代责任》，169页，北京，北京大学出版社，2010；陈现杰主编：《中华人民共和国侵权责任法条文精义与案例解析》，114页，北京，中国法制出版社，2010。

② 《侵权责任法》第35条规定的个人之间形成的劳务关系中提供劳务一方致人损害并不在本文讨论的范畴，主要原因在于个人之间形成的劳务关系的形态较为复杂，可能基于指挥控制的民事雇佣关系，也有可能是消费性的服务关系，笔者拟另撰文讨论之。

③ 参见王泽鉴：《债法原理》（第二版），73～75页，北京，北京大学出版社，2013。

④ 参见王泽鉴：《雇用人无过失侵权责任的建立》，载王泽鉴：《民法学说与判例研究》（重排合订本），824页，北京，北京大学出版社，2015。

从法理上分析，令用人单位就包括劳动者在内的工作人员在执行职务过程中给他人造成的损害承担替代责任的依据主要有报偿责任原理、危险责任原理以及降低金钱边际效果理论。

基于报偿理论的基本原理，用人单位借助于劳动者等工作人员来扩展自己的活动空间、拓宽业务领域，进而获得更多的收益，利益与风险是相一致的，用人单位相应地也应当承受由此产生的各种风险。①

从危险责任的基本原理来看，用人单位借助于劳动者等工作人员提供的劳务创造了新的危险或者扩大了原有的危险，用人单位应当对劳动者等工作人员实现的危险承担责任。②

降低金钱边际效果理论则基于法经济学从风险分配的角度进行考量③，20世纪以来大工业的发展形成了许多附带风险（residual risk）④，现代化的大型企业中常常伴随的都是高风险的作业。在这些高风险的作业过程中，侵权的发生是企业活动中或多或少不可避免的一种副产品（byproduct），因此，侵权责任应当被作为一个整体的企业的开支，是一种从事营业活动的成本开支，企业是就自己的经营活动本身具有的危险承担严格责任。⑤ 用人单位除了可以将对受害人承担的损害赔偿责任分散到每个产品的成本之中，还可以通过购买商业保险将该损害赔偿的风险进行转嫁。令用人单位就自己的营业活动承担严格责任能有效促进用人单位在选任劳动者等工作人员与实施经营活动相关的行为时尽到相应的注意义务，进而能够促进侵权法的损害预防功能（injury-prevention function）。⑥

以上各种学说从不同的侧面为用人单位就劳动者提供劳动过程中实施的不法行为承担替代责任进行了正当性论证，均有道理，可相互补充、佐证。问题的关键在于如何调和替代责任与民法过错责任的基本原理之冲突。上述各理论至多能促成替代责任成为过错责任基本原理的例外而得以存在，并未直面这 冲突，这使替代责任在劳动者侵权领域成为与民法过错责任基本原理相并列的另一基本原理。要彻底解决这一问题，还须诉诸劳动法的基本理论。

---

① 参见程啸：《侵权责任法》（第二版），402页，北京，法律出版社，2015；川井健「民法入門」（有斐閣，2012年）368頁。

② 潮见佳男「債権各論Ⅱ不法行為法」（新世社，2017年），142頁。

③ 参见［加］欧内斯特·J. 温里布著，徐爱国译：《私法的理念》，47页，北京，北京大学出版社，2007。

④ 参见王利明：《侵权责任法研究（上卷）》（第二版），271页，北京，中国人民大学出版社，2016。

⑤⑥ See Edward J. Kionka., *Torts*, 6th ed. (St. Paul: West, 2010), p. 296.

2. 他人决定性理论下劳动法对侵权法的渗透

他人决定性理论（Fremdbestimmtheit）由德国劳动法学者提出，强调劳动者加入他人控制的企业组织之中而相应丧失了自主行为的空间，因而应当对传统民法中被严守的过错责任原则（der strikten Grundsätze der Verschuldenshaftung）进行限制（Einschränkung）。① 因为自己行为、自己责任的过错责任原理的前提是行为人能够有意识且自由地安排自己的行为②，而劳动者在提供劳动的过程中虽对自己实施的行为具有行为意思③，但其所实施的行为是在用人单位的指令监督之下进行的，因此自己责任的前提并不完全具备，劳动者的行为在总体框架上实际上被用人单位所决定。故令指令并监督劳动者实施特定行为的用人单位承担替代责任与过错责任的基本原理并不冲突，且符合一般人之法感情。从调和替代责任与过错责任基本原理之冲突角度来看，他人决定性理论较之于前述诸理论可谓一针见血，极具说服力。

此外，劳动者处于经济上的弱势一方，劳动者通过向用人单位提供劳动而换取劳动报酬，靠一己之力在社会中谋得生存，应当受到肯定，法律不应当对其苛以过高的行为标准。否则劳动者将于工作中无时无刻不战战兢兢，生怕动辄得咎，这样势必导致劳动者在履行职务的过程中积极性不高，多一事不如少一事，稍有不慎可能会导致辛苦劳动换得的报酬还不够赔偿因为自己极小的疏忽而导致的损害，这样的极端情形对于用人单位也未必是一件好事。从整个社会的发展来看，亦不利于调动每个劳动者的积极性、创造性，对社会的长期发展是不利的。

因此在劳动者侵权领域，替代责任原理是基本原理，其正当性的根源在于他人决定性背景下对劳动者倾斜保护的要求。这一替代责任的基本原理本与传统民法所彰显的意思自治原则所蕴含的自己行为、自己责任的过错责任原理的要求是相冲突的④，具有高度形式理性的传统民法在应对劳动者侵权问题之时出现了捉襟见肘的尴尬局面，在该体系内部试图妥善解决这一问题无异于缘木求鱼。此时应当跳出传统民法体系自身的窠臼，让属于第三法域

① Vgl. Otto/Schwarze/Krause, Die Haftung des Arbeitnehmers, 4 Aufl., Berlin/Boston 2014, S. 35, Rn. 20.

② 过错责任原则与意思自治原则关系密切，跨出意思自治的界限即进入侵权行为的领域，而侵权行为以过错责任为原则，故谓过错责任是意思自治之边界。“过错这一标准不仅是当事人自律的准则，也是他律的准则。”（李永军：《民法总论》（第二版），32～34页，北京，中国政法大学出版社，2012。）当然劳动者大部分情形下从事的并非法律行为而是事实行为，过错责任依旧为事实行为之边界，越过该边界即成为不法行为（侵权行为）。

③ Vgl. Hans Brox, Allgemeiner Teil des BGB, München 2015. S. 44. Rn. 84.

④ 参见［德］维尔纳·弗卢梅著，迟颖译：《法律行为论》，70页，北京，法律出版社，2013。

——社会法的劳动法积极渗透进传统民法体系之中，对其加以改造。当劳动法所体现对劳动者倾斜保护的理念融入侵权法体系之中后，得出的结论自然是劳动者在执行职务过程中实施不法行为造成他人损害的，原则上由用人单位替代劳动者向受害人承担损害赔偿责任。劳动者侵权领域的替代责任并非过错责任原理之例外，而是与过错责任原理并驾齐驱之另一基本原理，这是基于劳动法原理对传统民法原理进行积极修正、调和后的当然结论，因为在劳动者侵权的情形，本就难以符合过错责任所要求的自主决定的前提条件。

即使用人单位可能因自身过失的不作为行为而与劳动者成立共同侵权，这只会影响到内部责任的分担，在外部关系中，原则上也应当由用人单位向受害人承担损害赔偿责任。用人单位无过失的情形下尚且要承担替代责任，举轻以明重，用人单位存在过失的情形当然更应当由其承担替代责任。

（二）劳动者的外部责任豁免权

替代责任的前提是劳动者因实施不法行为而成立侵权损害赔偿责任，因此，如果替代责任得以成立，那么受害人当然已经可以向劳动者主张侵权损害赔偿，其请求权基础并非《侵权责任法》第 34 条，而是一般侵权条款与各类特殊侵权条款。如果此时不赋予劳动者相应的可以对抗受害人的损害赔偿请求权的权利，则劳动者的外部责任豁免将流于形式。

劳动者享有的外部责任豁免的特权属于一种实体法上的抗辩权，是一种永久抗辩权。当受害人向劳动者请求承担损害赔偿责任时，劳动者可以以外部责任豁免的抗辩权对抗受害人的该项请求权。

既然外部责任豁免权为一种抗辩权，作为权利享有者的劳动者当然可以选择行使该抗辩权，也可以选择不行使该项抗辩权。这一抗辩权行使的期限应当在一审的法庭辩论终结前。

如果劳动者不行使该项抗辩权，一旦受害人以用人单位和受害人为共同被告提起必要的共同诉讼，则劳动者与用人单位须向受害人承担连带赔偿责任，其内部份额的分担适用下文所述的内部责任分担规则，参酌劳动者的过错程度和其他与损害发生相关的参考因素加以确定。该连带责任存在两种极端情形：一种为劳动者主观为轻过失时由用人单位承担终局责任，另一种为劳动者主观为故意或者重大过失时原则上由劳动者自身承担终局责任。准确来说，这两种极端情形下用人单位与劳动者对受害人承担不真正连带责任，因为这两种情形下用人单位与劳动者内部不存在份额的分担，而有一个终局责任人。[①]

① 参见税兵：《不真正连带之债的法定塑造》，载《清华法学》，2015 年第 5 期。

三、内部追偿责任的豁免

（一）用人单位享有追偿权的依据

用人单位在对受害人承担损害赔偿责任后能否向劳动者行使追偿权，《侵权责任法》第34条并未对此作出规定。全国人民代表大会法律委员会对此的回复是："在什么情况下可以追偿，情况比较复杂。根据不同行业、不同工种和不同劳动安全条件，其追偿条件应有所不同。哪些因过错、哪些因故意或者重大过失可以追偿，本法难以做出一般规定。用人单位与其工作人员之间以及因个人劳务对追偿问题发生争议的，宜由人民法院在审判实践中根据具体情况处理。"[①] 也就是说，用人单位对劳动者是享有追偿权的，《侵权责任法》之所以不就追偿权问题作出规定，起草者认为最大的困难在于不同情形追偿权的成立条件有所不同，无法统一规定。如果追偿权得以成立，追偿的数额是否需要根据个案的具体情形有所限制？《侵权责任法》对此没有规定，起草者的这段话亦未对此直接表明态度。从《侵权责任法》对用人单位追偿权问题不予置喙以及立法者上述表述中对是否就用人单位追偿权问题作出规定的犹疑态度来看，起草者是在担心一旦法律对追偿权作出明文规定，用人单位很可能会滥用追偿权[②]，规定追偿权可以说是一把"双刃剑"[③]。起草者在其撰写的著作中对此表明了态度："现阶段，雇主向雇员的追偿，应当根据具体情形，控制追偿数额。因为在雇佣关系中，雇员相对于雇主来说经济上属于弱势地位。雇员的收入主要靠雇主支付的工资，其从事雇佣活动是为了谋生。"[④] 起草者显然是倾向于对所有用工类型的用人单位的追偿权的成立进行严格限制，同时，在追偿权成立后对追偿的数额也应当有所限制。此外，即使法律未就用人单位的追偿权作出规定，用人单位和劳动者也可以在内部关系中通过劳动合同等对追偿权的相关事项进行约定。

在《侵权责任法》生效前，《最高人民法院关于审理人身损害赔偿案件适用法律若干问题的解释》（以下简称"《人身损害赔偿司法解释》"）第9条

---

① 《全国人民代表大会法律委员会关于〈中华人民共和国侵权责任法（草案）〉审议结果的报告》(2009年12月22日十一届全国人大常委会第十二次会议)。

② 《民法总则》第132条规定："民事主体不得滥用民事权利损害国家利益、社会公共利益或者他人合法权益。"

③ 全国人大常委会法制工作委员会民法室编：《中华人民共和国侵权责任法条文说明、立法理由及相关规定》，133页，北京，北京大学出版社，2010。

④ 全国人大常委会法制工作委员会民法室编：《侵权责任法立法背景与观点全集》，576页，北京，法律出版社，2010。该书作者在此处欲讨论的是用工者责任，但其使用的概念却是雇主责任。

第 1 款第 2 句[①]对雇主追偿权作出了明确规定。值得注意的是，该司法解释第 8 条并未就法人或者其他组织的工作人员在执行职务中致人损害的情形下法人或者其他组织的追偿权作出规定，第 13 条也未就义务帮工人在从事帮工活动中致人损害的情形下被帮工人的追偿权作出规定。法人或者其他组织的工作人员显然囊括了绝大部分的劳动者。依据“明示其一，排除其他”的基本原理，司法解释似乎意在否定这两种情形下用工者享有追偿权。若在法人或者其他组织中工作的劳动者主观存在故意或者重大过失，尤其是劳动者主观为故意的情形，若完全不允许用人单位在对外承担责任后对劳动者追偿，从利益衡量的角度来看难谓合理。

司法实务中，法院并没有因为《侵权责任法》的生效而不再援引《人身损害赔偿司法解释》中用工者责任的相应规定。在“袁文杰等与张西树侵权责任纠纷案”中，一审法院依据《侵权责任法》第 34 条的规定直接认定被告张西树作为国网河南省电力公司太康县供电公司下属机构的工作人员不用承担该事故的赔偿责任，并以《侵权责任法》未对追偿权作出规定而否定该用人单位对张西树享有追偿权，对于张西树主观上是否不存在故意或者重大过失完全不予考虑。二审法院尽管支持了一审法院的该判决结论，但二审法院认为应当适用《人身损害赔偿司法解释》第 9 条的规定，认定作为工作人员的张西树对于损害的发生并不具有重大过失，因此不与用人单位太康供电公司承担连带赔偿责任，而是由太康供电公司单独承担损害赔偿责任，太康供电公司对张西树也不享有追偿权。[②] 在“南通恒天船舶配套工程有限公司舟山分公司诉周建追偿权纠纷案”中，恒天公司的安全员周建在工作期间、工作地点因如何实施安全工作这一工作上的问题与张勇发生争执，并殴打张勇造成其人身损害。一审法院认为侵权行为是由于员工故意或重大过失造成，且该行为超出了法律赋予的职权或单位的授权范围，用人单位可以进行追偿。一审法院援引《侵权责任法》第 34 条规定判决恒天公司在该追偿纠纷中承担 70%的责任，周建承担 30%的责任。二审法院指出：“周建殴打他人行为的起因虽然是工作，但该行为完全超出了周建的工作范围以及工作中可以采取的措施，属于故意致人损害的情形，对于该行为造成的主要后果应当由周建承担，恒天公司对其员工疏于管理和教育，应当对该起打人事件造成的损失承担次要责任。”二审法院认为一审法院判决的责任分担份额与恒天公司在打人事件中的过错程度不相符合，依据《人身损害赔偿司法解释》第 9 条改判恒

① 《人身损害赔偿司法解释》第 9 条第 1 款第 2 句规定：“雇主承担连带赔偿责任的，可以向雇员追偿。”

② 参见河南省周口市中级人民法院（2018）豫 16 民终 903 号民事判决书。

天公司可向周建追偿赔偿数额的60%。[①]

上述两个案例中的侵权人并非《人身损害赔偿司法解释》中所谓的“雇员”，而是法人或者其他组织的工作人员，两案二审法院在判决中均直接援用《人身损害赔偿司法解释》的第9条的规定，而非类推适用该规定，尽管结论上值得赞同，但是在法律适用上存在一些瑕疵。

从侵权法中的用工者责任的角度来看，用工者在对受害人承担损害赔偿责任后，在符合相应条件时，对劳动者是享有追偿权的。用工者与劳动者在内部关系中事先就追偿权的相关事项进行约定的情形下，用工者行使追偿权的请求权基础即为该协议的相应内容。[②] 如果用工者与劳动者未事先就追偿权的相关事项进行约定，则用工者行使追偿权的请求权基础只能为《人身损害赔偿司法解释》第9条第1款第2句，但并非直接适用，而为类推适用。因此，只要符合相应的构成要件，用人单位对劳动者是享有追偿权的。

尽管《人身损害赔偿司法解释》第9条可以作为用人单位追偿权的法律依据，但关于追偿权的理论依据，即该追偿权性质上究竟是一种代位权还是用人单位本身固有的权利，我国学界尚未达成共识。[③]

(二) 劳动者的抗辩权

用人单位向劳动者追偿时，劳动者可以向用人单位援引其可向受害人援引的所有抗辩，从而在一定程度上实现责任的豁免。该抗辩既包括民法上的抗辩权，也包括权利障碍抗辩和权利消灭抗辩等诉讼法上的抗辩。

依据民法自己责任的过错责任基本原理，劳动者本应该以自己的责任财产为一般担保而向受害人承担损害赔偿责任。但在用工者责任中，用人单位是就作为被用工者的劳动者的侵权行为造成的损害承担替代责任，通说认为替代责任的典型特征在于被归咎的过失（imputed negligence)。但准确来说，替代责任中被归咎的并不是过失（negligence）或者其他的过错（fault)，而是责任（liability)。[④] 该侵权责任的成立、损害赔偿的计算等均以被用工者的行为和相关情况为基准，用工者仅仅作为责任的承担者参与到被用工者与受害人的侵权之债的关系中来。因此，如果作为被用工者的劳动者本可对受害人的损害赔偿请求权进行相应的抗辩，则用人单位可向受害人主张劳动者的所有抗辩。用人单位在向劳动者追偿的时候，劳动者可以以其对受害人的抗

---

① 参见江苏省南通市中级人民法院（2016）苏06民终1539号民事判决书。

② 如果约定的内容是变更或者排除法律对于追偿权成立与追偿数额的规定，则须有利于处于弱势的劳动者一方，否则该约定将因违反公序良俗而无效。

③ 参见李中原：《多数人侵权责任分担机制研究》，22～23、269页，北京，北京大学出版社，2014。

④ See Edward J. Kionka., *Torts*, 6th ed. (St. Paul: West, 2010), 296.

辩对抗用人单位的追偿权。如果用人单位没有向受害人援引劳动者享有的抗辩而向受害人进行了赔偿，则其将承担可能向劳动者追偿不能的后果。

例如，受害人对劳动者的侵权损害赔偿请求权罹于诉讼时效，用人单位作为替代责任人本可以向受害人主张时效届满的抗辩。此时，即用工者单位未考虑上述抗辩事由向受害人承担了赔偿责任，劳动者仍可以在用人单位行使追偿权时向其主张上述抗辩，否则，时效制度的设计目的将落空。再如，受害人向用人单位请求精神损害赔偿，用人单位可以以受害人未以劳动者与受害人的身份、地位及经济状况等差异作为计算基准，而是将用人单位与受害人的各种情况的差异作为计算基准为由，对受害人主张的数额提出抗辩。[①]此时，即用工者单位未考虑上述因素全额满足了受害人的赔偿请求，劳动者仍然可以在用人单位行使追偿权时向其主张上述抗辩，拒绝赔偿用人单位多赔的部分。

从劳动者可在用人单位行使追偿权时向其主张本可向受害人主张的所有抗辩来看，追偿权在性质上宜界定为一种代位权，除此以外，代位权说的优势还在于追偿权人可享有原债权上所具有的担保利益。

（三）追偿权的限制

行使上述民事实体法与程序法的抗辩并不能使劳动者较为彻底地从用人单位的追偿中解放出来，要较为完全地实现用工者责任的豁免，体现对劳动者的倾斜保护，须对用人单位的追偿权进行限制。该限制包括追偿权成立的限制和追偿数额的限制两个方面。

1. 追偿权成立的限制

《人身损害赔偿司法解释》第9条第1款规定，“雇主承担连带赔偿责任的，可以向雇员追偿”，而雇主与雇员承担连带责任的条件是雇员在执行职务过程中有故意或者重大过失。因此，雇员主观上为故意或者重大过失的情形下，雇主可以向雇员进行追偿。对此进行反面解释，并适用到劳动者侵权的情形中，当劳动者主观上为轻过失时，用工者不可以向劳动者进行追偿。但是反面解释的前提是立法者有意将法律效果仅适用于特定的构成要件，立法者是否有此意愿，必须通过解释加以确定。[②]

从体系解释的角度来看，在该司法解释所规定的三类用工者责任中，只有雇员在执行职务中致人损害的规范就用工者的追偿权进行了规定，用人单位（法人或者其他组织）的负责人和工作人员以及义务帮工人在执行职务过

① 参见姚志明：《侵权行为法》（修订三版），248页，台北，元照出版有限公司，2014。

② Vgl. Karl Larenz，Methodenlehre der Rechtswissenschaft，Berlin/Heidelberg/New York 1983，S. 390.

程中致人损害的情形下用工者是否享有追偿权，该司法解释并未提及。司法解释规定追偿权的情形仅仅占到三种情形之一，由此可以看出，该司法解释的制定者所采取的态度是原则上否定用工者享有追偿权。《侵权责任法》第34条亦未就用人单位追偿权作出规定，对此可以起到进一步的印证作用。

在比较法上，《德国民法典》第840条有关数人侵权责任（Haftung mehrerer）的规定的第2款[①]明确将用工者责任（第831条）内部关系的份额分担规定为全部由包括劳动者在内的被用工者承担，但司法实务并未完全囿于该规范。最初，德国劳动法院（Arbeitsgerichtsbarkeit）的判决中在令劳动者承担全部责任或者部分责任两个立场之间摇摆。尽管存在一致的意见认为除了重大过失外应当减轻劳动者对雇主承担的责任，但是依据什么标准、在什么范围内对劳动者的责任进行限制是存在较大争议的。[②] 直到德国联邦劳动法院（BAG）在1959年3月19日的一则判决中将过失的程度区分为三档：当劳动者仅具有轻微过失（geringe Schuld/leichteste Fahrlässigkeit）时，雇主要承担全部责任；如果劳动者具有一般过失（normale Fahrlässigkeit），那么由雇主与劳动者分摊相应的损害赔偿责任；如果劳动者主观存在重大过失或者故意，则由劳动者终局承担所有责任。从此裁判的结果开始趋于相对确定。德国联邦最高法院（BGH）整体上采纳了BAG将过失区分为三档的做法，认为在劳动者主观为故意或者重大过失时，原则上应当令其承担终局责任，但BGH认为在劳动者主观上为轻微过失或者一般过失时，则应当对个案的具体情形进行评估，进而确定追偿权是否成立以及追偿的范围。[③] 由此可见，BGH对于雇主追偿权的成立与行使持有相对谨慎的态度。

《日本民法典》第715条[④]第3款明文规定了用工者对被用工者享有追偿权，但并未对追偿权的成立施加限制。对用工者追偿权一概不进行限制的传

---

① 《德国民法典》第840条第2款规定："他人也与依第831条、第832条对该他人所引起的损害负有义务的人一起，对损害负责任的，在他们的相互关系中，该他人单独负有义务，在第829的情形下，监督义务人单独负有义务。"陈卫佐译：《德国民法典》（第4版），321页，北京，法律出版社，2015。

② Vgl. Otto/Schwarze/Krause, Die Haftung des Arbeitnehmers, 4 Aufl., Berlin/Boston 2014, S. 162, Rn. 25.

③ Vgl. Otto/Schwarze/Krause, Die Haftung des Arbeitnehmers, 4 Aufl., Berlin/Boston 2014, S. 162, Rn. 26.

④ 《日本民法典》第715条（使用人等的责任）规定："（一）因一定事业而使用他人的人，对被使用人就该事业的执行对第三人施加的损害，负赔偿责任。但是，使用人对被使用人的选任及该事业的监督已尽相当注意，或者即使尽相当注意损害仍会发生时，不在此限。（二）代替使用人监督事业的人，负前款的责任。（三）前两款的规定，不妨碍使用人或者监督人对被使用人行使求偿权。"刘士国、牟宪魁、杨瑞贺译：《日本民法典》，175页，北京，中国法制出版社，2018。

统解释论受到强烈的批评。现在，日本《国家赔偿法》第1条第2项规定了公务员存在故意或者重大过失的情况下，国家和公共团体可以向该公务员追偿，以达到限制追偿权的目的。日本学界认为《日本民法典》第715条的解释也可以采用《国家赔偿法》规定的故意或重大过失标准。[①] 日本学说上认为所谓被用工者的故意或者重大过失亦可以等价于考虑被用工者是否为了自己或者他人的利益（而非为了用工者的利益）从事加害行为。[②]

从德国和日本这两个典型的大陆法系国家的立法例来看，为了使劳动者的责任得以豁免，日本法将劳动者主观上存在故意或者重大过失作为雇主追偿权成立的条件。即使民法典对此没有规定，实践中法院也在积极地探索如何对追偿权的成立进行限制，通过判例的积累让限制追偿权成立的规则成为一项习惯法规则。[③] 相较于日本法，德国法承认劳动者主观为一般过失情形下雇主对劳动者也享有追偿权，只是该情形下雇主无法得到完全求偿。这可能与德国法所规定的用工者责任为过错推定责任，而日本目前通说认为其民法典所规定的用工者责任为替代责任有关。但是日本目前有学说认为从方便受害人行使损害赔偿请求权的角度考虑，在维持替代责任通说的基础上，应当减轻对于被用工者过失的证明[④]，并限制用工者对被用工者的追偿等，保留广泛适用民法典第715条的可能性，在相应情形下适用民法典709条关于一般侵权责任的规定。[⑤] 从而，在劳动者具有一般过失时，用人单位也可能因为自身对于劳动者的选任、监督方面存在过失或者对于企业的组织方面存在过失而与劳动者存在内部责任的分担。如此一来，从结果上看，德国法与日本法在实际生活中的运作并不存在较大差异。

2019年12月6日公布的《中华人民共和国民法典（草案）》关于用工者责任的规定最大的特点即在于明确规定了用人单位享有追偿权，且以工作人员主观上存在故意或者重大过失为追偿权的成立要件。[⑥] 这一规定无疑借鉴了

---

① 林良平編「注解判例民法　債権法Ⅱ」（青林書院，1989年），1311頁。

② 林良平編「注解判例民法　債権法Ⅱ」（青林書院，1989年），1312頁。

③ 参见［德］伯恩·魏德士著，丁晓春、吴越译：《法理学》，102～104页，北京，法律出版社，2013。德国学理通说认为法官法非法律渊源，只有当法官法成为习惯法以后对于法院的裁判才具有强制拘束力。

④ 因为替代责任成立的前提是劳动者符合侵权行为的所有构成要件，而这又以一般侵权责任为典型，即以劳动者主观具有过错为构成要件。

⑤ 参见［日］吉村良一著，张挺译：《日本侵权行为法》（第4版），151页，北京，中国人民大学出版社，2013。

⑥《中华人民共和国民法典（草案）》第1191条第1款规定："用人单位的工作人员因执行工作任务造成他人损害的，由用人单位承担侵权责任。用人单位承担侵权责任后，可以向有故意或者重大过失的工作人员追偿。"

国外较成熟的司法实务经验，旨在对用人单位追偿权的成立设置相应的门槛，当工作人员为劳动者时，该规定契合了对处于弱势方的劳动者进行倾斜性保护的法政策，值得肯定。此外，如果用人单位因自己的过失而实施的不作为行为构成《侵权责任法》第 6 条第 1 款所规定的一般侵权行为，进而与劳动者构成《侵权责任法》第 8 条[①]所规定的共同侵权行为[②]，在内部关系中依据《侵权责任法》第 14 条[③]也存在责任的分担，这是体系解释的当然结果。当然，如果此时劳动者主观为轻过失，考虑到劳动者内部责任的豁免，同时也为了避免追偿权成立的限制被架空，以及为了维护法律的安定性，应当排除连带责任内部分担中用人单位享有的追偿权。

综上所述，《人身损害赔偿司法解释》第 9 条第 1 款在类推适用至劳动者侵权领域后，应当被解释为当且仅当劳动者主观上存在故意或者重大过失时，用人单位才可向劳动者追偿，这一反面解释是合理的。

2. 追偿数额的酌定

在用人单位承担责任的情形，经过追偿权成立要件的过滤后，当且仅当劳动者主观存在故意或者重大过失时用人单位方可对劳动者行使追偿权。基于劳动者责任豁免的考量，即使追偿权得以成立，用人单位行使追偿权也不应当是一种“要么全有，要么全无”的模式，而应当由法官结合具体案情在全有和全无的区间内酌定一个追偿数额。[④] 当用人单位因自身的过失而与劳动者成立共同侵权时，其与劳动者内部责任的分担也不应当仅仅以过失程度为唯一的考量因素，法官仍然需要结合具体案情，在劳动者内部责任豁免理念的指导下作出裁量。以上两种情形下均涉及追偿数额的司法酌定问题。对此，域外的司法实践向我们提供了富有教益的参考。

---

① 《侵权责任法》第 8 条规定：“二人以上共同实施侵权行为，造成他人损害的，应当承担连带责任。”

② 笔者在此认为共同过失行为也是共同侵权行为的一种形态。参见王利明：《侵权责任法研究(上卷)》(第二版)，538～542 页，北京，中国人民大学出版社，2016。认为共同侵权行为仅限于共同故意行为的理由，参见程啸：《侵权责任法》(第二版)，347～351 页，北京，法律出版社，2015。

③ 《侵权责任法》第 14 条规定：“连带责任人根据各自责任大小确定相应的赔偿数额；难以确定责任大小的，平均承担赔偿责任。支付超出自己赔偿数额的连带责任人，有权向其他连带责任人追偿。”

④ “巢湖市永鑫汽车驾驶技术培训学校与汤秀媛追偿垫付款纠纷上诉案”中，二审法院在判决中指出：“汤秀媛虽是交通事故的主要责任方，但其作为永鑫驾校的员工，在执行永鑫驾校意志、为永鑫驾校创造利润的过程中产生的损害，即便存在重大过失，汤秀媛亦不宜承担主要责任。一审法院判决永鑫驾校、汤秀媛各承担 50% 的责任，比例适当，本院予以维持。”安徽省合肥市中级人民法院 (2017) 皖 01 民终 8170 号民事判决书。劳动者主观为故意的例子，参见前述“南通恒天船舶配套工程有限公司舟山分公司诉周建追偿权纠纷案”，江苏省南通市中级人民法院 (2016) 苏 06 民终 1539 号民事判决书。

针对劳动者主观为一般过失情形下其与雇主责任的具体分担问题，德国联邦劳动法院（BAG）提出了一个分析框架。首先，应当考虑所有的与损害发生相关的因素，其次，要考虑涉及劳动关系中给付与对待给付关系的所有情况，再次，要考虑劳动者的社会经济状况，最后，要从雇主的角度考虑损害的预防可能性。①

在日本，主张对追偿数额进行限制的学说有权利滥用说、过失相抵说、共同不法行为说、不真正连带债务说、债务不履行说，等等，不一而足。② 日本最高裁判所在判决中指出："有关追偿权的行使须对事业的性质、规模、设施的状况、被用工者的业务的内容、劳动条件、勤勉程度、加害行为的样态、就预防加害行为或者损失的分散使用者的关心程度等等情形加以考量的基础上从公平分担损害的立场出发，在诚实信用原则（日文为'信义则'）上被相当程度认可的限度内作出裁判。"③

上述域外司法实务中对追偿数额限制的参考因素可资借鉴。我国也有学者提出应当考虑雇员与雇主过失的比较、雇员的偿付能力、行业及工作特点而决定是否对雇主追偿数额进行限制。④ 较为疑难的问题是，所有与损害发生相关的因素中哪些是可以作为追偿权限制的参考因素，以及各参考因素在确定追偿数额方面所占的权重为多少。如果不对这两个问题加以解决，将导致追偿数额的酌定类似于博彩游戏⑤，具有极大的不确定性和偶然性。

笔者认为可以借鉴德国联邦劳动法院的做法并结合我国的立法与司法实践稍作调整，将过失相抵原则中所蕴含的法律理由（ratio leges）适用于用人单位向劳动者追偿的法律关系之中⑥，从而构建起用人单位行使追偿权时数额酌定的框架。

经过追偿权成立要件的过滤，只有劳动者主观为故意或者重大过失时，用人单位才可以向劳动者追偿。为了对具有人格从属性的劳动者进行倾斜保护，即使追偿权得以成立，也并非能够全额求偿，而应当由法官于个案中参

① Vgl. Otto/Schwarze/Krause, Die Haftung des Arbeitnehmers, 4 Aufl., Berlin/Boston 2014, S. 163, Rn. 27.

② 林良平編「注解判例民法　債権法Ⅱ」(青林書院，1989年)，1312頁。

③ 最判昭51·7·8民集30巻7号689頁。

④ 参见李明发、李欣：《论雇主对雇员追偿权之限制》，载《江淮论坛》，2018年第6期。

⑤ Archiv für die civilistische Praxis165，383，384.

⑥ 参见王泽鉴：《连带侵权债务人内部求偿关系与过失相抵原则之适用》，载王泽鉴：《民法学说与判例研究》(重排合订本)，812页，北京，北京大学出版社，2015。

考相关因素酌定一个赔偿数额。这时需参考的主要因素包括劳动者的经济从属性[①]，劳动者的社会经济状况（负担能力），劳动者的收入与其所从事的具体工作的复杂程度、危险程度之间的对价平衡状况，用人单位预防损害的可能性以及用人单位对于损害预防所采取的措施。

在对追偿数额进行酌定的过程中，诚实信用原则应当贯穿始终，作为价值判断的终极尺度。[②] 我国法院与日本法院在追偿数额酌定的相关判例中不约而同地引用了诚实信用原则以及雇员对雇主负有的忠实义务和勤勉义务[③]，足见追偿数额酌定这一价值判断的过程并非无章可循，应当遵循一定的判断架构。

在遵循上述判断架构的基础上，法院须在判决中明确列举相关的酌定参考因素，结合具体案情说明各参考因素在追偿数额酌定中产生的影响，并对该判断进行细致说理，如此方可避免司法判决成为不公开、不透明的“暗箱操作”[④]。

（四）劳动者的逆追偿权

在对追偿权进行司法酌定后，在内部关系中，用人单位通过行使追偿权，损害在用人单位与劳动者之间进行分担。与此相关的一个问题是，在内部关

① 2017 年 4 月 1 日修订的《德国民法典》第 611a 条（劳动合同）第 1 款第 1 句对于劳动合同的定义虽只要求存在人身从属性，但是一方面经济从属性可以从人身从属性中推出，另一方面经济从属性也属于该条文所谓的“必须考量的个案的所有情形（eine Gesamtbetrachtung aller Umstände vorzunehmen）”之一。

② 利益法学派的代表人物 Philipp Heck 在其债法教科书中将不确定法律概念或诚实信用原则等概念称为“调节概念”(Ventilbegriff)。Vgl. Philipp Heck，Schuldrecht，S. 12. 转引自吴从周：《概念法学、利益法学与价值法学：探索一部民法方法论的演变史》，289 页，北京，中国法制出版社，2011。

③ 在“南通恒天船舶配套工程有限公司舟山分公司诉周建追偿权纠纷案”中，二审法院指出：“根据诚实信用原则，雇员对雇主有忠实和勤勉义务，当雇员未尽到基本的注意义务造成雇主损害的，应当承担适当的责任，能够防范雇员不尽责的道德风险。但同时，雇员获取的劳动报酬与雇主获得的收益相比差距甚远，如果雇员在雇佣活动中因过错致人损害，雇主均可向其全额追偿，无异于使雇员陷入受害者一样的境地，况且，雇员无法像雇主一样通过责任保险、经营利润来分散风险。”江苏省南通市中级人民法院（2016）苏 06 民终 1539 号民事判决书。日本的判例参见前述最判昭 51・7・8 民集 30 卷 7 号 689 页。实际上，基于诚实信用原则产生的义务与信义义务（忠实义务和勤勉义务）虽同为法定义务，但存在区别，前者以自利性为基础，后者则以利他性为基础。参见赵廉慧：《信托法解释论》，301～303 页，北京，中国法制出版社，2015。

④ 德国司法实务中，很多法院在判决中仅仅列举参考因素，而不说明各参考因素与责任份额(Haftungsquoten) 之间的联系，备受诟病。Vgl. Otto/Schwarze/Krause，Die Haftung des Arbeitnehmers，4 Aufl.，Berlin/Boston 2014，S. 163，Rn. 27. 类似的现象在我国侵害知识产权的法定赔偿案件的判决中极为明显，法院惯常的做法就是罗列法律和司法解释所规定的各个参考因素，然后直接得出一个损害赔偿的数额，完全看不出这一“从天而降”的数额是如何计算出来的。无论是追偿数额的酌定，还是法定赔偿数额的酌定，数额计算部分的细致说理应是我国审判机关的一个长期的努力方向。

系中，劳动者能否向用人单位反向追偿超出了自己应承担的份额而向受害人多赔偿的部分，这就涉及劳动者的逆追偿问题。

日本学界目前通说认为民法典中规定的用工者责任为替代责任，由用工者替代被用工者向受害人承担责任后，可向被用工者追偿，反过来被用工者向用工者就多赔偿的部分进行逆追偿是不被认可的。① 日本学者潮见佳男认为，既然用工者对受害人支付损害赔偿金后对被用工者进行追偿时，应当对追偿权加以限制，为了实现这一目的，在用工者与被用工者的内部关系中，用工者应当负担一部分损害赔偿金，那么当被用工者超出自己的份额对受害人多支付的损害赔偿金，当然可以向用工者逆追偿。② 对此逆追偿权的理论依据，较为有力的学说是加藤一郎所倡导的共同侵权行为说，该学说认为用工者与被用工者的行为构成共同侵权行为，用工者与被用工者相互之间享有追偿的权利。③ 日本有法院在平成27年（2015年）的上诉判决中承认了被用工者向用工者的逆求偿权。该案中，Y的雇员X在执行业务过程中发生交通事故而向另一方支付了赔偿，因此他声称他已获得对Y提出索赔的权利（本诉）。由于Y属车辆因事故而损坏，因此提出了侵权行为造成的损害赔偿（反诉）。一审法院部分接受了这项索赔，参照X的业务内容和勤勉程度以及与本件事故相关的X的过失内容，基于诚实信用原则判决承认本诉额度为本诉诉讼请求的70%，反诉额度为反诉诉讼请求的30%。④ 根据Y的上诉，二审法院根据Y的业务、X的职责和工作量、事故的疏忽和程度，对受害人的损害赔偿责任Y和X被认为按照7：3进行分摊，因此X就其已经向受害人赔偿的金额的70%可以向Y逆追偿，进而驳回上诉。⑤

实际上，承认劳动者享有向用人单位逆追偿的权利并未超过一般国民的

---

① 潮見佳男「債権各論Ⅱ不法行為法」（新世社，2017年），150、142頁。日本民法学者吉村良一在其教科书中亦明确指出“判例上未见认可逆追偿的事例”。参见［日］吉村良一著，张挺译：《日本侵权行为法》（第4版），27页，北京，中国人民大学出版社，2013。但笔者通过“Westlaw Japan日本法律信息数据库”以日文“逆求償権”为关键词，已经检索到一起于2015年判决的法院承认被用工者逆求偿权的案例，参见正文后文。

② 潮見佳男「債権各論Ⅱ不法行為法」（新世社，2017年），150頁。

③ 神田孝夫「使用者責任」（一粒社，1978年），108～109頁。实际上其在于强调构成共同侵权行为后，内部责任分担可以适用过失相抵的规则。参见王泽鉴：《连带侵权债务人内部求偿关系与过失相抵原则之适用》，载王泽鉴：《民法学说与判例研究》（重排合订本），804～812页，北京，北京大学出版社，2015。

④ 鳥栖簡裁平26（ハ）80号·平26（ハ）115号修理代金請求事件（本訴）、損害賠償請求事件（反訴）。

⑤ 佐賀地裁平成27.9.11判決。对该判决的评析，参见天澤孝子：「判例研究　使用者責任が成立する場合において、被害者に損害賠償した被用者の使用者に対する求償を認めた事例［佐賀地裁平成27.9.11判決］」法律のひろば70巻10号，67～73頁。

期待可能性。在外部关系中，劳动者没有向受害人行使责任豁免抗辩权而向受害人承担了损害赔偿责任，且该损害赔偿责任超出了劳动者在内部关系中应承担的份额，这种情形在现实生活中是极有可能发生的，尤其在用人单位的赔偿缓不济急的情形下。例如受害人受伤程度严重，亟须手术治疗，受害人本身难以支付高昂的手术费用，考虑到情况紧急，劳动者先行垫付了该手术费用。[①] 劳动者这样的行为当然是值得肯定且应当鼓励的，该行为不仅符合助人为乐的中华民族优良传统，也与《民法总则》第 184 条“好人条款”所倡导的助人为乐的精神相契合，虽然被害人遭受的损害是因劳动者的侵权行为造成的，但是该损害发生的结果往往并非劳动者所欲追求，其也希望受害人能够及时得到救治。法律应当倡导良善的价值观，鼓励劳动者向亟须救助的受害人先行赔偿，甚至超出其在内部关系中应承担的份额先行赔偿，事后应当允许劳动者就超出自己应承担的份额的部分向用人单位追偿。

虽然不能在《侵权责任法》等法律规范中直接找到关于劳动者逆追偿权行使的请求权基础规范，但可以认为该情形下劳动者是为了用人单位的利益免受损害而自愿替用人单位进行事务上的管理，进而在用人单位与劳动者之间成立无因管理之债。基于替代责任的原理，本应当由用人单位替代劳动者向受害人承担损害赔偿责任，但信息传递可能不及时，用人单位也需要一定时间核实具体情况是否属实，这些因素很可能造成侵权损害赔偿索赔程序的拖沓与效率低下。亟待救助的受害人所遭受的人身损害将可能因其无法预先支付高昂的医疗费用而进一步扩大。如果劳动者主观上不存在故意或者重大过失，该扩大的损害最终还是由用人单位承担恢复原状费用赔偿[②]的责任。而若劳动者预先向受害人承担损害赔偿责任，则显然能够有效地预防可能发生的受害人原有人身损害的进一步扩大。在劳动者预先向受害人承担损害赔偿责任而与用人单位成立无因管理之债后，劳动者作为管理人负有及时向用人单位就所管理事务的相应情况进行通知的义务，用人单位作为被管理人则须偿还劳动者因向受害人承担损害赔偿责任而支出的必要费用并清偿劳动者可能因承担该损害赔偿责任而产生的债务。相应的，劳动者基于无因管理之债有权请求用人单位偿还超出其应承担的份额而预先向受害人支出的损害赔偿

---

① 尽管《道路交通安全法》第 75 条等相关法律法规规定患者可与医院协商，暂缓交纳医疗费用，医疗机构不得因抢救费用未及时支付而拖延救治，但是现实生活中患者只要不支付医疗费，医院就不会实施手术的情形比比皆是。甚至还发生过医生因打工者付不起医药费而将已缝好伤口拆线这样的极端情形。参见报道：《医生因打工仔付不起医药费将已缝好伤口拆线》，见荆楚网—《楚天都市报》，https：//news. qq. com/a/20110807/000588. htm，访问日期：2019 年 9 月 5 日。

② 参见李承亮：《恢复原状费用赔偿的性质》，载《武汉大学学报（哲学社会科学版）》，2019 年第 4 期。

费用，《民法总则》第 121 条关于无因管理的规定即成为劳动者向用人单位行使逆追偿权的请求权规范基础。

我国司法实务中已有法院明确承认了学界不太关注的劳动者的逆追偿权，在“巢湖市永鑫汽车驾驶技术培训学校与汤秀媛追偿垫付款纠纷上诉案”中，汤秀媛作为教练与永鑫驾校间系劳动关系，法院指出：“该条（《人身损害赔偿司法解释》第 9 条第 1 款——笔者注）虽规定了雇主对外承担赔偿责任后可向雇员行使追偿权，但并未规定雇员即是全部赔偿责任的终局承担者，可见，在雇员和雇主内部仍存在责任分担的问题。同理，若雇员对外承担了赔偿责任，因其与雇主之间需要就责任进行分担，故雇员亦有权向雇主追偿。”①尽管法院回避了劳动者行使逆追偿权的请求权规范基础这一问题，但其对劳动者逆追偿权的承认以及对此所给出的实质理由则颇值赞许！

四、双重责任豁免的限度

（一）连带责任的合理性

在构成《侵权责任法》第 34 条所规定的用工者责任以及用人单位因自己过失的不作为而与劳动者成立《侵权责任法》第 8 条所规定的共同侵权的情形下，原则上均应当由用人单位替劳动者因执行职务过程中的不法行为给他人造成的损害承担赔偿责任，该替代责任原理成为劳动者侵权领域的基本原理。

在侵权法所规定的用工者责任中的劳动者侵权领域，当劳动者主观上具有故意或者重大过失时，其应当分担较多的份额，甚至承担终局责任。若用人单位与劳动者有就追偿权的成立与行使等相关事项作出有效的明确约定，无论该约定是在受害人所遭受的损害发生前还是发生后，用人单位行使追偿权的请求权基础即为该具体之约定。若用人单位与劳动者未就追偿权的成立与行使等事项进行约定，那么用人单位行使追偿权的请求权基础为《人身损害赔偿司法解释》第 9 条第 1 款第 2 句，采取的适用方式为类推适用。《中华人民共和国民法典（草案）》第 1191 条亦对该追偿权作出了明确规定。在用人单位因自己过失的不作为而与劳动者成立共同侵权的情形下，若劳动者主观上具有故意或者重大过失，则其亦应当分担较多份额，甚至承担终局责任。此时，用人单位行使追偿权的请求权基础则为《侵权责任法》第 14 条关于连带责任内部责任分担的规定。

---

① 安徽省合肥市中级人民法院（2017）皖 01 民终 8170 号民事判决书。

在外部关系中，劳动者主观上具有故意或者重大过失时，若还令用人单位承担替代责任，而令劳动者在外部责任中得以豁免，这样的结论显然有违公平。当作为用人单位的企业进入破产清算程序后，受害人的侵权债权将面临很大的无法全额受偿的风险[①]，若令劳动者在外部责任中得以豁免，则受害人只能自己承担侵权债权无法完全受偿的风险。若反之，当劳动者主观具有故意或者重大过失时，仅令劳动者向受害人承担损害赔偿责任，站在受害人的角度，其究竟是请求用人单位承担损害赔偿责任，还是请求劳动者承担损害赔偿责任，完全取决于劳动者主观上是轻过失还是故意或者重大过失这一与受害人无关的因素，难谓合理。此外，用人单位的经济实力往往较被用工者更为雄厚，此时如果因为劳动者主观为故意或者重大过失，仅令劳动者向受害人承担损害赔偿责任，对受害人亦非公平。

因此，当劳动者主观为故意或者重大过失时，在外部关系中无论仅令用人单位承担损害赔偿责任，抑或仅令劳动者承担损害赔偿责任，均有失妥当，较为合理的做法是令用人单位与劳动者向受害人承担连带赔偿责任。[②]

基于对受害人利益进行保护的考虑，在许多国家的侵权法中，用工者责任被视为次要责任、间接责任，依据自己行为、自己责任的过错责任原理，被用工人仍要承担个人责任，受害人可以选择只起诉被用工人，或者同时起诉用工人与被用工人，后一种情形中二者承担连带责任。[③]《德国民法典》第831条有关用工者责任的规定安排在第830条关于共同侵权的规定之后并非无心插柳，因为用工者责任仍然属于第830条所阐释的正犯与共犯(Täterschaft und Teilnahme)规则。[④] 前文提及的《德国民法典》第840条第2款关于用工者责任内部分担的规定的前一款即为共同侵权外部连带责任的规定。[⑤] 因此，虽然《德国民法典》第831条规定只要用工者不能举证证明自己

---

① 2008年发生的“三鹿奶粉事件”中，据法院的破产裁定显示，三鹿集团对普通债权的清偿率为零。最后，国家相关部门出面筹集了1.1亿元的婴幼儿奶粉事件赔偿金。参见罗思荣、马利峰：《大规模侵权民事救济比较研究》，载《湖南警察学院学报》，2013年第3期；马东：《论应当赋予侵权债权在破产分配中以优先地位》，载《法学杂志》，2012年第2期。

② 2014年公布的《最高人民法院关于审理利用信息网络侵害人身权益民事纠纷案件适用法律若干问题的规定》第15条规定：“雇佣、组织、教唆或者帮助他人发布、转发网络信息侵害他人人身权益，被侵权人请求行为人承担连带责任的，人民法院应予支持。”

③ 参见［荷］J. 施皮尔主编，梅夏英、高圣平译：《侵权法的统一——对他人造成的损害的责任》，403页，北京，法律出版社，2009。

④ 参见［德］埃尔温·多伊奇、汉斯-于尔根·阿伦斯著，叶名怡、温大军译，刘志阳校：《德国侵权法——侵权行为、损害赔偿及痛苦抚慰金》(第5版)，152页，北京，中国人民大学出版社，2016。

⑤ 《德国民法典》第840条第1款规定：“二人以上一同对因侵权行为而发生的损害负责任的，作为连带债务人负责。”陈卫佐译：《德国民法典》(第4版)，321页，北京，法律出版社，2015。

在选任、指挥劳动者或者置办机械、器具方面尽到交易上必要的注意或者证明未尽到交易上必要的注意与损害间不存在因果关系，则由用工者向受害人承担损害赔偿责任，但亦不妨碍受害人基于《德国民法典》第 421 条[①]结合第 840 条第 1 款请求用工者与劳动者承担连带责任。[②]

当然，基于劳动者责任豁免的考量，当劳动者主观为重大过失时连带责任的适用依旧应当严格把握，这与前述劳动者主观为重大过失的情形下其也未必须承担终局责任相得益彰，是侵权法与劳动法相互妥协的结果。

（二）企业的组织过失理论

用人单位与劳动者对外承担连带责任是因为二者的行为构成共同侵权行为。用人单位是就管理、组织、监督等方面的过失承担损害赔偿责任。这就是经由德国的判例与学说发扬光大的企业的“组织过失”（Organisationsverschulden）理论。[③]

企业的组织过失理论认为企业是就自己违反了组织义务（Organisationspflicht）而对受到损害的第三人承担损害赔偿责任，该组织过失从功能上看被视为一种交往义务（Verkehrspflicht）[④]，该责任的基础在《德国民法典》第 823 条关于一般侵权责任的规定，而非第 831 条关于为事务辅助人负责的规定。组织义务可进一步细分为组织营运义务（die betriebliche Organisationspflicht）和组织设置义务（die körperliche Organisationspflicht）。[⑤] 因此，企业实际上是就其在自身建立（einrichten）与监督（überwachen）方面存在的过失承担不作为（Unterlassen）的侵权损害赔偿责任。[⑥] 组织过失是一种抽象层面的过失，因而立法或者司法实践往往将该过失存在的举证责任分配给企业一方，由其证明其已对自身的组织运营或者组织设置方面尽到了相应的注意义务，或者纵尽到相应的注意义务仍不可避免损害的发生而免责。

在企业组织过失理论下，用人单位的过失的不作为行为与劳动者的侵权行为构成《侵权责任法》第 8 条所规定的共同侵权行为，用人单位是就自己

① 《德国民法典》第 421 条（连带债务人）规定：“二人以上以其中每一个人有义务履行全部给付，但债权人只有权请求给付一次的方式，负担一项给付的（连带债务人），债权人可以随意向其中任何一个债务人请求全部给付或部分给付。到全部给付被履行时为止，全体债务人仍负有义务。”陈卫佐译：《德国民法典》（第 4 版），152 页，北京，法律出版社，2015。

② Vgl. BGH 11. 11. 2003 - VI ZR 13/03-，NJW 2004，951，952.

③ Vgl. Maximilian Fuchs，Deliktsrecht，7. Aufl.，Berlin/Heidelberg 2009，S. 161.

④ 交往义务（Verkehrspflicht）的全称是交往安全义务（Vehrkehrssicherungspflicht），主要功能在于扩张不作为侵权责任（Unterlassen）和用于判断间接侵害（mittelbare Verletzung）的违法性。参见王泽鉴：《侵权行为》（第三版），316～324 页，北京，北京大学出版社，2016。

⑤ 参见朱岩：《论企业组织责任——企业责任的一个核心类型》，载《法学家》，2008 年第 3 期。

⑥ Vgl. Maximilian Fuchs，Deliktsrecht，7. Aufl.，Berlin/Heidelberg 2009，S. 161 - 162.

在管理、组织、监督等方面的过失承担损害赔偿责任，是一种自己责任。[①]《侵权责任法》第14条关于连带责任中内部责任分担的规定可作为用人单位与劳动者责任分担的实证法依据。在劳动者因执行职务中实施不法行为致他人损害的情形，只要用人单位存在组织过失，则受害人不仅可以基于《侵权责任法》第34条请求用人单位承担替代责任，亦可以基于《侵权责任法》第8条请求用人单位与劳动者承担连带责任。[②]

日本福冈地方法院早在1977年的卡内米（カネミ）油症案判决中写道："作为有机的统一组织体的企业，作为复数且不特定的被使用者的企业活动一环的行为存在过失的场合，与其说是各个被使用者的具体行为存在问题，毋宁说是作为使用者的企业自身存在过失而直接适用民法第709条令其承担责任，这样的做法直截、简明且适当。"[③] 虽未指明采取组织过失理论，但该判决从法人直接实施的加害行为着眼而认定法人不法行为的成立，实则已经运用了组织过失理论的基本原理，类似的说理还在其他环境污染类公害案件与食品公害案件的判决中多次出现。后来在因为列车事故而导致乘客、居民等死伤的案件中，法院也运用组织过失理论令铁路企业承担责任。因为在这些案件中从被害人一侧来看常常难以确定具体的作业人。[④]

在瑞士，虽然学界通说认为《瑞士债务法》第55条第1款规定的营业主承担的责任是无过错责任[⑤]，营业主不能证明自己已经尽到相当的注意义务且不能证明自己没有尽到相当的注意义务与损害的发生没有事实上的因果关系是作为该无过错责任成立的消极构成要件，但瑞士联邦最高法院在Schacht-

---

① 潮見佳男「債権各論Ⅱ不法行為法」(新世社，2017年)，152頁。

② 理论上受害人亦可以基于《侵权责任法》第6条第1款有关一般侵权责任的规定请求用人单位承担损害赔偿责任，此时出现一般侵权责任与特殊侵权责任（用工者替代责任）规范竞合或者请求权竞合的情形。参见［日］田山辉明著，顾祝轩、丁相顺译：《日本侵权行为》，8页，北京，北京大学出版社，2011；李承亮、孙鸿亮：《一般侵权责任构成模式下"权益侵害"功能论》，载《甘肃政法学院学报》2019年第6期。既然《侵权责任法》中用工者无过失责任的规定可以直接令用工者承担替代责任，则依据一般侵权条款请求用工者承担损害赔偿责任显然多此一举。

③ 福岡地昭判52・10・5判時886—21。

④ 潮見佳男「債権各論Ⅱ不法行為法」(新世社，2017年)，151頁。

⑤ 《瑞士债务法》第55条第1款规定："营业主，对于受雇人或其他辅助人因执行职务所致之损害，应负赔偿责任，但能证明依其情事，为避免发生损害，已为相当之注意，或者纵为相当之注意仍不免发生损害者，不在此限。"（戴永盛译：《瑞士债务法》，21～22页，北京，中国政法大学出版社，2016。）需要澄清的是，有学者将该条文第一句译为"事务所属人对其雇员或其他辅助人在执行工作事务过程中造成之损失承担无过错责任。"（［瑞］海因茨・雷伊著，贺栩栩译：《瑞士侵权责任法》，第244页注释1，北京，中国政法大学出版社，2015。）该句原文为："Der Geschäftsherr haftet für den Schaden, den seine Arbeitnehmer oder andere Hilfspersonen in Ausübung ihrer dienstlichen oder geschäftlichen Verrichtungen verursacht haben."并未直接出现"无过错责任"一词。

rahmen Fall 一案中明确指出，该生产企业存在组织过错（Organisationsschuld），以此认定该消极构成要件具备而判令用工者承担损害赔偿责任。[①] 由此也可以看出，瑞士联邦最高法院倾向对遭受损害的第三人进行保护。

企业的组织过失理论在我国理论界只为少数学者所倡导，尚未普及。[②] 但我国已有法院在判决中采用该理论。如在“濮阳市市区孟轲农村信用合作社与梁维敏财产侵权纠纷上诉案”的二审判决中，法院指出：“翟迷粉曾是该信用社职工，孟轲信用社在存单凭证管理上存在重大过失，对梁维敏存款被骗负有过错，故孟轲信用社对梁维敏的存款损失应承担赔偿责任。”[③] 可谓司法实践已经走在了理论的前面，理论界应当及时作出回应。企业的组织过失理论虽移植于域外立法例，但其并未突破我国现有的法律框架，可通过解释论加以运用，对此，极有深入研究、探讨之必要。

五、结　论

民事责任以过错责任为基本原理，每个人原则上以自己的责任财产为限只对因自己的过错行为给他人造成的损害承担赔偿责任。劳动者侵权责任作为用工者责任的一种，属于替代责任，其并非过错责任原则的例外，而是劳动者侵权领域的基本原理。劳动者在执行职务过程中因实施不法行为而侵害他人权益，原则上应由用人单位替代劳动者向受害人承担损害赔偿责任。这其中蕴含了劳动者责任豁免的理念，这一理念来源于劳动法对传统侵权法的矫正，彰显了对具有人身从属性与经济从属性的弱势方的倾斜性保护。为了将劳动者责任豁免的理念贯穿于对劳动者侵权责任相关规范的解释之中，应同时考虑外部法律关系与内部法律关系中劳动者责任的豁免。

在外部关系中，过错责任原理（原则）适用的前提条件并不具备，他人决定性理论下对劳动者倾斜保护的要求为用人单位承担替代责任提供了有力支持。劳动者享有外部责任豁免的抗辩权。替代责任原理在劳动者侵权领域是一项基本原理，而非过错责任原理的例外。

用人单位向受害人承担损害赔偿责任后，在内部关系中享有向劳动者追偿的权利，劳动者可以向用人单位主张其本可以向受害人主张的所有抗辩。

---

① BGE II 456 ff.

② 参见郑晓剑：《揭开雇主“替代责任”的面纱——兼论〈侵权责任法〉第 34 条之解释论基础》，载《比较法研究》，2014 年第 2 期；班天可：《雇主责任的归责原则与劳动者解放》，载《法学研究》，2012 年第 3 期；朱岩：《论企业组织责任——企业责任的一个核心类型》，载《法学家》，2008 年第 3 期。

③ 河南省濮阳市中级人民法院（2008）濮中法民三终字第 192 号民事判决书。

但这只能使劳动者在极为有限的程度上实现内部责任的豁免，要令劳动者较为彻底地在内部追偿责任中解放出来，须对用人单位的追偿权进行限制，该限制包括追偿权成立的限制以及追偿数额的限制。对此，在《侵权责任法》所规定的用工者责任领域，追偿权的成立须满足劳动者主观上具有故意或者重大过失。即使追偿权得以成立，还须对追偿数额进行限制。当然，用人单位和劳动者还可能成立共同侵权，遵循体系解释，此时追偿权的成立亦须要求劳动者主观存在故意或者重大过失。在内部责任分担上亦须对用人单位的追偿数额进行限制。对追偿数额的限制涉及司法酌定的问题，所需参考的主要因素为劳动者的经济从属性，劳动者的社会经济状况（负担能力），劳动者的收入与其所从事的具体工作的复杂程度、危险程度之间的对价平衡状况，用人单位预防损害的可能性以及用人单位对于损害预防所采取的措施。法官应当在判决中结合个案情形对酌减所参考的因素以及酌减的理由进行细致说理。此外，法律应当鼓励劳动者先行向受害人进行赔偿，甚至超过内部责任中自己应承担的份额向受害人先行赔偿，为此，应当承认劳动者对用人单位享有逆追偿权。

当劳动者主观为故意或者重大过失时，其不应当受到双重责任豁免的保护。在外部关系中，劳动者应当与用人单位承担连带赔偿责任，企业的组织过失理论为该连带责任的成立创造了条件。基于劳动者责任豁免的考量，当劳动者主观为重大过失时连带责任的适用应当结合个案情形从严把握。在内部关系中，劳动者应承担较大赔偿份额，甚至承担终局责任。

总之，劳动者内部责任与外部责任豁免的相关规则须协同适用，缺一不可。[①] 由此观之，侵权法与劳动法不应当是割裂的，即使不“破”现有的侵权法框架，劳动法作为以社会为本位，倡导实质正义的社会法也能融入传统侵权法框架内，起到很好的调节与补充的效果，弥补侵权法的不足，进而实现对劳动者的充分保护。

---

① 德国学者在讨论如何避免劳动者直接向受害人承担损害赔偿责任时，非常形象地说道：“即使在内部追偿关系的成立上采取很高的门槛从而给予劳动者以最大程度的豁免保护，一旦在外部关系中受害人直接向劳动者请求侵权损害赔偿，所有的内部关系中的精心设计都将瞬间化为泡影，外部责任在内部损害赔偿的保护墙上留下了一个脆弱的空白。” Vgl. Otto/Schwarze/Krause, Die Haftung des Arbeitnehmers, 4 Aufl., Berlin/Boston 2014, S. 359, Rn. 1.

图书在版编目（CIP）数据

社会法评论. 第七卷 / 林嘉主编. --北京：中国人民大学出版社，2020.12
ISBN 978-7-300-28861-1

Ⅰ.①社… Ⅱ.①林… Ⅲ.①社会法学—文集 Ⅳ.①D90-052

中国版本图书馆 CIP 数据核字（2020）第 271729 号

中国人民大学劳动法和社会保障法研究所主办
顾问 曾宪义 关 怀 贾俊玲
社会法评论（第七卷）
主 编 林 嘉
副主编 黎建飞
Shehuifa Pinglun

出版发行	中国人民大学出版社		
社 址	北京中关村大街 31 号	邮政编码	100080
电 话	010－62511242（总编室）		010－62511770（质管部）
	010－82501766（邮购部）		010－62514148（门市部）
	010－62515195（发行公司）		010－62515275（盗版举报）
网 址	http：//www.crup.com.cn		
经 销	新华书店		
印 刷	北京玺诚印务有限公司		
规 格	170 mm×240 mm 16 开本	版 次	2020 年 12 月第 1 版
印 张	15.25	印 次	2020 年 12 月第 1 次印刷
字 数	280 000	定 价	68.00 元

版权所有 侵权必究 印装差错 负责调换